直属海事系统公文处理知识题集

交通运输部海事局　编著

人民交通出版社股份有限公司
北京

内 容 提 要

本书涵盖《党政机关公文处理工作条例》《党政机关公文格式》《交通运输部公文处理办法》《交通运输部海事局公文处理办法》等公文处理规定和办法的大部分内容，以及在日常公文处理工作中遇到的典型错误和实例。本书包含试题近2000道，题型包括单选题、多选题、判断题、改错题，并辅以详细的解析，是一本内容较为全面、实用性很强的公文处理工具书。

本书可作为海事系统工作人员日常公文处理工作的参考用书，也可为其他公务人员借鉴参考。

图书在版编目（CIP）数据

直属海事系统公文处理知识题集 / 交通运输部海事局编著. —北京：人民交通出版社股份有限公司，2022.10

ISBN 978-7-114-18226-6

Ⅰ.①直… Ⅱ.①交… Ⅲ.①海事处理—国家行政机关—公文—处理—中国—习题集 Ⅳ.①C931.46-44

中国版本图书馆CIP数据核字(2022)第174724号

Zhishu Haishi Xitong Gongwen Chuli Zhishi Tiji

书　　名： 直属海事系统公文处理知识题集
著 作 者： 交通运输部海事局
策划编辑： 邵　江
责任编辑： 陈力维　刘楚馨
营　　销： 吴　迪
责任校对： 席少楠
责任印制： 刘高彤
出版发行： 人民交通出版社股份有限公司
地　　址：（100011）北京市朝阳区安定门外外馆斜街3号
网　　址： http://www.ccpcl.com.cn
销售电话：（010）59757973
总 经 销： 人民交通出版社股份有限公司发行部
经　　销： 各地新华书店
印　　刷： 北京武英文博科技有限公司
开　　本： 889×1194　1/16
印　　张： 21.5
字　　数： 575千
版　　次： 2022年10月　第1版
印　　次： 2022年10月　第1次印刷
书　　号： ISBN 978-7-114-18226-6
定　　价： 98.00元

编写委员会

主　编： 李国平　张铁军

副主编： 寿　涛　邓　民　鄂海亮

编　委： 董乐义　郭立平　李　浩　黄永昌　刘延刚　岳国庆　高　峰　林　慧
黄　睿　曹玉冰　高亚峰　刘静怡　王春静　姜立伟　刘壮壮　王增稳
吴东辰　张　蕾　刘梓涵　张　磊　丁瑞凯　李斌杰　次旦欧珠　张　莹
肖桂林　范　帅　赵　茜　张玉雷　李忠杰　梁　萌　张荣辉　符策丁
李海珉　蒲鹏州　邓　斌

前　言

公文是党政机关实施领导、行使职能、推动工作的重要工具，在传达党和国家的方针政策、统一思想认识、指导和推进各项工作上具有重要作用。毛泽东同志高度重视公文的作用，在长期的革命斗争和建设实践中，经常亲自动手起草和审改公文，以此来统一思想、指导实践、推进工作。习近平总书记特别重视公文的运用，反对“长、空、假”的文风沉疴，倡导“短、实、新”的优良文风，为做好公文工作提供了根本遵循。

当前，直属海事系统正聚焦新时代“三保一维护”❶职责使命，深入推进海事队伍“四化”❷建设，持续夯实基层基础基本功，全面创建“让党中央放心、让人民群众满意”的模范机关，对海事工作人员公文处理能力提出了更高的要求。多年来，交通运输部海事局始终致力于提高直属海事系统公文处理能力，引导系统各单位强化公文实践锻炼，练就过硬本领。为此，交通运输部海事局在2016年编辑出版的《直属海事系统公文处理工作指南》基础上，出版姐妹篇《直属海事系统公文处理知识题集》。本书由河北、海南海事局承担编写，紧扣交通运输部关于公文处理的相关规定及交通运输部海事局公文处理制度，围绕公文的政治属性、撰写起草、行文规则、程序流程、体例格式等公文的理论与应用知识，包含试题近2000道及详尽的答案解析，贴近海事工作实际、主题突出、形式多样，可以说是一本内容较全面、实用性强的公文处理工具书，也是加强海事公文处理工作科学化、制度化、规范化建设的重要成果。

希望本书能够为广大读者朋友在深入学习掌握公文处理知识、提升公文处理和以文辅政能力上提供帮助，也希望海事系统干部职工能认真学习好、运用好本书的知识，为推动海事高质量发展、加快建设交通强国提供有力支撑。

交通运输部海事局党组书记、局长

2022年9月

---

❶ 三保一维护：保障水上交通安全、保护水域环境清洁、保护船员整体权益、维护国家海上主权和人民利益。

❷ 四化：革命化、正规化、专业化、职业化。

目　录

单选题……1

第一部分　公文格式（公文形式）……3

第二部分　公文种类、行文规则……47

第三部分　公文拟制、公文精简……89

第四部分　公文管理、公文办理……135

多选题……177

第一部分　公文格式……179

第二部分　行文规则……194

第三部分　公文拟制、公文精简……209

第四部分　公文管理、公文办理……227

判断题……253

第一部分　公文格式……255

第二部分　公文种类、行文规则……262

第三部分　公文拟制、公文精简……268

第四部分　公文管理、公文办理……278

改错题……287

附录……317

附录一　交通运输部公文处理办法……319

附录二　交通运输部海事局公文处理办法……328

单选题

第一部分　公文格式（公文形式）

第二部分　公文种类、行文规则

第三部分　公文拟制、公文精简

第四部分　公文管理、公文办理

第一部分
公文格式（公文形式）

1. 发文字号应当包括______。（　　）

A. 机关代字、序号　　B. 括号、序号

C. 机关代字、年份、序号　　D. 年份、序号

答案　C

解析　《党政机关公文处理工作条例》第三章第九条（五）规定：发文字号由发文机关代字、年份、发文顺序号组成。

2. 联合行文的成文日期以______为准。（　）

A. 最后签发机关负责人的签发日期　　B. 最先签发机关负责人的签发日期

C. 印刷日期　　D. 定稿日期

答案　A

解析　《党政机关公文处理工作条例》第三章第十二条规定：联合行文时，署最后签发机关负责人签发的日期。

3. 紧急公文应当根据紧急程度分别标明“特急”“加急”，其中电报应当分别标明______。（　　）

A.“特提”“很急”“加急”“平急”　　B.“特提”“特急”“加急”“平急”

C.“特提”“急件”“加急”“平急”　　D.“平急”“加急”“急件”“特急”

答案　B

解析　《党政机关公文处理条例》第三章第五条（三）规定：根据紧急程度，紧急公文应当分别标注“特急”“加急”，电报应当分别标注“特提”“特急”“加急”“平急”。

4. 一般应标注签发负责人姓名的文件是______。（　　）

A. 平行文　　B. 上行文

C. 下行文　　D. 越级行文

答案　B

解析　《党政机关公文处理工作条例》第三章第九条（六）规定：上行文应当标注签发人姓名。

5. 发文机关标志由______组成。（　　）

A. 发文机关全称加发布对象　　B. 发文机关全称

C. 发文机关全称或简称　　D. 发文机关全称或规范化简称加“文件”二字组成

答案　D

解析 《党政机关公文处理工作条例》第三章第九条(四)规定：发文机关标志由发文机关全称或者规范化简称加“文件”二字组成，也可以使用发文机关全称或者规范化简称。

6. 下列发文字号正确的是______。（ ）

A. 国发〔2012〕第1号　　B. 国发[2012]1号

C. 国发〔2012〕1号　　D. 国发【2012】1号

答案 C

解析 《党政机关公文格式》7.2.5规定：年份应标全称，用六角括号“〔 〕”括入；发文顺序号不加“第”字，不编虚位（即1不编为01），在阿拉伯数字后加“号”字。

7. 以下公文各个要素中应标注在公文版记部分的是______。（ ）

A. 主送机关　　B. 公文份数序号　　C. 抄送机关　　D. 紧急程度

答案 C

解析 版记部分包括抄送机关、印发机关和印发时间等项。

8. 公文的标题由______组成。（ ）

A. 事由、文种　　B. 作者、事由、文种　　C. 作者、文种　　D. 作者、事由

答案 B

解析 《党政机关公文处理工作条例》第三章第九条（七）规定：标题由作者、事由、文种组成。

9. 公文处理工作应当坚持的原则不包括______。（ ）

A. 严格标准　　B. 实事求是　　C. 精简高效　　D. 安全保密

答案 A

解析 《党政机关公文处理条例》第一章第五条规定：公文处理工作应当坚持实事求是、准确规范、精简高效、安全保密的原则。

10. 发文字号之下______处居中印一条与版心等宽的红色分隔线。（ ）

A. 2mm　　B. 3mm　　C. 4mm　　D. 5mm

答案 C

解析 《党政机关公文格式》7.2.7规定：发文字号之下4mm处居中印一条与版心等宽的红色分隔线。

11. 如有抄送机关，一般用______仿宋体字，在印发机关和印发日期之上______行、左右各空一字编排。（ ）

A. 3号　一　　B. 4号　一　　C. 4号　二　　D. 3号　二

答案 B

解析 《党政机关公文格式》7.4.2规定：如有抄送机关，一般用4号仿宋体字，在印发机关和印发日期之上一行、左右各空一字编排。

12. “签发人”三字用______字。（ ）

A. 3号仿宋体　　B. 3号楷体　　C. 3号黑体　　D. 4号楷体

答案 A

解析 《党政机关公文格式》7.2.6规定：“签发人”三字用3号仿宋体字。

13. 签发人姓名用______字。（ ）

A. 3 号仿宋体 B. 3 号楷体 C. 3 号黑体 D. 4 号楷体

答案 B

解析 《党政机关公文格式》7.2.6 规定：签发人姓名用 3 号楷体字。

14. 页码一般用______阿拉伯数字。（ ）

A. 3 号全角宋体 B. 3 号半角宋体 C. 4 号半角宋体 D. 4 号全角宋体

答案 C

解析 《党政机关公文格式》7.5 规定：页码一般用 4 号半角宋体阿拉伯数字。

15. 页码编排在公文版心______之下，数字左右各放______一字线。（ ）

A. 上边缘 一条 B. 下边缘 一条 C. 下边缘 两条 D. 上边缘 两条

答案 B

解析 《党政机关公文格式》7.5 规定：页码编排在公文版心下边缘之下，数字左右各放一条一字线。

16. 信函的发文机关标志下______处印一条红色双线（______），距下页边______处印一条红色双线（______）。（ ）

A. 4mm 上粗下细 20mm 上细下粗 B. 4mm 上细下粗 20mm 上粗下细

C. 3mm 上细下粗 25mm 上粗下细 D. 3mm 上粗下细 25mm 上细下粗

答案 A

解析 《党政机关公文格式》10.1 规定：发文机关标志下 4mm 处印一条红色双线（上粗下细），距下页边 20mm 处印一条红色双线（上细下粗）。

17. 单一机关制发的公文加盖签发人签名章时，在正文（或附件说明）下空______行右空______字加盖签发人签名章，签名章______空______字标注签发人职务。（ ）

A. 一 四 左 二 B. 二 四 右 二

C. 一 二 右 四 D. 二 四 左 二

答案 D

解析 《党政机关公文格式》7.3.5.3 规定：单一机关制发的公文加盖签发人签名章时，在正文（或附件说明）下空二行右空四字加盖签发人签名章，签名章左空二字标注签发人职务。

18. 联合行文时，应当先编排______签发人职务、签名章，其余机关签发人职务、签名章______编排，与主办机关签发人职务、签名章______。（ ）

A. 主办机关 依次向下 上下对齐

B. 主要机关 依次向下 左右对齐

C. 主办机关 依次向右 上下对齐

D. 主要机关 依次向下 上下对齐

答案 A

解析 《党政机关公文格式》7.3.5.3 规定：联合行文时，应当先编排主办机关签发人职务、签名章，其余机关签发人职务、签名章依次向下编排，与主办机关签发人职务、签名章上下对齐。

19. 公文的文本中只作为正本的样本留在本机关以备查考，不外发的是______。（ ）

A. 副本　　B. 暂行本　　C. 试行本　　D. 存本

答案 D

解析 存本不对外发，只是作为正本的样本留在本机关以备查考之用。

20. 纪要中标注出席人员名单，一般用______字。（ ）

A. 3 号仿宋体　　B. 3 号楷体　　C. 3 号黑体　　D. 3 号宋体

答案 C

解析 《党政机关公文格式》10.3 规定：标注出席人员名单，一般用 3 号黑体字。

21. 骑马订或平订的公文，订位为两钉外订眼距版面上下边缘各______处，允许误差______。（ ）

A. 70mm　±2mm　　B. 70mm　±4mm　　C. 60mm　±4mm　　D. 60mm　±2mm

答案 B

解析 《党政机关公文格式》6.3 规定：订位为两钉外订眼距版面上下边缘各 70mm 处，允许误差 ±4mm。

22. 如需标注密级和保密期限，一般用______，顶格编排在版心左上角______。（ ）

A. 3 号楷体字　第二行　　B. 3 号黑体字　第二行

C. 3 号黑体字　第三行　　D. 3 号楷体字　第三行

答案 B

解析 《党政机关公文格式》7.2.2 规定：如需标注密级和保密期限，一般用 3 号黑体字，顶格编排在版心左上角第二行。

23. 发文顺序号______“第”字，______虚位，在阿拉伯数字后______“号”字。（ ）

A. 加　不编　不加　　B. 加　编　加　　C. 不加　不编　加　　D. 不加　不编　不加

答案 C

解析 《党政机关公文格式》7.2.5 规定：发文顺序号不加“第”字，不编虚位（即 1 不编为 01），在阿拉伯数字后加“号”字。

24. 上行文的发文字号______编排，与最后一个签发人姓名______同一行。（ ）

A. 居右空一字　不在　　B. 居左空二字　处在

C. 居左空一字　处在　　D. 居左空二字　不在

答案 C

解析 《党政机关公文格式》7.2.5 规定：上行文的发文字号居左空一字编排，与最后一个签发人姓名处在同一行。

25. 主送机关编排于标题下______位置，居______顶格，回行时仍顶格，最后一个机关名称后标______。（ ）

A. 空二行　左　全角冒号　　B. 空一行　右　全角冒号

C. 空一行　左　半角冒号　　D. 空一行　左　全角冒号

答案 D

解析 《党政机关公文格式》7.3.2 规定：编排于标题下空一行位置，居左顶格，回行时仍顶格，最后一个机关名称后标全角冒号。

26. 正文中结构层次一般第一层用______、第二层用______、第三层和第四层用______标注。（　　）

A. 黑体字　楷体字　仿宋体字　　B. 黑体字　楷体字　宋体字

C. 黑体字　宋体字　楷体字　　D. 黑体字　仿宋体字　楷体字

答案　A

解析　《党政机关公文格式》7.3.3 规定：一般第一层用黑体字、第二层用楷体字、第三层和第四层用仿宋体字标注。

27. 成文日期一般______编排，印章用红色，______出现空白印章。（　　）

A. 右空四字　可以　　B. 右空二字　不得

C. 左空二字　不得　　D. 右空四字　不得

答案　D

解析　《党政机关公文格式》7.3.5.1 规定：成文日期一般右空四字编排，印章用红色，不得出现空白印章。

28. 联合行文时，首排印章______应当上距正文（或附件说明）______之内。（　　）

A. 顶端　二行　　B. 顶端　一行

C. 底端　一行　　D. 底端　二行

答案　B

解析　《党政机关公文格式》7.3.5.1 规定：联合行文时，首排印章顶端应当上距正文（或附件说明）一行之内。

29. 不加盖印章的公文，如成文日期长于发文机关署名，应当使成文日期______编排，并相应______发文机关署名右空字数。（　　）

A. 右空二字　减少　　B. 右空四字　增加

C. 左空四字　减少　　D. 右空二字　增加

答案　D

解析　《党政机关公文格式》7.3.5.2 规定：如成文日期长于发文机关署名，应当使成文日期右空二字编排，并相应增加发文机关署名右空字数。

30. 单一机关制发的公文加盖签发人签名章时，在正文（或附件说明）下空______右空______加盖签发人签名章，签名章左空______标注签发人职务，以签名章为准上下居中排布。（　　）

A. 二行　四字　二字　　B. 二行　二字　四字

C. 一行　四字　二字　　D. 一行　二字　二字

答案　A

解析　《党政机关公文格式》7.3.5.3 规定：单一机关制发的公文加盖签发人签名章时，在正文（或附件说明）下空二行右空四字加盖签发人签名章，签名章左空二字标注签发人职务，以签名章为准上下居中排布。

31. 单一机关制发的公文加盖签发人签名章时，在签发人签名章下空______右空______编排成文日期。（　　）

A. 二行　二字　　B. 二行　四字　　C. 一行　二字　　D. 一行　四字

答案　D

解析　《党政机关公文格式》7.3.5.3 规定：单一机关制发的公文加盖签发人签名章时，在签发人签名章下空一行右空四字编排成文日期。

32. 如有附注，居左空______加圆括号编排在成文日期下______行。（　　）

A. 四字　二　　B. 二字　一　　C. 四字　一　　D. 二字　二

答案　B

解析　《党政机关公文格式》7.3.6 规定：如有附注，居左空二字加圆括号编排在成文日期下一行。

33. “附件”二字及附件顺序号用______顶格编排在版心左上角第______行。（　　）

A. 3 号宋体字　一　　B. 3 号楷体字　二　　C. 3 号黑体字　一　　D. 3 号黑体字　二

答案　C

解析　《党政机关公文格式》7.3.7 规定：“附件”二字及附件顺序号用 3 号黑体字顶格编排在版心左上角第一行。

34. 附件标题______编排在版心第______行。（　　）

A. 居中　一　　B. 居中　三　　C. 居左　二　　D. 居左　一

答案　B

解析　《党政机关公文格式》7.3.7 规定：附件标题居中编排在版心第三行。

35. 版记中的分隔线与版心等宽，首条分隔线和末条分隔线用______（推荐高度为______mm），中间的分隔线用______（推荐高度为______mm）。（　　）

A. 细线　0.25　粗线　0.35　　B. 细线　0.15　粗线　0.45

C. 粗线　0.35　细线　0.25　　D. 粗线　0.45　细线　0.15

答案　C

解析　《党政机关公文格式》7.4.1 规定：版记中的分隔线与版心等宽，首条分隔线和末条分隔线用粗线（推荐高度为 0.35mm），中间的分隔线用细线（推荐高度为 0.25mm）。

36. 既有主送机关又有抄送机关时，应当将主送机关置于抄送机关之______。（　　）

A. 上二行　　B. 上一行　　C. 下一行　　D. 下二行

答案　B

解析　《党政机关公文格式》7.4.2 规定：既有主送机关又有抄送机关时，应当将主送机关置于抄送机关之上一行，之间不加分隔线。

37. 印发机关和印发日期一般用______字，编排在末条分隔线之上。（　　）

A. 4 号楷体　　B. 3 号仿宋体

C. 4 号仿宋体　　D. 3 号黑体

答案　C

解析　《党政机关公文格式》7.4.3 规定：印发机关和印发日期一般用 4 号仿宋体字，编排在末条分隔线之上。

38. 纪要标志由“×××× 纪要”组成，居中排布，上边缘至版心上边缘为______mm，推荐使用红色小标宋体字。（　　）

A. 35　　B. 36　　C. 37　　D. 38

答案　A

解析　《党政机关公文格式》10.3 规定：纪要标志由“×××× 纪要”组成，居中排布，上边缘至版心上边缘为 35mm，推荐使用红色小标宋体字。

39. 如需标注份号，一般用______位______号阿拉伯数字，顶格编排在版心左上角第一行。（　　）

A. 5　3　　B. 6　3　　C. 5　4　　D. 6　4

答案　B

解析　《党政机关公文格式》7.2.1 规定：如需标注份号，一般用 6 位 3 号阿拉伯数字，顶格编排在版心左上角第一行。

40. 如有附件，在正文下空______左空______编排“附件”二字，后标全角冒号和附件名称。（　　）

A. 二行　二字　　B. 一行　二字

C. 一行　四字　　D. 二行　四字

答案　B

解析　《党政机关公文格式》7.3.4 规定：如有附件，在正文下空一行左空二字编排“附件”二字，后标全角冒号和附件名称。

41. 公文应当______装订，不掉页，两页页码之间误差不超过______，裁切后的成品尺寸允许误差 ±2mm，四角成 90 度，无毛茬或缺损。（　　）

A. 右侧　4mm　　B. 左侧　4mm　　C. 左侧　5mm　　D. 右侧　5mm

答案　B

解析　《党政机关公文格式》6.3 规定：公文应当左侧装订，不掉页，两页页码之间误差不超过 4mm，裁切后的成品尺寸允许误差 ±2mm，四角成 90 度，无毛茬或缺损。

42. 下列说法中正确的是______。（　　）

A. 公文首页必须显示正文

B. 正文中结构层次序数依次可以用“一、”“（一）”“1”“（1）”标注

C. 既有紧急程度又有密级的文件，紧急程度应该标注在密级上方

D. 公文用纸幅面必须全部采用国际标准 A4 型

答案　A

解析　选项 B，正文中结构层次序数依次可以用“一、”“（一）”“1.”“（1）”标注；选项 C，既有紧急程度又有密级的文件，紧急程度应该标注在密级下方；选项 D，公文用纸幅面采用国际标准 A4 型，特殊形式的公文用纸幅面根据实际需要确定。

43. 下列说法中错误的是______。（　　）

A. 公文的标题由作者、事由、文种组成

B. 涉密公文应当标注份号

C. 公文处理工作应当坚持实事求是、准确规范、精简高效、安全保密的原则

D. 单页码居左空一字，双页码居右空一字

答案　D

解析　《党政机关公文格式》6.3 规定：单页码居右空一字，双页码居左空一字。

44. 下列说法中错误的是______。（　　）

A. 发文字号之下 4mm 处居中印一条与版心等宽的红色分隔线

B. 如需标注密级和保密期限，一般用 3 号黑体字，顶格编排在版心左上角第二行

C. 标题排列应当使用梯形或方形

D. 附件名称后不加标点符号

答案 C

解析 《党政机关公文格式》7.3.1 规定：标题排列应当使用梯形或菱形。

45. 如需同时标注份号、密级和保密期限、紧急程度，按照______、______、______的顺序自上而下分行排列。（ ）

A. 密级和保密期限、份号、紧急程度　　B. 份号、紧急程度、密级和保密期限

C. 份号、密级和保密期限、紧急程度　　D. 紧急程度、份号、密级和保密期限

答案 C

解析 《党政机关公文格式》7.2.3 规定：如需同时标注份号、密级和保密期限、紧急程度，按照份号、密级和保密期限、紧急程度的顺序自上而下分行排列。

46. 公文处理工作是指______等一系列相互关联、衔接有序的工作。（ ）

A. 公文拟制、办理、管理　　B. 公文起草、办理、管理

C. 公文拟制、处理、管理　　D. 公文起草、处理、管理

答案 A

解析 《党政机关公文处理工作条例》第一章第四条规定：公文处理工作是指公文拟制、办理、管理等一系列相互关联、衔接有序的工作。

47. 公文中标点符号的用法应当符合 GB/T______，数字用法应当符合 GB/T______。（ ）

A. 15835　15836　　B. 15834　15835　　C. 15835　15834　　D. 15836　15837

答案 B

解析 《党政机关公文格式》9 规定：公文中标点符号的用法应当符合 GB/T 15834，数字用法应当符合 GB/T 15835。

48. 标题排列应当使用______或______。（ ）

A. 梯形　方形　　B. 梯形　菱形　　C. 方形　菱形　　D. 三角形　菱形

答案 B

解析 《党政机关公文格式》7.3.1 规定：标题排列应当使用梯形或菱形。

49. 下列说法中错误的是______。（ ）

A. 纪要格式可以根据实际制定

B. 首条分隔线位于版记中第一个要素之上，末条分隔线与公文最后一面的版心下边缘重合

C. 如有多个签发人，签发人姓名按照发文机关的排列顺序从左到右、自上而下依次均匀编排

D. 正文中结构层次一般第一层用黑体字、第二层用宋体字、第三层和第四层用仿宋体字标注

答案 D

解析 《党政机关公文格式》7.3.3 规定：一般第一层用黑体字、第二层用楷体字、第三层和第四层用仿宋体字标注。

50. 下列关于公文格式各要素说法中错误的是______。（ ）

A. 公文首页红色分隔线以上的部分称为版头

B. 公文格式各要素划分为版头、主体、版记三部分

C. 页码位于版心内

D. 公文末页首条分隔线以下、末条分隔线以上的部分称为版记

答案 C

解析 《党政机关公文格式》7.1 规定：页码位于版心外。

51. 正文一般用______，编排于主送机关名称下______行，每个自然段左空二字，回行______。（　　）

A. 3 号仿宋体字　二　顶格　　B. 3 号仿宋体字　一　顶格

C. 3 号仿宋体字　二　左空二字　　D. 4 号仿宋体字　一　顶格

答案 B

解析 《党政机关公文格式》7.3.3 规定：一般用 3 号仿宋体字，编排于主送机关名称下一行，每个自然段左空二字，回行顶格。

52. 签名章一般用______。（　　）

A. 红色　　B. 白色

C. 蓝色　　D. 黑色

答案 A

解析 《党政机关公文格式》7.3.5.3 规定：签名章一般用红色。

53. 如附件与正文不能一起装订，应当在附件______上角______编排公文的发文字号并在其后标注“附件”二字及附件顺序号。（　　）

A. 右　第一行顶格　　B. 右　第二行顶格

C. 左　第一行顶格　　D. 左　第二行顶格

答案 C

解析 《党政机关公文格式》7.3.7 规定：如附件与正文不能一起装订，应当在附件左上角第一行顶格编排公文的发文字号并在其后标注“附件”二字及附件顺序号。

54. 如有抄送机关，“抄送”二字后加______和抄送机关名称，回行时与冒号后的______对齐，最后一个抄送机关名称后标______。（　　）

A. 全角冒号　最后一个字　句号　　B. 全角冒号　首字　句号

C. 半角冒号　首字　句号　　D. 半角冒号　首字　分号

答案 B

解析 《党政机关公文格式》7.4.2 规定：如有抄送机关，“抄送”二字后加全角冒号和抄送机关名称，回行时与冒号后的首字对齐，最后一个抄送机关名称后标句号。

55. 公文制版要求版面干净无底灰，字迹清楚无断划，尺寸标准，版心不斜，误差不超过______。（　　）

A. 2mm　　B. 1mm　　C. 3mm　　D. 4mm

答案 B

解析 《党政机关公文格式》6.1 规定：版面干净无底灰，字迹清楚无断划，尺寸标准，版心不斜，误差不超过 1mm。

56. 公文中，一行指一个汉字的高度加______汉字高度的______的距离。（　　）

A. 3 号　7/8　　B. 3 号　7/9　　C. 4 号　7/8　　D. 4 号　7/9

答案　A

解析　《党政机关公文格式》3.2 规定：一行指一个汉字的高度加 3 号汉字高度的 7/8 的距离。

57. 《党政机关公文处理工作条例》明确指出，______原则上主送一个上级机关。（　　）

A. 下行文　　B. 上行文　　C. 平行文　　D. 所有公文

答案　B

解析　《党政机关公文处理工作条例》第五章第十五条规定：上行文原则上主送一个上级机关。

58. 纪要是会议文件的一种，以下关于纪要的标题说法正确的是______。（　　）

A. 标题须写明发文机关名称、事由与文种

B. 标题需写明会议名称与文种

C. 标题需写明会议名称、事由、文种

D. 可以采用一般文章标题的形式在标题中简要明确地揭示中心思想

答案　B

解析　纪要标题需写明会议名称与文种。

59. 主送机关是指公文的主要______。（　　）

A. 公文起草机关　　B. 发文机关　　C. 受理机关　　D. 下级机关

答案　C

解析　主送机关是指公文的主要受理机关。

60. 单一机关制发公文，加盖印章应上距公文______，端正、居中下压成文时间，印章用红色。（　　）

A. 2~3mm　　B. 1~3mm　　C. 3~4mm　　D. 2~4mm

答案　D

解析　单一机关制发公文，加盖印章应上距公文 2~4mm，端正、居中下压成文时间，印章用红色。

61. 下列文种必须以领导人签发日期为成文日期的是______。（　　）

A. 条例　　B. 会议纪要　　C. 法律法规　　D. 请示

答案　D

解析　会议纪要可以领导人签发日期或者会议通过日期为成文日期，条例和法律法规以批准时间为准。

62. 下列印章使用，错误的是______。（　　）

A. 联合上报的公文，至少有两个以上联合行文机关加盖印章

B.《党政机关公文处理工作条例》规定有特定发文机关标志的普发性公文和电报可以不加盖印章

C. 联合下发的公文，发文机关都应加盖公章

D. 电报注明落款，不盖印章

答案　A

解析　联合上报的公文，可以由主办机关加盖印章。

63. 公文用纸采用《党政机关公文格式》（GB/T 148）中规定的A4型纸，其成品幅面尺寸为______。（　　）

A. 215mm×297mm　　B. 210mm×298mm

C. 210mm×297mm　　D. 210mm×296mm

答案　C

解析　《党政机关公文格式》5.1 规定：其成品幅面尺寸为 210mm×297mm。

64. 机关公文文稿经签发后，即为______。（　　）

A. 公文的草稿　　B. 公文的定稿　　C. 公文的签收　　D. 公文的核发

答案　B

65. 标题一般用______字，编排于红色分隔线下空______行位置，分一行或多行居中排布。（　　）

A. 3 号小标宋体　一　　B. 2 号小标宋体　二

C. 3 号小标宋体　二　　D. 2 号小标宋体　一

答案　B

解析　《党政机关公文格式》7.3.1 规定：一般用 2 号小标宋体字，编排于红色分隔线下空二行位置，分一行或多行居中排布。

66. 下列说法中错误的是______。（　　）

A. 签名章一般用红色

B. 联合行文时，应当先编排主办机关署名，其余发文机关署名依次向下编排

C. 如有附注，居左空二字加圆括号编排在成文日期下一行

D. 骑马订或平订的公文，订位为两钉外订眼距版面上下边缘各 70mm 处，允许误差 ±2mm

答案　D

解析　《党政机关公文格式》6.3 规定：骑马订或平订的公文，订位为两钉外订眼距版面上下边缘各 70mm 处，允许误差 ±4mm。

67. A4 纸型的表格横排时，页码位置与公文其他页码保持一致，______页码表头在______一边，______页码表头在______一边。（　　）

A. 双　订口　单　切口　　B. 单　订口　双　切口

C. 单　切口　双　订口　　D. 双　钉口　单　切口

答案　B

解析　《党政机关公文格式》8 规定：A4 纸型的表格横排时，页码位置与公文其他页码保持一致，单页码表头在订口一边，双页码表头在切口一边。

68. 决定定稿具有效力的是______。（　　）

A. 签发标记　　B. 印制正式文件

C. 比正本更具权威性　　D. 与正本一同归档保存

答案　A

解析　其签发标记决定了其效力，是印发正式文件和日后工作查考的直接凭证。

69. 纪要中标注出席人员名单，在正文或附件说明下空______行左空______字，编排“出席”二字，后标全角冒号，冒号后用______字标注出席人单位、姓名，回行时与冒号后的首字对齐。（　　）

A. 一　二　4号仿宋体　　B. 一　二　3号楷体

C. 二　一　3号仿宋体　　D. 一　二　3号仿宋体

答案　D

解析　《党政机关公文格式》10.3规定：标注出席人员名单，一般用3号黑体字，在正文或附件说明下空一行左空二字编排“出席”二字，后标全角冒号，冒号后用3号仿宋体字标注出席人单位、姓名，回行时与冒号后的首字对齐。

70. 信函如需标注份号、密级和保密期限、紧急程度，应当顶格居版心左边缘编排在第______条红色双线下，按照份号、密级和保密期限、紧急程度的顺序自上而下分行排列，第一个要素与该线的距离为______号汉字高度的______。（　　）

A. 二　3　7/9　　B. 一　3　7/9　　C. 一　3　7/8　　D. 二　4　7/8

答案　C

解析　《党政机关公文格式》10.1规定：如需标注份号、密级和保密期限、紧急程度，应当顶格居版心左边缘编排在第一条红色双线下，按照份号、密级和保密期限、紧急程度的顺序自上而下分行排列，第一个要素与该线的距离为3号汉字高度的7/8。

71. 几个机关联合行文，只能标明______。（　　）

A. 所有机关的发文字号　　B. 主办机关的发文字号

C. 至少两个机关的发文字号　　D. 根据情况临时规定的发文字号

答案　B

解析　《党政机关公文处理工作条例》第三章第九条（五）规定：联合行文时，使用主办机关的发文字号。

72. 规范性公文标题的时间为______。（　　）

A. 公文撰写的时间　　B. 公文发布的时间　　C. 公文打印的时间　　D. 公文讨论的时间

答案　B

73. 公文标题中除法规、规章名称加书名号外，一般不用______。（　　）

A. 引号　　B. 逗号　　C. 顿号　　D. 标点符号

答案　D

74. 成文日期以______为准。（　　）

A. 印刷日期　　B. 负责人签发的日期

C. 发送日期　　D. 第一次修改稿日期

答案　B

解析　《党政机关公文处理工作条例》第三章第九条（十二）规定：成文日期署会议通过或者发文机关负责人签发的日期。

75. 一般应标识签发主要负责人姓名的文件是______。（　　）

A. 平行文　　B. 上行文　　C. 下行文　　D. 越级行文

答案 B

解析 《党政机关公文处理工作条例》第三章第九条（六）规定：上行文应当标注签发人姓名。

76. 公文的主体部分称为______。（ ）

A. 作者　B. 标题　C. 正文　D. 印章

答案 C

解析 《党政机关公文处理工作条例》第三章第九条（九）规定：正文，公文的主体，用来表述公文的内容。

77. 函适用于______机关之间商洽工作、询问和答复问题、请求批准和答复审批事项。（ ）

A. 隶属　B. 不相隶属　C. 业务指导关系　D. 上下级

答案 B

解析 《党政机关公文处理工作条例》第二章第八条（十四）规定：函适用于不相隶属机关之间商洽工作、询问和答复问题、请求批准和答复审批事项。

78. 命令（令）适用于______行政法规和规章、______施行重大强制性措施、批准授予和晋升衔级、嘉奖有关单位和人员。（ ）

A. 公布　宣布　B. 宣布　公布　C. 发布　宣布　D. 宣布　发布

答案 A

解析 《党政机关公文处理工作条例》第二章第八条（三）规定：命令（令）适用于公布行政法规和规章、宣布施行重大强制性措施、批准授予和晋升衔级、嘉奖有关单位和人员。

79. 公报适用于公布______或者______。（ ）

A. 重大决定　重要事项　B. 重要决定　重大事项

C. 重要决定　法定事项　D. 重要决定　周知事项

答案 B

解析 《党政机关公文处理工作条例》第二章第八条（四）规定：公报适用于公布重要决定或者重大事项。

80. 决议适用于会议讨论通过的______。（ ）

A. 重大决议　B. 重大决策事项　C. 重要决策　D. 重要决策事项

答案 B

解析 《党政机关公文处理工作条例》第二章第八条（一）规定：决议适用于会议讨论通过的重大决策事项。

81. 决定适用于对______作出决策和部署、奖惩有关单位和人员、变更或者撤销下级机关不适当的______。（ ）

A. 重大事项　决议事项　B. 重大事项　决定事项

C. 重要事项　决定事项　D. 重要事项　决议事项

答案 C

解析 《党政机关公文处理工作条例》第二章第八条（二）规定：决定适用于对重要事项作出决策和部署、奖惩有关单位和人员、变更或者撤销下级机关不适当的决定事项。

82. 公告适用于向国内外宣布______或者______。（ ）

A. 重大事项　法定事项　B. 重大事项　决定事项

C. 重要事项　法定事项　　D. 重要事项　决议事项

答案　C

解析　《党政机关公文处理工作条例》第二章第八条（五）规定：公告适用于向国内外宣布重要事项或者法定事项。

83. 意见适用于对______提出见解和处理办法。（　　）

A. 重大问题　　B. 重大事项　　C. 重要事项　　D. 重要问题

答案　D

解析　《党政机关公文处理工作条例》第二章第八条（七）规定：意见适用于对重要问题提出见解和处理办法。

84. 通知适用于______要求下级机关执行和有关单位周知或者执行的事项，批转、转发公文。（　　）

A. 发布、宣布　　B. 发布、传送　　C. 宣布、传达　　D. 发布、传达

答案　D

解析　《党政机关公文处理工作条例》第二章第八条（八）规定：通知适用于发布、传达要求下级机关执行和有关单位周知或者执行的事项，批转、转发公文。

85. 通报适用于表彰先进、批评错误、______重要精神和______重要情况。（　　）

A. 发布　宣布　　B. 发布　传送　　C. 宣布　传达　　D. 传达　告知

答案　D

解析　《党政机关公文处理工作条例》第二章第八条（九）规定：通报适用于表彰先进、批评错误、传达重要精神和告知重要情况。

86. 报告适用于向上级机关______工作、反映情况，______上级机关的询问。（　　）

A. 报告　回复　　B. 汇报　回复　　C. 汇报　回答　　D. 报告　回答

答案　B

解析　《党政机关公文处理工作条例》第二章第八条（十）规定：报告适用于向上级机关汇报工作、反映情况，回复上级机关的询问。

87. 请示适用于向上级机关请求______。（　　）

A. 指示、批准　　B. 指导、批准　　C. 指示、批示　　D. 指令、批准

答案　A

解析　《党政机关公文处理工作条例》第二章第八条（十一）规定：请示适用于向上级机关请求指示、批准。

88. 批复适用于______下级机关请示事项。（　　）

A. 答复　　B. 询问　　C. 咨询　　D. 协商处理

答案　A

解析　《党政机关公文处理工作条例》第二章第八条（十二）规定：批复适用于答复下级机关请示事项。

89. 议案适用于各级人民政府按照法律程序向同级人民代表大会或者人民代表大会常务委员会______。（　　）

A. 答复相关问题　　B. 提请审议事项　　C. 讨论　　D. 提请审议问题

答案　B

解析　《党政机关公文处理工作条例》第二章第八条（十三）规定：议案适用于各级人民政府按照法律程序向同级人民代表大会或者人民代表大会常务委员会提请审议事项。

90. 关于联合行文时发文机关标志说法正确的是______。（　　）

A. 单独用主办机关名称

B. 并用联合发文机关名称

C. 可以并用联合发文机关名称，也可以单独用主办机关名称

D. 根据实际情况随意制定

答案　C

解析　《党政机关公文处理工作条例》第三章第九条（四）规定：联合行文时，发文机关标志可以并用联合发文机关名称，也可以单独用主办机关名称。

91. 公文的版式按照______国家标准执行。（　　）

A.《党政机关公文格式》　　B.《党政机关公文处理格式》

C.《党政机关公文格式标准》　　D.《党政机关公文的格式》

答案　A

解析　《党政机关公文处理工作条例》第三章第十条规定：公文的版式按照《党政机关公文格式》国家标准执行。

92. 印发机关和印发日期指公文的______和______。（　　）

A. 送印机关　印发日期　　B. 送印机关　送印日期

C. 主送机关　送印日期　　D. 送印机关　定稿日期

答案　B

解析　《党政机关公文处理工作条例》第三章第九条（十七）规定：印发机关和印发日期指公文的送印机关和送印日期。

93. 公文中有发文机关署名的，______发文机关印章，并与署名机关______。（　　）

A. 可以不盖　相符　　B. 应当加盖　相符

C. 应当加盖　相同　　D. 可以不盖　相同

答案　B

解析　《党政机关公文处理工作条例》第三章第九条（十三）规定：有发文机关署名的，应当加盖发文机关印章，并与署名机关相符。

94. 有______发文机关标志的普发性公文和电报______印章。（　　）

A. 特殊　可以不加盖　　B. 特定　可以不加盖

C. 特殊　需要加盖　　D. 特定　需要加盖

答案　B

解析　《党政机关公文处理工作条例》第三章第九条（十三）规定：有特定发文机关标志的普发性公文和电报可以不加盖印章。

95. 正文是公文的主体，用来______公文的______。（　　）

A. 描述　主旨　　B. 描述　内容

C. 表述　主旨　　D. 表述　内容

答案　D

解析　《党政机关公文处理工作条例》第三章第九条（九）规定：正文是公文的主体，用来表述公文的内容。

96. 附注是公文印发传达范围等需要______的事项。（　　）

A. 强调　　B. 说明　　C. 表述　　D. 叙述

答案　B

解析　《党政机关公文处理工作条例》第三章第九条（十四）规定：附注是公文印发传达范围等需要说明的事项。

97. 发文机关署名署发文机关全称或者______。（　　）

A. 规范化简称　　B. 简称

C. 通俗简称　　D. 规范简称

答案　A

解析　《党政机关公文处理工作条例》第三章第九条（十一）规定：发文机关署名署发文机关全称或者规范化简称。

98. 民族区域自治地方的公文，如有需要，可并用______和当地通用的______。（　　）

A. 汉字　少数民族文字　　B. 英文　方言

C. 英文　少数民族文字　　D. 汉字　方言

答案　A

解析　《党政机关公文处理工作条例》第三章第十一条规定：民族区域自治地方的公文，可以并用汉字和当地通用的少数民族文字。

99. 党政机关公文是党政机关实施领导、履行职能、处理公务的具有______和______的文书。（　　）

A. 特定效果　规范格式　　B. 特定效力　规范格式

C. 特定效果　规范体式　　D. 特定效力　规范体式

答案　D

解析　《党政机关公文处理工作条例》第一章第三条规定：党政机关公文是党政机关实施领导、履行职能、处理公务的具有特定效力和规范体式的文书。

100. 为了适应党政机关工作需要，推进党政机关公文处理工作______、______、______，制定《党政机关公文处理工作条例》。（　　）

A. 科学化　流程化　规范化　　B. 科学化　制度化　规范化

C. 科学化　制度化　流程化　　D. 流程化　制度化　规范化

答案　B

解析　《党政机关公文处理工作条例》第一章第一条规定：为了适应中国共产党机关和国家行政机关（以下简称党政机关）工作需要，推进党政机关公文处理工作科学化、制度化、规范化，制定本条例。

101. 各级党政机关应当高度重视公文处理工作，加强组织领导，强化队伍建设，设立______或者由______负责公文处理工作。（　　）

A. 相关部门　专人　　B. 文秘部门　相关人员

C. 文秘部门　专人　　D. 相关部门　文秘

答案　C

解析　《党政机关公文处理工作条例》第一章第六条规定：各级党政机关应当高度重视公文处理工作，加强组织领导，强化队伍建设，设立文秘部门或者由专人负责公文处理工作。

102. 各级党政机关______主管本机关的公文处理工作，并对下级机关的______进行业务指导和督促检查。（　　）

A. 办公厅（室）　公文处理工作　　B. 领导　公文处理工作

C. 办公厅（室）　各项工作　　D. 办公厅（室）　公文写作

答案　A

解析　《党政机关公文处理工作条例》第一章第七条规定：各级党政机关办公厅（室）主管本机关的公文处理工作，并对下级机关的公文处理工作进行业务指导和督促检查。

103. 通告适用于在一定范围内______应当遵守或者周知的事项。（　　）

A. 发布　　B. 公布　　C. 通知　　D. 宣告

答案　B

解析　《党政机关公文处理工作条例》第二章第八条（六）规定：通告适用于在一定范围内公布应当遵守或者周知的事项。

104. ______适用于记载会议主要情况和议定事项。（　　）

A. 通报　　B. 纪要　　C. 通告　　D. 通知

答案　B

解析　《党政机关公文处理工作条例》第二章第八条（十五）规定：纪要适用于记载会议主要情况和议定事项。

105. ______适用于各级人民政府按照法律程序向同级人民代表大会或者人民代表大会常务委员会提请审议事项。（　　）

A. 通报　　B. 纪要　　C. 议案　　D. 通知

答案　C

解析　《党政机关公文处理工作条例》第二章第八条（十三）规定：议案适用于各级人民政府按照法律程序向同级人民代表大会或者人民代表大会常务委员会提请审议事项。

106. ______适用于会议讨论通过的重大决策事项。（　　）

A. 决议　　B. 纪要　　C. 议案　　D. 通知

答案　A

解析　《党政机关公文处理工作条例》第二章第八条（一）规定：决议适用于会议讨论通过的重大决策事项。

107. ______适用于对重要事项作出决策和部署、奖惩有关单位和人员、变更或者撤销下级机关不适当的决定事项。（　　）

A. 决议　　B. 纪要　　C. 议案　　D. 决定

答案　D

解析　《党政机关公文处理工作条例》第二章第八条（二）规定：决定适用于对重要事项作出决策和部署、奖惩有关单位和人员、变更或者撤销下级机关不适当的决定事项。

108. ______适用于公布行政法规和规章、宣布施行重大强制性措施、批准授予和晋升衔级、嘉奖有关单位和人员。（　　）

A. 决议　　B. 命令（令）　　C. 议案　　D. 决定

答案 B

解析 《党政机关公文处理工作条例》第二章第八条（三）规定：命令（令）适用于公布行政法规和规章、宣布施行重大强制性措施、批准授予和晋升衔级、嘉奖有关单位和人员。

109. ______适用于公布重要决定或者重大事项。（　　）

A. 决议　　B. 公报　　C. 议案　　D. 决定

答案 B

解析 《党政机关公文处理工作条例》第二章第八条（四）规定：公报适用于公布重要决定或者重大事项。

110. ______适用于向国内外宣布重要事项或者法定事项。（　　）

A. 公告　　B. 公报　　C. 议案　　D. 决定

答案 A

解析 《党政机关公文处理工作条例》第二章第八条（五）规定：公告适用于向国内外宣布重要事项或者法定事项。

111. 现行的《党政机关公文处理工作条例》和《党政机关公文格式》规定，我国公文用一般采用______。（　　）

A. 22 开型　　B. 16 开型

C. 国际标准 A4 型　　D. 无酸纸

答案 C

112. 形成公文的最后一道工序是______。（　　）

A. 版记部分　　B. 领导签发　　C. 公文装订　　D. 成文时间

答案 C

解析 对公文装订的各项具体要求，就是对公文最后一道工序的严格把关。

113. 公文草稿的特点不包括______。（　　）

A. 尚未定型　　B. 规范　　C. 非正式　　D. 无效力

答案 B

解析 草稿的特点是尚未定型、非正式、无效力。

114. ______适用于在一定范围内公布应当遵守或者周知的事项。

A. 公告　　B. 公报　　C. 通告　　D. 决定

答案 C

解析 《党政机关公文处理工作条例》第二章第八条（六）规定：通告适用于在一定范围内公布应当遵守或者周知的事项。

115. ______适用于对重要问题提出见解和处理办法。（　　）

A. 意见　　B. 公报　　C. 通告　　D. 决定

答案 A

解析 《党政机关公文处理工作条例》第二章第八条（七）规定：意见适用于对重要问题提出见解和处理办法。

116. ______适用于发布、传达要求下级机关执行和有关单位周知或者执行的事项，批转、转发公文。（　　）

A. 通知　　B. 公报　　C. 通告　　D. 决定

答案 A

解析 《党政机关公文处理工作条例》第二章第八条（八）规定：通知适用于发布、传达要求下级机关执行和有关单位周知或者执行的事项，批转、转发公文。

117. ______适用于表彰先进、批评错误、传达重要精神和告知重要情况。（　　）

A. 通知　　B. 公报　　C. 通告　　D. 通报

答案 D

解析 《党政机关公文处理工作条例》第二章第八条（九）规定：通报适用于表彰先进、批评错误、传达重要精神和告知重要情况。

118. ______适用于向上级机关汇报工作、反映情况，回复上级机关的询问。（　　）

A. 通知　　B. 报告　　C. 通告　　D. 通报

答案 B

解析 《党政机关公文处理工作条例》第二章第八条（十）规定：报告适用于向上级机关汇报工作、反映情况，回复上级机关的询问。

119. ______适用于向上级机关请求指示、批准。（　　）

A. 通知　　B. 报告　　C. 请示　　D. 通报

答案 C

解析 《党政机关公文处理工作条例》第二章第八条（十一）规定：请示适用于向上级机关请求指示、批准。

120. ______适用于答复下级机关请示事项。（　　）

A. 通知　　B. 报告　　C. 批复　　D. 通报

答案 C

解析 《党政机关公文处理工作条例》第二章第八条（十二）规定：批复适用于答复下级机关请示事项。

121. ______适用于不相隶属机关之间商洽工作、询问和答复问题、请求批准和答复审批事项。（　　）

A. 通知　　B. 报告　　C. 函　　D. 通报

答案 C

解析 《党政机关公文处理工作条例》第二章第八条（十四）规定：函适用于不相隶属机关之间商洽工作、询问和答复问题、请求批准和答复审批事项。

122. ______是公文印发传达范围等需要说明的事项。（　　）

A. 版记　　B. 附注　　C. 附件　　D. 通报

答案 B

解析 《党政机关公文处理工作条例》第三章第九条（十四）规定：附注是公文印发传达范围等需要说明的事项。

123. ______是公文的主要受理机关，应当使用机关全称、规范化简称或者同类型机关统称。（　　）

A. 发文机关　　B. 主送机关　　C. 抄送机关　　D. 承办机关

答案 B

124. ______工作是指公文拟制、办理、管理等一系列相互关联、衔接有序的工作。（　　）

A. 公文写作　　B. 公文流转　　C. 公文处理　　D. 公文受理

答案 C

解析 《党政机关公文处理条例》第一章第四条规定：公文处理工作是指公文拟制、办理、管理等一系列相互关联、衔接有序的工作。

125. 下列说法错误的是______。（ ）

A. 附注是公文印发传达范围等需要说明的事项

B. 标题由发文机关名称、事由和文种组成

C. 附件是公文正文的说明、补充或者参考资料

D. 既有紧急程度又有密级的文件，紧急程度应该标注在密级上方

答案 D

解析 《党政机关公文格式》7.2.3 规定：如需同时标注份号、密级和保密期限、紧急程度，按照份号、密级和保密期限、紧急程度的顺序自上而下分行排列。

126. 下列说法正确的是______。（ ）

A. 既有紧急程度又有密级的文件，紧急程度应该标注在密级上方

B. 公文用纸幅面全部采用国际标准 A4 型

C. 公文处理工作是指公文起草、办理、管理等一系列相互关联、衔接有序的工作

D. 公文处理工作应当坚持实事求是、准确规范、精简高效、安全保密的原则

答案 D

解析 选项 A，既有紧急程度又有密级的文件，紧急程度应该标注在密级下方；选项 B，公文用纸幅面采用国际标准 A4 型，特殊形式的公文用纸幅面，根据实际需要确定；选项 C，公文处理工作是指公文拟制、办理、管理等一系列相互关联、衔接有序的工作。

127. 下列说法错误的是______。（ ）

A. 上行文应当标注签发人姓名

B. 有特定发文机关标志的普发性公文和电报可以不加盖印章

C. 如有附件，在正文下空两行左空二字编排“附件”二字，后标全角冒号和附件名称

D. 联合行文时，使用主办机关的发文字号

答案 C

解析 《党政机关公文格式》7.3.4 规定：如有附件，在正文下空一行左空二字编排“附件”二字，后标全角冒号和附件名称。

128. 下列说法错误的是______。（ ）

A. 公文处理工作应当坚持实事求是、准确规范、精简高效、安全保密的原则

B. 党政机关公文是党政机关实施领导、履行职能、处理公务的具有特定效力和规范体式的文书

C. 涉密公文应当标注份号

D.“签发人”三字用 3 号宋体字，签发人姓名用 3 号楷体字

答案 D

解析 《党政机关公文格式》7.2.6 规定：“签发人”三字用 3 号仿宋体字，签发人姓名用 3 号楷体字。

129. ______应当坚持实事求是、准确规范、精简高效、安全保密的原则。（　　）

A. 公文流转工作　　B. 公文处理工作　　C. 公文拟制　　D. 公文承办

答案　B

解析　《党政机关公文处理条例》第一章第五条规定：公文处理工作应当坚持实事求是、准确规范、精简高效、安全保密的原则。

130. 下列说法中错误的是______。（　　）

A. 保密期限中的数字用阿拉伯数字标注

B. 特殊形式的公文用纸幅面，根据实际需要确定

C. 发文顺序号加“第”字，不编虚位（即1不编为01），在阿拉伯数字后加“号”字

D. 如有多个签发人，签发人姓名按照发文机关的排列顺序从左到右、自上而下依次均匀编排

答案　C

解析　《党政机关公文格式》7.2.5规定：发文顺序号不加“第”字，不编虚位（即1不编为01），在阿拉伯数字后加“号”字。

131. 公文的主要排版形式不包括______。（　　）

A. 版面安排　　B. 公文版头设计　　C. 字体字号　　D. 装订材料

答案　D

解析　公文的排版形式就是公文的外观形式，答案A、B、C均为其主要形式。

132. 下列说法中错误的是______。（　　）

A. 保密期限中的数字用大写数字标注

B. 特殊形式的公文用纸幅面，根据实际需要确定

C. 发文顺序号不加“第”字，不编虚位（即1不编为01），在阿拉伯数字后加“号”字

D. 如有多个签发人，签发人姓名按照发文机关的排列顺序从左到右、自上而下依次均匀编排

答案　A

解析　《党政机关公文格式》7.2.2规定：保密期限中的数字用阿拉伯数字标注。

133. ______由发文机关代字、年份、发文顺序号组成。（　　）

A. 收文字号　　B. 发文字号　　C. 发文机关标志　　D. 公文份号

答案　B

解析　《党政机关公文处理工作条例》第三章第九条（五）规定：发文字号由发文机关代字、年份、发文顺序号组成。

134. ______的成文日期以最后签发机关负责人的签发日期为准。（　　）

A. 越级行文　　B. 联合行文　　C. 请示　　D. 报告

答案　B

解析　《党政机关公文处理工作条例》第三章第九条（十二）规定：联合行文时，署最后签发机关负责人签发的日期。

135. 公文的______由发文机关名称、事由、文种组成。（　　）

A. 标题　　B. 版记　　C. 正文　　D. 附注

答案 A

解析 《党政机关公文处理工作条例》第三章第九条（七）规定：标题由发文机关名称、事由和文种组成。

136. ______工作应当坚持实事求是、准确规范、精简高效、安全保密的原则。（　　）

A. 公文流转　　B. 公文写作　　C. 公文处理　　D. 公文拟制

答案 C

解析 《党政机关公文处理工作条例》第一章第四条规定：公文处理工作是指公文拟制、办理、管理等一系列相互关联、衔接有序的工作。

137. 下列不具备法定效力的公文稿本是______。（　　）

A. 草稿　　B. 副本　　C. 定稿　　D. 试行本

答案 A

解析 草稿不具备法定效力。

138. 下面不属于公文必备的基本组成部分是______。（　　）

A. 报送机关　　B. 发文机关　　C. 标题　　D. 成文日期

答案 A

解析 《党政机关公文处理工作条例》第三章第九条规定：公文一般由份号、密级和保密期限、紧急程度、发文机关标志、发文字号、签发人、标题、主送机关、正文、附件说明、发文机关署名、成文日期、印章、附注、附件、抄送机关、印发机关和印发日期、页码等组成。

139. 不属于规范性公文正本的特殊形式是______。（　　）

A. 试行本　　B. 抄本　　C. 暂行本　　D. 修订本

答案 B

解析 抄本不属于规范性公文正本的特殊形式。

140. 下面说法错误的是______。（　　）

A. 草稿是原始的非正式文稿，不具备正式公文的效用

B. 不同文字稿本是同一内容用两种或两种以上文字撰写的文本

C. 副本是正本的复份，具备正式公文的法定效用

D. 试行本是试验推行本，不具备正式公文的法定效用

答案 D

解析 试行本在规定的试验推行期间具有正式公文的法定效用。

141. 有领导与被领导关系的机关行文时不可采用的行文方式是______。（　　）

A. 越级行文　　B. 逐级行文

C. 直接行文　　D. 多级行文

答案 C

解析 直接行文一般用于平行机关或者不相隶属机关。

142. “命令”（令）的令号编制______。（　　）

A. 不受年度限制　　B. 以年度为限

C. 以领导职务为限　　D. 不以领导任期为限

答案 A

解析 与发文字号不同，令不受年份限制。

143. 下列不属于公文写作的基本要求是______。（ ）

A. 一文一事，中心明确

B. 符合党、国家的路线、方针、政策和法律法规

C. 用语庄严、简明、通顺

D. 为使各方面了解情况，多印发文件

答案 D

144. 受双重领导的单位，需请示批准事项时，除向有权批准该事的机关请示还应______。（ ）

A. 向另一机关报告

B. 向另一机关抄送

C. 向另一机关通报

D. 向另一机关通知

答案 B

解析 受双重领导的单位，需请示批准事项时，除向有权批准该事的机关请示还应向另一机关抄送。

145. 版记又称“文尾”，它应放在文件的末尾，即______。（ ）

A. 主件之后、附件之前

B. 公文整体结构的最后

C. 主件和附件之后各设一个版记

D. 不包括转发件

答案 B

146. 规定公文的统一规范格式，不属于其目的的是______。（ ）

A. 维护公文的有效性

B. 维护公文的严肃性

C. 维护公文的权威性

D. 维护公文的准确性

答案 A

解析 规定公文的统一规范格式，其目的在于维护公文的严肃性、维护公文的权威性和维护公文的准确性。而公文的有效性和合法性并不是由公文格式的统一规范决定的。

147. 不属于通报的特点的是______。（ ）

A. 让事实和数据说话，而不过多地阐发和论证道理

B. 具有较强的时效性

C. 具有教育性质，主要起宣传教育、沟通情况和交流经验的作用

D. 内容单纯，行文简便

答案 D

148. 下列有关说法错误的是______。（ ）

A. 请示这类公文要求上级回复，故应与工作报告相区别

B. 各机关对于自己无权决定或难以处理的问题均应制发请示公文

C. 某机关对于后勤的安排，因几位领导意见不一致，此时应该制发请示

D. 请示不能使用议论的表达方式

答案 C

解析 请示，适用于向上级机关请求指示、批准。

149. 下列不属于请示的结构组成部分的是______。（ ）

A. 主送机关

B. 标题，写明制发机关名称、事由与文种

C. 正文，包括请示理由、请示事项及请示的具体要求

D. 制发机关名称与成文日期

答案 A

解析 请示包括标题、正文、制发机关名称与成文日期。

150. 以下说法错误的是______。（ ）

A. 公文一般兼用说明、叙述、议论三种表达方式，应依公文性质与行文目的确定

B. 公文的写作程序一般分为：准备、撰拟、审核、修改三个阶段

C. 纪要写成后应提请会议主持人审核和签发，也必须经与会者讨论认可

D. 会议简报用于报送重要会议的情况，属临时性简报

答案 C

解析 纪要写成后应提请机关主要负责人审核和签发。

151. 下列请示结尾，不符合要求的是______。（ ）

A. 可否，请批示

B. 妥否，请批示

C. 以上如认为可行，请批转有关单位执行

D. 以上报告，当否，请批示

答案 D

152. 下列表述错误的是______。（ ）

A. 请示的行文对象必须是自己的上级机关

B. 请示是党政机关中一个独立的文种

C. 在需要的情况下，请示可以有两个主送机关

D. 请示不论文字长短，其内在逻辑均是由“为什么请示”和“请示什么问题”两大层次组成的

答案 C

解析 请示只能有一个主送机关。

153. 不属于批复的正文组成部分的是______。（ ）

A. 主体 B. 引语 C. 结尾 D. 标题

答案 D

154. 下列不符合答复函写法内容的有______。（ ）

A. 答复意见 B. 告知情况 C. 争议结果 D. 结尾

答案 C

155. 不属于确立公文的基本要求是______。（　　）

A. 鲜明　　B. 正确　　C. 集中　　D. 深刻

答案 D

解析 确立公文的基本要求是正确、鲜明、集中。

156. 下列说法错误的是______。（　　）

A. 复制上级党的机关的秘密公文，须经发文机关批准或者授权

B. 常用的标点符号有 16 种，分点号和标号两大类

C.《党政机关公文处理条例》自 2012 年 7 月 1 日起施行

D. 上级机关的公文，除绝密级和注明不准翻印的外，下级机关可根据需要随时翻印

答案 D

解析 下级机关翻印时需要注明翻印的机关、日期、印数、印发范围。

157. 不属于公文处理应当坚持的原则是______。（　　）

A. 精简　　B. 实事求是　　C. 高效　　D. 及时

答案 D

解析 《党政机关公文处理工作条例》第一章第五条规定：公文处理工作应当坚持实事求是、准确规范、精简高效、安全保密的原则。

158. 不属于越级行文的条件是______。（　　）

A. 经多次请示直接上级机关而问题长期未予解决

B. 情况紧急

C. 需直接询问、答复或联系具体事项

D. 检举直接上级机关

答案 B

解析 遇特殊重大紧急情况，如战争、自然灾害等，可越级行文。

159. 应向直接上级机关抄送的文件不包括______。（　　）

A. 受双重领导的机关向其中一个领导机关主送的请示

B. 向自己下级机关主送的重要文件

C. 向平级业务主管部门主送的请求批准的函件

D. 按规定越级向更高层级机关主送的文件

答案 C

解析 平级机关之间业务上请求批准的文件，没有必要抄送给上级机关。

160. 不能联合行文的机关是______。（　　）

A. 政府各部门之间　　B. 同级政府之间

C. 上级党委和下级政府之间　　D. 政府部门和同级人民团体之间

答案 C

解析 职能和架构都不同，不能联合行文。

161. 不属于公文特定用语是______。（ ）

A. 惯用语、成语、综合用语

B. 开端用语、引叙用语、经办用语、结尾用语

C. 称谓用语、期请用语、表态用语

D. 谦敬用语、过渡用语、综合用语

答案 A

162. 下列关于联合行文的表述，正确的是______。（ ）

A. 可将正文放到第二页显示

B. 同级别机关按党、政、军、群顺序排列

C. 主办机关印章应当居中

D. 每个机关发文字号都要标出

答案 B

解析 选项 A，正文放到首页显示；选项 C，主办机关印章在最前；选项 D，只标明主办机关的发文字号。

163. 不属于编制发文字号的作用是______。（ ）

A. 便于统计发文数量

B. 可作公文的代号使用，便于查找和引用

C. 便于分清发文者的责任

D. 便于公文的管理

答案 C

164. 公文标题一般由作者加事由加文种构成，在一定条件下，公文标题不可以______。（ ）

A. 省略事由

B. 省略公文机关名称

C. 省略文种

D. 省略公文机关名称和事由

答案 C

解析 任何情况下公文标题必须由文种组成。

165. 下列关于公文主送机关的表述，正确的是______。（ ）

A. 国务院的普发性文件，主送机关的统称是：各省、自治区、直辖市人民政府、国务院各部委、各直属机构、中央军事委员会

B. 一般下行公文都有两个以上的主送机关

C. 上行公文只有一个具体的抄送机关

D. 上行公文一般可以将领导人作为主送机关

答案 B

解析 选项 A，国务院的普发性文件，主送机关的统称是：各省、自治区、直辖市人民政府、国务院各部委、各

直属机构；选项C，上行文可以多个抄送机关；选项D，上行文将上级机关作为主送机关。

166. 对公文附件的处理，下列说法中正确的有______。（　　）

A. 注明所附文件材料名称及件数

B. 附件说明位于正文的左下方，公文的生效标识之上

C. 正文的附件序号用阿拉伯数字

D. 附件与必须正文一起装订

答案 C

解析 选项A描述的是附件说明；选项B，附件说明位于公文正文之下，发文机关之上；选项D，附件可以不与正文一起装订。

167. 关于公文的成文时间，下列表述中正确的是______。（　　）

A. 联合行文时，署第一个签发机关负责人签发的日期

B. 一般情况下，以领导人签发时间为准

C. 经会议讨论通过的公文，以印发时间为准

D. 一般的日常事务性公文以批准时间为准

答案 B

解析 《党政机关公文处理工作条例》第三章第九条（十二）规定：成文日期。署会议通过或者发文机关负责人签发的日期。联合行文时，署最后签发机关负责人签发的日期。

168. 加盖印章的方式不正确的是______。（　　）

A. 下套方式　　B. 上套方式

C. 中套方式　　D. 两个印章平行排列均压在成文时间上

答案 B

解析 选项A、C属于单一机关发文盖章方式，选项D属于联合行文盖章方式。

169. 成文时间下方的“此件可见报”之类，属于公文的______。（　　）

A. 附件　　B. 版记　　C. 附注　　D. 文尾

答案 C

解析 对公文的发放范围，使用时需注意的事项加以说明即为附注。

170. 不能抄送给下级机关的公文是______。（　　）

A. 通报　　B. 请示　　C. 意见　　D. 通知

答案 B

解析 请示适用于向上级机关请求指示、批准。

171. 公文的整体结构不包括______。（　　）

A. 复式结构　　B. 单式结构

C. 主件加附件　　D. 眉首、主体、版记

答案 D

解析 公文的整体结构包括单式结构和复式结构，复式结构包括主件加附件和转发件加被转发件。

172. 公文的特定格式不包括______。（　　）

A. 公报格式　　B. 会议纪要格式

C. 命令格式　　D. 信函式

答案　A

解析　公文的特定格式包括三种，即B、C、D三个选项。

173.《党政机关公文格式》规定的公文排版规格错误的是______。（　　）

A. 公文正文用3号隶书字体　　B. 公文正文用3号仿宋字体

C. 一般每面排22行文　　D. 每行排28个字

答案　A

解析　公文正文用3号仿宋字体。

174. 单一机关行文时，其标准是印章加盖在______。（　　）

A. 成文时间上　　B. 行文单位名称上

C. 成文时间的下方　　D. 成文时间与正文之间

答案　A

解析　单一机关行文时，一般在成文日期之上、以成文日期为准居中编排发文机关署名，印章端正、居中下压发文机关署名和成文日期，使发文机关署名和成文日期居印章中心偏下位置，印章顶端应当上距正文（或附件说明）一行之内。

175. 公文末页首条分隔线以下、末条分隔线以上的部分称为______。（　　）

A. 主体　　B. 版记　　C. 版头　　D. 版心

答案　B

解析　版记中的分隔线与版心等宽，首条分隔线和末条分隔线用粗线（推荐高度为0.35mm），中间的分隔线用细线（推荐高度为0.25mm）。首条分隔线位于版记中第一个要素之上，末条分隔线与公文最后一面的版心下边缘重合。

176. 公文末页首条分隔线以______、末条分隔线以______的部分称为版记。（　　）

A. 下　上　　B. 上　下　　C. 左　上　　D. 右　左

答案　A

解析　版记中的分隔线与版心等宽，首条分隔线和末条分隔线用粗线（推荐高度为0.35mm），中间的分隔线用细线（推荐高度为0.25mm）。首条分隔线位于版记中第一个要素之上，末条分隔线与公文最后一面的版心下边缘重合。

177. 发文机关标志以______为原则。（　　）

A. 清晰、美观、庄重　　B. 醒目、美观、庄重

C. 醒目、大方、庄重　　D. 清晰、美观、隆重

答案　B

178. 信函如需标注份号、密级和保密期限、紧急程度，应当顶格居版心左边缘编排在第______条红色双线下。（　　）

A. 二　　B. 一　　C. 三　　D. 四

答案　B

179. 公文双面印刷时，页码套正，两面误差不超过______。（ ）

A. 2mm　　B. 1mm　　C. 3mm　　D. 4mm

答案　A

180. 成文日期中的数字用阿拉伯数字将______标全，______应标全称。（　）

A. 年、月、日　月份　　B. 年、月、日　年份

C. 年、月　月份　　D. 年、月　日

答案　B

解析　用阿拉伯数字将年、月、日标全，年份应标全称，月、日不编虚位（即1不编为01）。

181. 当公文排版后所剩空白处不能容下印章或签发人签名章、成文日期时，可以采取______的措施解决。（　）

A. 在下一页盖章　　B. 调整行距、字距　　C. 调整字体大小　　D. 压文字盖章

答案　B

182. 附件顺序号和附件标题应当与______的表述一致。附件格式要求同______。（　）

A. 附件说明　正文　　B. 附注　正文

C. 附件说明　标题　　D. 附注　标题

答案　A

解析　附件顺序号和附件标题应当与附件说明的表述一致。附件格式要求同正文。

183. 版记中如有其他要素，应当将其与______用______隔开。（　）

A. 印发日期　一条粗分隔线

B. 印发机关　一条细分隔线

C. 印发机关和印发日期　一条粗分隔线

D. 印发机关和印发日期　一条细分隔线

答案　D

解析　版记中如有其他要素，应当将其与印发机关和印发日期用一条细分隔线隔开。

184. 公文的附件与正文一起装订时，页码应当______。（　）

A. 按实际需要编排　　B. 连续编排

C. 附件不编排　　D. 随意编排

答案　B

185. 公文中签发人三字用______，签发人姓名用______。（　）

A. 均用3号楷体字

B. 均用3号国标仿宋体字

C. 3号国标仿宋体字，3号楷体字

D. 3号楷体字，3号国标仿宋体字

答案　C

186. 以下关于附件的标注方法符合要求的是______。（　　）

A. 附件：1. 试题　　　　B. 附件 1 试题

C. 附件：1 试题　　　　D. 附件：1、试题

答案　A

187. 公文写作时规范的成文日期是______。（　　）

A. 20210501　　　　B. 二零二一年 5 月一日

C. 2021 年 5 月 01 日　　　　D. 2021 年 5 月 1 日

答案　D

188. 公文中结构层次序数依次可以用______进行标识。（　　）

A. 一（一）1、（1）　　　　B. 一、（一）1.（1）

C.（一）一、（1）1.　　　　D.（一）一、（1）1、

答案　B

解析　公文一般第一层用黑体字、第二层用宋体字、第三层和第四层用仿宋体字标注

189. 公文标题的位置应在红（黑）色分隔线下空______行，用______号方正小标宋简体字，可分一行或多行居中排布。（　　）

A. 2　2　　　　B. 3　2　　　　C. 3　3　　　　D. 1　小 2

答案　A

190. 文件生效标识包括______。（　　）

A. 成文时间　　　　B. 主送机关

C. 发文机关印章　　　　D. 附件

答案　C

解析　公文生效标识是指在正文或附件之后加盖发文机关印章或签署人姓名。

191. 公文签发人应标注在文件的______。（　　）

A. 主体部分　　　　B. 版头部分

C. 版记部分　　　　D. 附件部分

答案　B

192. “一国两制”“三农”“中共十六届一中全会”“三个代表”“政协”等用语，是公文中常见的______。（　　）

A. 惯用语　　　　B. 缩略语　　　　C. 特定用语　　　　D. 引用语

答案　B

193. 公文写作中最常用、最主要的表达方式是______。（　　）

A. 议论　　　　B. 叙述　　　　C. 说明　　　　D. 夹叙夹议

答案　B

解析　叙述是公文写作中最常用、最基本的表达方式。

194. 为避免打乱正常的领导隶属关系和工作业务联系，党政机关要严格控制______。（　　）

A. 发文数量　　B. 联合行文

C. 抄送机关　　D. 越级行文

答案　D

195. 我国最高国家行政机关是______。（　　）

A. 国务院　　B. 国务院常务会议

C. 全国人民代表大会　　D. 国务院办公厅

答案　A

196. 公文发文范围的确定依据是______。（　　）

A. 公文的内容　　B. 公文的发文单位

C. 公文的形式　　D. 公文的收文单位

答案　A

197. 决定标题一般由三部分构成，分别是______。（　　）

A. 决定机构、决定事由和日期　　B. 决定事由、文种、日期

C. 决定机构、日期、文种　　D. 发文单位决定、决定机构事由、文种

答案　D

198. 国务院与各省、自治区、直辖市人民政府之间构成______。（　　）

A. 平行关系　　B. 不相隶属关系

C. 领导与被领导关系　　D. 业务指导关系

答案　C

199. 市委行文给省委并报党中央属于哪种行文方式______。（　　）

A. 多级上行文　　B. 逐级上行文　　C. 分级上行文　　D. 越级上行文

答案　A

200. 一份公文的文种要与该份公文的______相互呼应。（　　）

A. 下级机关　　B. 上级机关　　C. 抄送机关　　D. 主送机关

答案　D

201. 在公文写作动笔之前，先要弄清楚发文的主旨，即公文的主题和发文的目的，通常不包括______。（　　）

A. 字数的控制

B. 公文的中心内容是什么

C. 根据公文内容，准备采用什么文种

D. 明确发文的具体要求

答案　A

202. 公文制发机关对文件生效负责的凭证是______。（　　）

A. 成文日期　　B. 机关印章　　C. 发文机关署名　　D. 主送机关

答案　B

解析　机关印章是公文生效的标志。

203. 总结的主要作用是下情上达和______。（　　）

A. 上情下达　　B. 提高自身　　C. 利于改革　　D. 增加收入

答案　B

204. 用于说明材料的真实性和使用、处理等有关事项的是大事记的______。（　　）

A. 开头　　B. 标题　　C. 结尾　　D. 正文

答案　C

205. 符合客观规律是公文写作的______。（　　）

A. 行文规范要求　　B. 文字表达要求　　C. 业务要求　　D. 政治要求

答案　C

解析　符合客观规律是公文写作的业务要求。

206. 党政机关公文格式从______起开始实施。（　　）

A. 2005 年　　B. 2000 年　　C. 2010 年　　D. 2012 年

答案　D

207. 公文的版头部分不包括______。（　　）

A. 成文时间　　B. 公文份数序号　　C. 秘密等级　　D. 发文字号

答案　A

208. 有关全国性的重大政策问题，有权作出决定的机关是______。（　　）

A. 国务院　　B. 全国人民代表大会　　C. 党中央　　D. 国家主席

答案　C

209. 确定抄送机关要掌握的原则是______。（　　）

A. 向上级机关的请示，可以同时抄送下级机关

B. 抄送要限于同文件内容有关、需要对方知晓或协助办理的机关，既不能滥报滥送，也不能漏报漏送

C. 翻印或原文转发上级机关的文件，可以再上报上级机关

D. 向下级机关的重要行文，不可以抄送直接的上级机关

答案　B

210. 编制份数序号一般用 6 位（不得少于两位）阿拉伯数码，其位置在______。（　　）

A. 版心左下角　　B. 版心左上角顶格第一行

C. 版心右上角顶格第一行　　D. 版心右下角

答案 B

解析 如需标注份号，一般用6位3号阿拉伯数字，顶格编排在版心左上角第一行。

211. 会议文件的成文时间一般以______为准。（ ）

A. 签发时间　　B. 起草时间　　C. 会议通过时间　　D. 打印时间

答案 C

解析 会议文件的成文时间一般以会议通过时间为准。

212. 一般公文的成文时间以______为准。（ ）

A. 撰写完毕时间　　B. 发出时间　　C. 打印时间　　D. 签发时间

答案 D

解析 一般公文的成文时间以签发时间为准。

213. 规范性公文的成文时间一般以______为准。（ ）

A. 批准时间　　B. 施行时间　　C. 发布时间　　D. 打印时间

答案 A

解析 规范性公文以批准的时间为准。

214. 公文草稿的特点不包括______。（ ）

A. 非正式　　B. 无效力　　C. 规范　　D. 尚未定型

答案 C

解析 公文草稿的特点是无效力、非正式、尚未定型。

215. 下列不属于版记要素的是______。（ ）

A. 抄送机关　　B. 附注　　C. 印发机关　　D. 印发日期

答案 B

解析 附注属于主体部分。

216. 公文写作是______。（ ）

A. 代领导立言　　B. 代群众立言　　C. 代干部立言　　D. 代机关立言

答案 D

解析 公文写作是撰写人代机关立言，是体现机关领导意图的写作活动。

217. 属于机关日常工作的公文，应由______起草。（ ）

A. 办公室主任　　B. 文秘人员　　C. 部门负责人　　D. 机关负责人

答案 B

解析 各级党政机关应当高度重视公文处理工作，加强组织领导，强化队伍建设，设立文秘部门或者由专人负责公文处理工作。

218. 印发时间应标注在文件的______。（ ）

A. 附件部分　　B. 主体部分　　C. 版记部分　　D. 版头部分

答案 C

219. 我国党政机关的体系结构主要是______。（　　）

A. 分权制　　B. 层级制　　C. 民主集中制　　D. 网络式

解析　我国党政机关的体系结构主要是层级制。

答案　B

220. 公文是进行公务活动的______。（　　）

A. 形式　　B. 工作方式　　C. 媒介　　D. 重要工具

答案　D

解析　公文是进行公务活动的重要工具。

221. 毛泽东同志在《工作方法六十条（草案）》中指出“文章和文件都应当具有三种性质”，这三种性质不包括______。（　　）

A. 准确性　　B. 具体性　　C. 鲜明性　　D. 生动性

答案　B

解析　文章三种性质为准确性、鲜明性、生动性。

222. 1956 年 1 月，中共中央办公厅和国务院办公厅分别发出通知，要求文件一律______。（　　）

A. 自右至左横写横排　　B. 自左至右横写横排

C. 自左至右竖写　　D. 自右至左竖写

答案　B

223. 公文附件的形式不包括______。（　　）

A. 附注　　B. 目录　　C. 名单　　D. 图表

答案　A

解析　公文附件是公文正文的说明、补充或者参考资料。其形式可以是图表、目录、名单或其他有关文件材料。

224. 一般日常事务性公文的成文时间是指______。（　　）

A. 印发时间　　B. 领导人签发时间

C. 批准时间　　D. 会议通过的时间

答案　A

解析　一般性例行公文如通知、函等以实际发出日期（印发时间）为准。

225. 下列文种必须以领导人签发时间为成文时间的是______。（　　）

A. 条例　　B. 会议报告　　C. 工作总结　　D. 请示

答案　D

解析　请示发文日期一般以机关领导人签发日期为准；会议通过文件以会议通过日期为准；一般性例行公文如通知、函等以实际发出日期为准；法规性以公文的批准日期为准，或公文最后专门规定生效、执行日期，如“本条例自发布之日起施行”。

226. 公文写作要求实事求是，在业务处理上必须符合______。（　　）

A. 逻辑表述　　B. 领导指示　　C. 载体材料　　D. 客观规律

答案　D

227. 公文的文体、构成要素及其在格式上的安排称之为公文的______。（　　）

A. 程序　　B. 稿本　　C. 体式　　D. 文体

答案　C

228. 根据事物在性状、成因、功用、关系等属性的差别，划分成若干类别，分别加以说明的方法属于______。（　　）

A. 举例说明　　B. 分类说明

C. 数字说明　　D. 比较说明

答案　B

229. 公文的权威性和严肃性决定了公文语言的______特征。（　　）

A. 简明　　B. 庄重　　C. 准确　　D. 得体

答案　C

230. 不具有法定效力的稿本有______。（　　）

A. 草稿　　B. 副本　　C. 定稿　　D. 试行本

答案　A

解析　草稿不具有法定效力。

231. 不属于“指示”的标题构成部分的是______。（　　）

A. 收文日期　　B. 文种

C. 发文单位　　D. 事由

答案　A

解析　完整的公文标题，一般应具备“三要素”，即发文机关名称、事由及文种。

232. 公文主体不包括的是______。（　　）

A. 公文正文　　B. 公文标题　　C. 主送机关　　D. 版记

答案　D

解析　版记不属于主体部分。

233. 关于附件，下列说法正确的是______。（　　）

A. 附件说明位于正文的右下方，公文生效标识之上

B. 附件是公文的一个组成部分并可随意分开

C. 公文附件的形式一般有图表、目录、名单、简介及其他有关文件材料

D. 附件不需与正文一起装订

答案　C

解析　附件应当另面编排，并在版记之前，与公文正文一起装订。“附件”二字及附件顺序号用3号黑体字顶格编排在版心左上角第一行。附件标题居中编排在版心第三行。附件顺序号和附件标题应当与附件说明的表述一致。附件格式要求同正文。如附件与正文不能一起装订，应当在附件左上角第一行顶格编排公文的发文字号并在其后标注“附件”二字及附件顺序号。

234. 通知这一文种产生于______。（　）

A. 中共苏维埃时期　　B. 民国时期　　C. 解放战争时期　　D. 20 世纪 50 年代

答案　B

235. 拟写文稿，在使用简称时，应______。（　）

A. 先用全称，并加以注明　　B. 直接用简称

C. 先用全称，再用简称，不用注明　　D. 以上说法均错误

答案　A

解析　拟写文稿，在使用简称时，应先用全称，并加以注明。

236. 公文的表达方式和语体特征构成______。（　）

A. 公文体式　　B. 公文文体　　C. 公文程式　　D. 公文格式

答案　B

237. 公文属于应用文体，具有应用文体的一般特点，即实用性、严肃性和______。（　）

A. 抒情性　　B. 复杂性　　C. 社会性　　D. 程式性

答案　D

解析　公文属于应用文体，具有实用性、严肃性和程式性。

238. 在写作中运用语言的方法和手段称之为______。（　）

A. 公文体式　　B. 公文格式　　C. 表达方式　　D. 公文程式

答案　C

239. 公文的文体属于______。（　）

A. 散文体　　B. 应用文体　　C. 叙事体　　D. 说明体

答案　B

解析　公文属于应用文体，具有实用性、严肃性和程式性。

240. 辨别文章体裁的重要标志是______。（　）

A. 语言运用　　B. 表达方式　　C. 构成要素　　D. 格式上的安排

答案　B

解析　一般情况下，通过对文章的表达方式和运用语言不同来区分文章的体裁。表达方式是指在写作中运用的语言方法和手段，是辨别文章体裁的重要标志。

241. 调查报告、会议纪要以及综合性的工作总结通常采用的表达方式是______。（　）

A. 议论　　B. 叙述　　C. 夹叙夹议　　D. 说明

答案　C

解析　就具体文种而言，报告、请示、通报等侧重于叙述；法律、法规文件以及通告、公告等主要是说明；调查报告、会议纪要以及综合性的工作总结等通常是夹叙夹议；而在公文中运用议论为主要表达方式的则有讲话稿等。

242. 在公文写作中兼用三种表达方式是公文文体的主要特点，这三种表达方式不包括______。（　）

A. 描写　　B. 叙述　　C. 说明　　D. 议论

答案　A

解析 三种表达方式为叙述、说明、议论。

243. 公文中说明的主要方法不包括______。（　　）

A. 注释说明　　B. 定义说明　　C. 议论说明　　D. 数字说明

答案 C

解析 公文主要说明方法有六种：注释说明、数字说明、定义说明、数字说明、举例说明、分类说明。

244. 用简明扼要的文字，把事物的形状、性质、特征、成因、关系、功用等客观、真实地解说清楚，称为______。（　　）

A. 说明　　B. 叙述　　C. 议论　　D. 描写

答案 A

245. 对事物的性状、特征、成因等作简要的注释的说明方法是______。（　　）

A. 分类说明　　B. 注释说明　　C. 定义说明　　D. 比较说明

答案 B

246. 公文论据的主要形式是______。（　　）

A. 法规论据　　B. 事实论据　　C. 理论论据　　D. 政策论据

答案 B

解析 事实论据是公文论据的主要形式。

247. 议论的核心是______。（　　）

A. 论点　　B. 事实论据　　C. 论证　　D. 理论论据

答案 A

解析 议论的核心是论点，论点指对所述问题提出见解、主张和态度。

248. 若公文写作用词含混，歧义迭出，或判断不当，结论模糊等，就有悖公文语言基本要求中的______。（　　）

A. 简明　　B. 准确　　C. 庄重　　D. 得体

答案 B

解析 公文的内容必须用准确的语言表达。

249. 有的公文里空话套话连篇，这不符合公文语言基本要求中的______。（　　）

A. 简明　　B. 准确　　C. 庄重　　D. 得体

答案 A

解析 简明是用最少的文字表达尽可能多的内容。

250. 用最少的文字表达尽可能多的内容的是______。（　　）

A. 庄重　　B. 简明　　C. 得体　　D. 准确

答案 B

251. 公文运用语言应当做到______。（　　）

A. 形象、生动、简明、得体　　B. 活泼、生动、准确、简明

C. 委婉、动情、简约、细腻　　D. 准确、简明、庄重、得体

答案　D

252. 公文制发机关应有的严正立场和严肃持重的态度在公文中的体现是______。（　　）

A. 使用简明的语言　　B. 使用准确的语言

C. 使用庄重的语言　　D. 使用得体的语言

答案　C

解析　庄重指公文用语必须讲究庄重，郑重。

253. 下列关于公文语体风格的表述，正确的是______。（　　）

A. 告知性公文应多用专业术语　　B. 指挥性公文应亲切明白

C. 请示性公文可用要挟性语言　　D. 商洽性公文不得使用指令性语言

答案　D

解析　选项 A，告知性公文应简明晓畅；选项 B，指挥性公文应郑重严肃；选项 C，请示性公文应恳切明白。

254. 在公文特定用语中，“据此、为此、现函复如下”等属于______。（　　）

A. 过渡用语　　B. 引叙用语　　C. 开端用语　　D. 经办用语

答案　A

255. 下列不属于版头部分的是______。（　　）

A. 紧急程度　　B. 份号　　C. 标题　　D. 签发人

答案　C

解析　标题属于主体部分。

256. 下列编制份数序号正确的是______。（　　）

A. 001　　B. 1　　C. 0001　　D. 000001

答案　D

解析　份号一般情况下为六位阿拉伯数字。

257. 签发人应标注在文件的______。（　　）

A. 主体部分　　B. 版头部分　　C. 版记部分　　D. 附件部分

答案　B

解析　由“签发人”三字加全角冒号和签发人姓名组成，居右空一字，编排在发文机关标志下空二行位置。

258. 确定紧急文件等级的是______。（　　）

A. 发文机关　　B. 公文执笔人　　C. 公文签发人　　D. 邮政部门

答案　C

259. 属于“密级”的文件有______。（　　）

A. 绝密文件、机密文件、普通文件　　B. 绝密文件、机密文件、秘密文件

C. 秘密文件、普通文件、公布文件　　D. 绝密文件、秘密文件、普通文件

答案　B

解析 涉密公文应当根据涉密程度分为“绝密”“机密”“秘密”。

260. 在公文中的首页中______。（　　）

A. 不应显示正文　　B. 必须显示正文

C. 可以不显示正文　　D. 视情况而定

答案 B

解析 公文首页必须显示正文。

261. 下列各项哪种属于选择项目？（　　）

A. 发文字号　　B. 公文标题　　C. 签发人　　D. 成文日期

答案 C

解析 签发人仅在上行文中出现。

262. 发文字号中的机关代字应统一编定，负责编排发文机关和机关内各部门单位代字的是______。（　　）

A. 各部门负责人　　B. 机关领导

C. 机关办公厅（室）　　D. 办公室秘书

答案 C

263. 《国家行政机关公文处理办法》第十条规定，在文件上应注明签发人、会签人姓名的是______。（　　）

A. 下行文　　B. 上行文　　C. 平行文　　D. 会议文件

答案 B

解析 上行文必须注明签发人。

264. 在拟写公文标题时，机关名称和事由同时省略的情况多见于______。（　　）

A. 机关内部使用公文　　B. 法规类公文　　C. 转批类公文　　D. 公布性公文

答案 D

解析 机关名称和事由同时省略的情况多见于公布性公文。

265. 《中华人民共和国主席令》中，其公文标题省略了______。（　　）

A. 公文主题　　B. 发文机关名称　　C. 文种　　D. 事由

答案 D

解析 类似令、公告等文件内容单一的，正文部分文字较少，使人一目了然，在这种情况下，事由可以省略。

266. 级别越高的机关的发文，其主送机关的覆盖面______。（　　）

A. 越大　　B. 越小

C. 只有两个以内的单位　　D. 越出了管辖范围

答案 A

解析 上级领导机关对下级机关所发出的公文，其所属的下级机关单位都负有贯彻执行的责任。

267. 公文的主送机关是指______。（　　）

A. 公文的主要受理机关　　B. 受文机关

C. 公文的所有受理机关　　D. 公文的知照和协办机关

答案　A

268. 公文中导语部分的写作通常有三种写法，分别是______。（　　）

A. 依据式、目的式、原因式　　B. 叙述、说明、议论

C. 开门见山、平铺直叙、边叙边议　　D. 引用语、总论点

答案　A

269. 公文正文结构的三个组成部分是______。（　　）

A. 公文标题、导语和正文主体

B. 公文标题、主送机关和发文机关名称

C. 公文标题、正文主体和结束语

D. 导语、正文主体和结束语

答案　D

解析　公文正文结构一般可分为导语、正文主体和结束语。

270. 如果附件与正文不能一起装订，应在附件上标识公文的______。（　　）

A. 成文时间　　B. 发文字号　　C. 发文机关　　D. 主送机关

答案　B

解析　如附件与正文不能一起装订，应当在附件左上角第一行顶格编排公文的发文字号并在其后标注“附件”二字及附件顺序号。

271. 公文附件的形式不包括______。（　　）

A. 目录　　B. 图表　　C. 名单　　D. 无正文说明

答案　D

解析　一般情况下，附件的形式主要有图表、目录、名单、简介及其他有关文件材料。

272. 根据事由：“×× 公司发行重点钢铁企业债券”，应使用的文种是______。（　　）

A. 通知　　B. 通报　　C. 通告　　D. 决定

答案　C

解析　《党政机关公文处理工作条例》第二章第八条（六）规定：通告适用于在一定范围内公布应当遵守或者周知的事项。

273. 下列机关有权发布命令的是______。（　　）

A. 省人民代表大会　　B. 县委　　C. 乡人民政府　　D. 村委会

答案　C

解析　在行政系统中，国家最高领导人、国务院及其所属部委、乡以上地方各级人民政府，有权发布命令。

274. 省政府的文件同时发给市政府、县政府，这种行文方式属于______。（　　）

A. 多级下行文　　B. 逐级下行文　　C. 直达下行文　　D. 越级下行文

答案　A

解析　多级下行文，指党政机关根据工作需要，同时下达几级机关的行文方式。

275. 涉及地方性法规的公告，必须由______人民代表大会批准。

A. 市级以上　　B. 县级以上

C. 省级以上　　D. 全国人大常委会

答案　C

解析　发布公告的主体一般为国家政权各级机构，涉及地方性法规的，必须由省级以上人民代表大会批准，一般机关团体，不能随意发布公告。

276. “简讯”“动态”都属于______。（　　）

A. 通报　　B. 简报

C. 大事记　　D. 纪实

答案　B

解析　简报类文书是一种统称，常见的名称有简讯、快讯、快报、动态信息、信息、情况通报、内部参考、摘报等。

277. “关于绿化厂区、美化环境的提案”属于提案写作中的______。（　　）

A. 案由　　B. 标题　　C. 导语　　D. 按语

答案　A

278. 联合行文时，日期应当署______的日期。（　　）

A. 共同协商　　B. 定稿时

C. 最先签发机关负责人签发　　D. 最后签发机关负责人签发

答案　D

解析　《党政机关公文处理工作条例》第三章第九条（十二）规定：成文日期署会议通过或者发文机关负责人签发的日期。联合行文时，署最后签发机关负责人签发的日期。

279. 以下关于向上级机关行文，说法错误的是______。（　　）

A. 下级机关的请示事项，如需以本机关名义向上级机关请示，应当提出倾向性意见后上报，不得原文转报上级机关

B. 请示应当一文一事

C. 原则上主送一个上级机关，必要时可以抄送下级机关

D. 受双重领导的机关向一个上级机关行文，必要时抄送另一个上级机关

答案　C

解析　《党政机关公文处理工作条例》第四章第十五条规定：向上级机关行文，原则上主送一个上级机关，根据需要同时抄送相关上级机关和同级机关，不抄送下级机关。

280. 根据领导批示和工作需要将公文及时送相应对象阅知或者批示，即是收文办理程序的______。（　　）

A. 答复　　B. 承办　　C. 催办　　D. 传阅

答案　D

解析　《党政机关公文处理工作条例》第六章第二十四条（五）规定：收文办理传阅过程中，根据领导批示和工作需要将公文及时送传阅对象阅知或者批示。办理公文传阅应当随时掌握公文去向，不得漏传、误传、延误。

281. 用于对公文正文的说明、补充或者参考资料的是______。（　　）

A. 附件　　B. 附注

C. 附注说明　　D. 附件说明

答案　A

解析　《党政机关公文处理工作条例》第三章第九条（十五）规定：附件是公文正文的说明、补充或者参考资料。

282. 某研究所拟与某大学合作建设“水生生物实验基地”，应使用的公文种类是______。（　　）

A. 请示　　B. 意见

C. 议案　　D. 函

答案　D

解析　《党政机关公文处理工作条例》第二章第八条（十四）规定：函适用于不相隶属机关之间商洽工作、询问和答复问题、请求批准和答复审批事项。

283. 某省政府欲表彰在抢险救灾中做出突出贡献的人员，应使用的公文种类是______。（　　）

A. 公报　　B. 决定

C. 公告　　D. 通知

答案　B

解析　《党政机关公文处理工作条例》第二章第八条（二）规定：决定适用于对重要事项作出决策和部署、奖惩有关单位和人员、变更或者撤销下级机关不适当的决定事项。

284. 办公室的小李根据上级部门关于统计上半年疫情防控情况的通知文件要求，向每个处室联系询问完成情况，并提醒截止日期。这是收文办理程序的______。（　　）

A. 催办　　B. 承办

C. 登记　　D. 答复

答案　A

解析　《党政机关公文处理工作条例》第六章第二十四条（六）规定：催办指及时了解掌握公文的办理进展情况，督促承办部门按期办结。紧急公文或者重要公文应当由专人负责催办。

285. 一般每面排______行，每行排______个字，并撑满版心。特定情况可以作适当调整。

A. 28　22　　B. 22　28

C. 20　28　　D. 22　30

答案　B

解析　《党政机关公文格式》5.2.3 行数和字数规定：一般每面排 22 行，每行排 28 个字，并撑满版心。特定情况可以作适当调整。

286. 命令（令）的发文机关标志由发文机关全称加______字组成，居中排布，上边缘至版心上边缘为______。（　　）

A.“令”　30mm　　B.“命令”　20mm

C.“命令”或“令”　20mm　　D.“命令”或“令”　30mm

答案　C

解析　《党政机关公文格式》10.2 命令（令）格式规定：发文机关标志由发文机关全称加“命令”或“令”字组成，

居中排布，上边缘至版心上边缘为20mm，推荐使用红色小标宋体字。

287. A4纸型的表格横排时，页码位置与公文其他页码保持一致，单页码表头在______一边，双页码表头在______一边。（　　）

A. 切口　订口　　B. 订口　切口

C. 订口　任意　　D. 切口　任意

答案　B

解析　《党政机关公文格式》8公文中的横排表格规定：A4纸型的表格横排时，页码位置与公文其他页码保持一致，单页码表头在订口一边，双页码表头在切口一边。

288. 以下关于附件说明格式说法错误的是？（　　）

A. 如有多个附件，使用阿拉伯数字标注附件顺序号，也可以不标。

B. 在正文下空一行左空二字编排“附件”二字，后标全角冒号和附件名称。

C. 附件名称后不加标点符号。

D. 附件名称较长需回行时，应当与上一行附件名称的首字对齐。

答案　A

解析　《党政机关公文格式》7.3.4附件说明规定：如有附件，在正文下空一行左空二字编排“附件”二字，后标全角冒号和附件名称。如有多个附件，使用阿拉伯数字标注附件顺序号（如“附件：1. ×××”）；附件名称后不加标点符号。附件名称较长需回行时，应当与上一行附件名称的首字对齐。

289. 根据《党政机关公文处理工作条例》《党政机关公文格式》的规定，“签发人”标准的规范要求是______。（　　）

A. 由“签发人”三字加冒号和签发人姓名、签发日期组成

B. 正式印发的公文都应当标注签发人姓名

C. 由“签发人”居中空一字，编排在发文机关标志下方

D. 如有多个签发人，签发人姓名按照发文机关的排列顺序从左到右，自上而下依次编排

答案　D

解析　选项B，《党政机关公文处理工作条例》规定，上行文应当标注签发人姓名；选项A、C，《党政机关公文格式》规定，签发人由“签发人”三字加全角冒号和签发人姓名组成，居右空一字，编排在发文机关标志下空二行位置；选项D，如有多个签发人，签发人姓名按照发文机关的排列顺序从左到右、自上而下依次均匀编排，一般每行排两个姓名，回行时与上一行第一个签发人姓名对齐。

290. 下列公文中属于上行文的是______。（　　）

A. 决定　　B. 报告　　C. 通告　　D. 议案

答案　B

解析　《党政机关公文处理工作条例》第二章第八条（十）规定：报告适用于向上级机关汇报工作、反映情况，回复上级机关的询问。

291. 任免人员应使用的文种是______。（　　）

A. 批复　　B. 通报　　C. 通知　　D. 通告

答案 C

解析 《党政机关公文处理工作条例》第二章第八条（八）规定：通知适用于发布、传达要求下级机关执行和有关单位周知或者执行的事项，批转、转发公文。

292. 在下列几类公文中，一般不带“附件”的是______。（　　）

A. 转发类公文　　B. 印发类公文

C. 普发类公文　　D. 呈报类公文

答案 C

解析 普发性公文指没有特定的主送机关或直接在新闻媒体上公开发表的公文，例如意见、决议等，由于此类公文的对象的普遍性特点一般不带附件。

第二部分
公文种类、行文规则

1. 《党政机关公文处理工作条例》明确指出，______原则上主送一个上级机关。（　　）

A. 下行文　　B. 上行文　　C. 平行文　　D. 所有公文

答案　B

解析　《党政机关公文处理工作条例》第四章第十五条规定：向上级机关行文原则上主送一个上级机关，据需要同时抄送相关上级机关和同级机关，不抄送下级机关。

2. 下级机关的请示事项，如需以本机关名义向上级机关请示，应当提出______后上报，不得原文转报上级机关。（　　）

A. 倾向性意见　　B. 建设性意见　　C. 具体性建议　　D. 可行性建议

答案　A

解析　《党政机关公文处理工作条例》第四章第十五条规定：向上级机关行文，下级机关的请示事项，如需以本机关名义向上级机关请示，应当提出倾向性意见后上报，不得原文转报上级机关。

3. 决定适用于对重要事项作出______、奖惩有关单位和人员、变更或者撤销下级机关不适当的决定事项。（　　）

A. 催办和答复　　B. 决策和部署　　C. 决定与公布

答案　B

解析　《党政机关公文处理工作条例》第二章第八条（二）规定：决定适用于对重要事项作出决策和部署、奖惩有关单位和人员、变更或者撤销下级机关不适当的决定事项。

4. 联合行文时，作者应是______。（　　）

A. 同一系统的机关　　B. 同级机关

C. 三个以上的机关　　D. 行政主管机关与业务指导机关

答案　B

解析　《党政机关公文处理工作条例》第四章第十七条规定：同级党政机关、党政机关与其他同级机关必要时可以联合行文。

5. 某海事局向市住建局请求其批准单位建设规划，应使用______。（　　）

A. 请示　　B. 函　　C. 通知　　D. 报告

答案　B

解析　《党政机关公文处理工作条例》第二章第八条（十四）规定：函适用于不相隶属机关之间商洽工作、询问和答复问题、请求批准和答复审批事项。

6. 决定适用于对重要事项作出决策和部署、______、变更或者撤销下级机关不适当的决定事项。（　　）

A. 提出见解　　B. 要求下级机关执行　　C. 奖惩有关单位和人员

答案　C

解析　《党政机关公文处理工作条例》第二章第八条（二）规定：决定适用于对重要事项作出决策和部署、奖惩有关单位和人员、变更或者撤销下级机关不适当的决定事项。

7. 请示的主送单位只能有一个，请示可以在事后行文。这两句话分别为______。（　　）

A. 正确　错误　　B. 正确　正确　　C. 错误　正确　　D. 错误　错误

答案　A

解析　《党政机关公文处理工作条例》第二章第八条（十一）规定：请示适用于向上级机关请求指示、批准。第四章第十五条（一）规定：向上级机关行文，应当遵循原则上主送一个上级机关，据需要同时抄送相关上级机关和同级机关，不抄送下级机关。

8. 通知，适用于下列哪一项？（　　）

A. 发布、传达要求下级机关执行和有关单位周知或者执行的事项，批转、转发公文

B. 表彰先进，批评错误，传达重要精神或者情况

C. 向上级机关汇报工作，反映情况，答复上级的询问

D. 各级人民政府按照法律程序向同级人民代表大会或人民代表大会常务委员会提请审议事项

答案　A

解析　《党政机关公文处理工作条例》第二章第八条（八）规定：通知适用于发布、传达要求下级机关执行和有关单位周知或者执行的事项，批转、转发公文。

9. 下列说法不正确的是______。（　　）

A. 某市民政局下通知召开各区县民政局局长会议，此通知的主送机关即为各区县民政局局长

B. 公文的抄送机关是只需承担了解公文内容责任的机关

C. 应正确标注公文的主送机关的名称，禁用不规范的简称

D. 在印制公文文本上，主送机关位于标题之下第二行，自左而右顶格排列，回行时仍顶格排列，结尾用冒号

答案　A

解析　《党政机关公文处理工作条例》第四章第十五条（五）规定：除上级机关负责人直接交办事项外，不得以本机关名义向上级机关负责人报送公文，不得以本机关负责人名义向上级机关报送公文。

10. 决定适用于对重要事项作出决策和部署、奖惩有关单位和人员、______下级机关不适当的决定事项。（　　）

A. 通报或者批评　　B. 变更或者撤销　　C. 决定与公布

答案　B

解析　《党政机关公文处理工作条例》第二章第八条（二）规定：决定适用于对重要事项作出决策和部署、奖惩有关单位和人员、变更或者撤销下级机关不适当的决定事项。

11. 决定适用于对重要事项作出决策和部署、奖惩有关单位和人员、变更或者撤销______不适当的决定事项。（　　）

A. 平级机关　　B. 上级机关　　C. 下级机关

答案　C

解析　《党政机关公文处理工作条例》第二章第八条（二）规定：决定适用于对重要事项作出决策和部署、奖惩有关单位和人员、变更或者撤销下级机关不适当的决定事项。

12. 为了维护政令一致，凡下行公文______。（　　）

A. 都要和有关机关协商

B. 都要向上级请示

C. 内容涉及其他机关的职权范围时，行文前应与其协商一致

D. 都与有关部门联合发文

答案　C

解析　《党政机关公文处理工作条例》第四章第十五条（四）规定：涉及多个部门职权范围内的事务，部门之间未协商一致的，不得向下行文；擅自行文的，上级机关应当责令其纠正或者撤销。

13. 决定适用于对重要事项作出决策和部署、奖惩有关单位和人员、变更或者撤销下级机关不适当的______。（　　）

A. 通知事项　　B. 决定事项　　C. 公布事项

答案　B

解析　《党政机关公文处理工作条例》第二章第八条（二）规定：决定适用于对重要事项作出决策和部署、奖惩有关单位和人员、变更或者撤销下级机关不适当的决定事项。

14. 用于记载会议主要精神和议定事项的公文是______。（　　）

A. 会议记录　　B. 决议　　C. 会议纪要　　D. 议案

答案　C

解析　《党政机关公文处理工作条例》第二章第八条（十五）规定：纪要适用于记载会议主要情况和议定事项。

15. 当问题重大，确急需直接上级和更高层次的上级机关同时了解公文内容时，可采用______的方式。（　　）

A. 直接行文　　B. 越级行文　　C. 多级行文　　D. 同时行文

答案　C

解析　《党政机关公文处理工作条例》第四章第十五条（二）规定：党委、政府的部门向上级主管部门请示、报告重大事项，应当经本级党委、政府同意或者授权。

16. 公文要选择适宜的行文方式，一般不得______。（　　）

A. 多级行文　　B. 逐级行文　　C. 越级行文　　D. 直接行文

答案　C

解析　《党政机关公文处理工作条例》第四章第十四条规定：行文关系根据隶属关系和职权范围确定，一般不得越级行文。

17. 决议适用于______通过的重大决策事项。（　　）

A. 上级决定　　B. 会议讨论　　C. 文件要求

答案　B

解析　《党政机关公文处理工作条例》第二章第八条（一）规定：决议适用于会议讨论通过的重大决策事项。

18. 决定必须由______。（　　）

A. 会议讨论之后才能发文

B. 党政机关联合发文

C. 政府部门制发

D. 党、政府领导机关制发

答案　D

解析　《党政机关公文处理工作条例》第二章第八条（二）规定：决定适用于对重要事项作出决策和部署、奖惩有关单位和人员、变更或者撤销下级机关不适当的决定事项。

19. 通报情况使用______。（　　）

A. 通告　　B. 通知　　C. 通报　　D. 情况报告

答案　C

解析　《党政机关公文处理工作条例》第二章第八条（九）规定：通报适用于表彰先进、批评错误、传达重要精神和告知重要情况。

20. 通报的表达方式侧重于______。（　　）

A. 说理　　B. 叙事　　C. 说明　　D. 说明、说理

答案　B

解析　《党政机关公文处理工作条例》第二章第八条（九）规定：通报适用于表彰先进、批评错误、传达重要精神和告知重要情况。

21. 决议适用于会议讨论通过的______事项。（　　）

A. 表彰先进　　B. 重大决策　　C. 批评错误

答案　B

解析　《党政机关公文处理工作条例》第二章第八条（一）规定：决议适用于会议讨论通过的重大决策事项。

22. 批复是答复下级请示的文件，是______。（　　）

A. 主动发文　　B. 被动发文

C. 是对报告的批件　　D. 下级没有请示，用来指导工作的

答案　B

解析　《党政机关公文处理工作条例》第二章第八条（十二）规定：批复适用于答复下级机关请示事项。

23. 经会议讨论通过的重大决策事项适用的公文文种是______。（　　）

A. 决定　　B. 决议　　C. 公告

答案　B

解析　《党政机关公文处理工作条例》第二章第八条（一）规定：决议适用于会议讨论通过的重大决策事项。

24. 命令适用于公布______、宣布施行重大强制性措施、批准授予和晋升衔级、嘉奖有关单位和人员。（　）

A. 行政法规和规章　　B. 行业行规和制度　　C. 自律守则和纪律

答案　A

解析　《党政机关公文处理工作条例》第二章第八条（三）规定：命令（令）适用于公布行政法规和规章、宣布施行重大强制性措施、批准授予和晋升衔级、嘉奖有关单位和人员。

25. 命令适用于公布______和规章、宣布施行重大强制性措施、批准授予和晋升衔级、嘉奖有关单位和人员。（　）

A. 地方性法规　　B. 国家法规　　C. 行政法规

答案　C

解析　《党政机关公文处理工作条例》第二章第八条（三）规定：命令适用于公布行政法规和规章、宣布施行重大强制性措施、批准授予和晋升衔级、嘉奖有关单位和人员。

26. 非同一系统的任何机关相互行文都使用______。（　）

A. 平行文　　B. 上行文　　C. 通知　　D. 下行文

答案　A

解析　两个机关没有隶属关系，联系工作仅限于使用函的形式，为平行文。

27. 商洽性文件的主要文种是______。（　）

A. 通知　　B. 请示　　C. 函　　D. 通报

答案　C

解析　《党政机关公文处理工作条例》第二章第八条（十四）规定：函适用于不相隶属机关之间商洽工作、询问和答复问题、请求批准和答复审批事项。

28. 党政机关的行文关系有______。（　）

A. 上行文、下行文、平行文　　B. 逐级行文、多级行文、直贯到底的行文

C. 逐级行文、多级行文、超级行文　　D. 超级行文、下行文平行文

答案　A

解析　行文关系从隶属关系和职权范围两个因素来考虑分为上行文、下行文和平行文。

29. 命令适用于公布行政法规和______、宣布施行重大强制性措施、批准授予和晋升衔级、嘉奖有关单位和人员。（　）

A. 规章　　B. 法律　　C. 制度

答案　A

解析　《党政机关公文处理工作条例》第二章第八条（三）规定：命令适用于公布行政法规和规章、宣布施行重大强制性措施、批准授予和晋升衔级、嘉奖有关单位和人员。

30. 向非同一组织系统的任何机关发送的文件属于______。（　）

A. 平行文　　B. 上行文　　C. 下行文　　D. 越级行文

答案　A

解析 归口管理关系中向非同一组织系统的任何机关发送的文件平行文。

31. 命令适用于公布行政法规和规章、宣布施行重大______、批准授予和晋升衔级、嘉奖有关单位和人员。（　　）

A. 建议性举措　　B. 强制性措施　　C. 地方性举措

答案 B

解析 《党政机关公文处理工作条例》第二章第八条（三）规定：命令适用于公布行政法规和规章、宣布施行重大强制性措施、批准授予和晋升衔级、嘉奖有关单位和人员。

32. 命令（令）适用于公布行政法规和规章、______重大强制性措施、批准授予和晋升衔级、嘉奖有关单位和人员。（　　）

A. 宣布废止　　B. 决定公布　　C. 宣布施行

答案 C

解析 《党政机关公文处理工作条例》第二章第八条（三）规定：命令（令）适用于公布行政法规和规章、宣布施行重大强制性措施、批准授予和晋升衔级、嘉奖有关单位和人员。

33. 下面几种说法中，不正确的是______。（　　）

A. 受双重领导的机关向上级机关请示，应写明主送机关和抄进机关，由抄送机关答复

B. 在公文中安排语序时，当一组概念表现由若干连续的动作、行为构成的活动过程时，一般应按时间发展顺序排列

C. 有些公文的主题，可以根据领导人授意而直接表达，有些公文的主题，则需在调查研究的过程中，随着对客观实际情况全面而深入的探索而逐步提炼与明确

D. 公文中的疑问语气一般较少使用语气"啊""呢""吧"等，"吗"也尽可能不用或少用

答案 A

解析 上行文主送一个上级机关，增强公文针对性，明确主办机关。

34. 命令适用于公布行政法规和规章、宣布施行重大强制性措施、______和晋升衔级、嘉奖有关单位和人员。（　　）

A. 通报批评　　B. 批准授予　　C. 周知执行

答案 B

解析 《党政机关公文处理工作条例》第二章第八条（三）规定：命令适用于公布行政法规和规章、宣布施行重大强制性措施、批准授予和晋升衔级、嘉奖有关单位和人员。

35. 关于答复询问的报告，叙述错误的是______。（　　）

A. 可夹带请示事项

B. 用语简明，得体，分寸适宜

C. 是下级机关答复上级机关询问的文种

D. 内容准确真实，实事求是地向领导机关作认真负责的报告

答案 A

解析 《党政机关公文处理工作条例》第四章第十五条（四）规定：请示应当一文一事，不得在报告等非请示性

公文中夹带请示事项。

36. 函灵活简便，可广泛应用于公务联系的各个领域，以下事项不适宜使用函件这一形式的有______。（　　）

A. 上海市浦东新区人民政府就浦东新区的道路规划问题向上海市交通厅询问

B. 北京市人民政府就某发电厂建设问题向国家发展和改革委员会申请

C. 上海市公安厅就打击车匪路霸问题向华东六省的公安厅提出建议

D. 国务院、中央军委就军队营区外义务植树进行指示

答案 D

解析 《党政机关公文处理工作条例》第二章第八条（十四）规定：函适用于不相隶属机关之间商洽工作、询问和答复问题、请求批准和答复审批事项。

37. 命令（令）适用于公布行政法规和规章、宣布施行重大强制性措施、批准授予和______、嘉奖有关单位和人员。（　　）

A. 公布任命　　B. 晋升衔级　　C. 予以罢免

答案 B

解析 《党政机关公文处理工作条例》第二章第八条（三）规定：命令（令）适用于公布行政法规和规章、宣布施行重大强制性措施、批准授予和晋升衔级、嘉奖有关单位和人员。

38. 会议纪要是会议文件的一种，以下关于会议纪要的标题说法正确的是______。（　　）

A. 标题需写明会议名称、事由、文种

B. 标题需写明会议名称与文种

C. 可以采用一般文章标题的形式在标题中简要明确地揭示中心思想

答案 B

解析 纪要有专用版头格式、不加盖印章，无主送、抄送反应会议概况要点。

39. 命令适用于公布行政法规和规章、宣布施行重大强制性措施、批准授予和晋升衔级、嘉奖______。（　　）

A. 社会团体和组织　　B. 有关单位和人员　　C. 党政单位和团体

答案 B

解析 《党政机关公文处理工作条例》第二章第八条（三）规定：命令适用于公布行政法规和规章、宣布施行重大强制性措施、批准授予和晋升衔级、嘉奖有关单位和人员。

40. 以下领导指导性公文应当具有稳定性，不能轻易更改的是______。（　　）

A. 批复　　B. 决定　　C. 通知　　D. 通告

答案 B

解析 《党政机关公文处理工作条例》第二章第八条（二）规定：决定适用于对重要事项作出决策和部署、奖惩有关单位和人员、变更或者撤销下级机关不适当的决定事项。

41. 公报适用于公布重要______或者重大事项。（　　）

A. 文件　　B. 条例　　C. 决定

答案 C

解析 《党政机关公文处理工作条例》第二章第八条（四）规定：公报适用于公布重要决定或者重大事项。

42. 批复不具有以下哪一特点______。（ ）

A. 指导性　　B. 法定的权威性与执行性

C. 被动性　　D. 针对性

答案 A

解析 《党政机关公文处理工作条例》第二章第八条（十二）规定：批复适用于答复下级机关请示事项。

43. “接受请示的机关应对请示事项表明是否批准的态度或予以明确的指示”，这句话反映了请示具有何种特性______。（ ）

A. 针对性　　B. 被动性

C. 强制回复的性质　　D. 强制约束作用，要求下级机关必须遵守与执行

答案 C

解析 《党政机关公文处理工作条例》第二章第八条（十一）规定：请示适用于向上级机关请求指示、批准。

44. 公报适用于公布重要决定或者重大______。（ ）

A. 方针　　B. 决议　　C. 事项

答案 C

解析 《党政机关公文处理工作条例》第二章第八条（四）规定：公报适用于公布重要决定或者重大事项。

45. 两个或两个以上机关联合行文时必须做好______工作。（ ）

A. 签发　　B. 审核

C. 会商　　D. 会签

答案 D

解析 《党政机关公文处理工作条例》第四章第十六条（四）规定：涉及多个部门职权范围内的事务，部门之间未协商一致的，不得向下行文；擅自行文的，上级机关应当责令其纠正或者撤销。

46. 适用于公布重要决定或者重大事项的文种是______。（ ）

A. 纪要　　B. 公报　　C. 通知

答案 B

解析 《党政机关公文处理工作条例》第二章第八条（四）规定：公报适用于公布重要决定或者重大事项。

47. 命令，______。（ ）

A. 只用来宣布施行重大强制性行政措施

B. 只适用于依照有关法律公布行政法规和规章

C. 只用于嘉奖有关单位和人员

D. 适用于依照有关法律公布行政法规和规章；宣布施行重大强制性行政措施；嘉奖有关单位和人员

答案 D

解析 《党政机关公文处理工作条例》第二章第八条（三）规定：命令适用于公布行政法规和规章、宣布施行重大强制性措施、批准授予和晋升衔级、嘉奖有关单位和人员。

48. 公告，是用于______。（　　）

A. 向国外宣布重要事项或者法定事项的

B. 向国内宣布重要事项或者法定事项的

C. 向国内外宣布重要事项或者法定事项的

D. 向国内外宣布行政法规和规章的

答案　C

解析　《党政机关公文处理工作条例》第二章第八条（五）规定：公告适用于向国内外宣布重要事项或者法定事项。

49. 通报的适用范围______。（　　）

A. 只用于批评错误

B. 只用于表彰先进

C. 适用于表彰先进，批评错误，传达重要精神或者情况

D. 只用于传达重要精神或者情况

答案　C

解析　《党政机关公文处理工作条例》第二章第八条（九）规定：通报适用于表彰先进、批评错误、传达重要精神和告知重要情况。

50. 主送机关是指公文的主要______。（　　）

A. 公文起草机关　　B. 发文机关　　C. 受理机关　　D. 下级机关

答案　C

解析　上行文主送一个上级机关，增强公文针对性，明确主办机关。

51. 联合上报的公文，由______加盖公章。（　　）

A. 主办机关　　B. 发文机关　　C. 协办机关　　D. 主办机关和协办机关

答案　A

解析　联合上报的公文，由主办机关加盖印章。

52. 联合下发的公文，由______加盖公章。（　　）

A. 协办机关　　B. 主办机关　　C. 发文机关都应当　　D. 最后的签署机关

答案　C

解析　联合下发的公文，发文机关都应该加盖印章。

53. 成文日期以______为准。（　　）

A. 印刷日期　　B. 负责人签发的日期

C. 发送日期　　D. 第一次修改稿日期

答案　B

解析　成文日期以负责人签发的日期。

54. 联合行文以______为准。（　　）

A. 最后签发机关负责人的签发日期　　B. 最先签发机关负责人的签发日期

C. 印刷日期　　D. 定稿日期

答案　A

解析　成文日期签发以机关负责人的签发日期为准。

55. 行文应当确有必要，______。（　　）

A. 注意时效　　B. 领导决定　　C. 注意效用　　D. 强调准确

答案　C

解析　《党政机关公文处理工作条例》第四章第十三条规定：行文应当确有必要，讲求实效，注重针对性和可操作性。

56. 除______外，不得以机关名义向上级机关负责人报送“请示”“意见”和“报告”。（　　）

A. 急件　　B. 重大事项

C. 上级机关负责人直接交办的事项　　D. 密级文件

答案　C

解析　《党政机关公文处理工作条例》第四章第十五条（五）规定：除上级机关负责人直接交办事项外，不得以本机关名义向上级机关负责人报送公文，不得以本机关负责人名义向上级机关报送公文。

57. 通告适用于在______公布应当遵守或者周知的事项。（　　）

A. 广泛发布　　B. 一定范围　　C. 单位内部

答案　B

解析　《党政机关公文处理工作条例》第二章第八条（六）规定：通告适用于在一定范围内公布应当遵守或者周知的事项。

58. 通告适用于在一定范围内公布______或者周知的事项。（　　）

A. 仅需了解　　B. 应当遵守　　C. 只需知情

答案　B

解析　《党政机关公文处理工作条例》第二章第八条（六）规定：通告适用于在一定范围内公布应当遵守或者周知的事项。

59. 公文的文种应当根据______确定。（　　）

A. 上级要求　　B. 领导指示

C. 主送机关的要求　　D. 行文目的、发文机关的职权和与主送机关的行文关系

答案　D

解析　根据行文目的、发文机关的职权和与主送机关的行文关系确定所选用公文的文种。

60. 行文关系根据______确定，一般不得越级请示和报告。（　　）

A. 职权大小　　B. 领导指示

C. 隶属关系和职权范围　　D. 时间急缓

答案　C

解析　《党政机关公文处理工作条例》第四章第十四条规定：行文关系根据隶属关系和职权范围确定。一般不得越级行文，特殊情况需要越级行文的，应当同时抄送被越过的机关。

61. 通告适用于在一定范围内公布应当______或者______的事项。（　　）

A. 了解　熟悉　　B. 遵守　周知　　C. 了解　遵守

答案 B

解析 《党政机关公文处理工作条例》第二章第八条（六）规定：通告适用于在一定范围内公布应当遵守或者周知的事项。

62. 下列“请示”的结束语得体的是______。（ ）

A. 以上所请，如有不同意见，请来函商量

B. 以上事项，请尽快批准

C. 所请重大事项，不可延误，务必于10月前答复

D. 妥否，请批示

答案 D

解析 请示用于请示只是批准，以“妥否，请批示”结尾合适。

63. 一般应标识签发负责人姓名的文件是______。（ ）

A. 平行文　　B. 上行文　　C. 下行文　　D. 越级行文

答案 B

解析 通常情况下，上行文需签发负责人姓名。

64. 特殊情况越级向上行文，应抄送给______。（ ）

A. 直属下级机关　　B. 直属上级机关

C. 系统内的所有同级机关　　D. 有业务联系的机关

答案 B

解析 《党政机关公文处理工作条例》第四章第十五条（一）规定：原则上主送一个上级机关，根据需要同时抄送相关上级机关和同级机关，不抄送下级机关。

65. 答复上级机关的询问，使用______。（ ）

A. 请示　　B. 通报　　C. 报告　　D. 通知

答案 C

解析 《党政机关公文处理工作条例》第二章第八条（十）规定：报告适用于向上级机关汇报工作、反映情况，回复上级机关的询问。

66. 《某海事局关于向某市海洋局申请划拨用地的请示》，该标题的主要错误是______。（ ）

A. 违反应协商同意后再发文的规定　　B. 违反报告不得夹带请示的规定

C. 错误使用文种，应使用函　　D. 错误使用文种，请使用报告

答案 C

解析 函适用于不相隶属机关之间商洽工作、询问和答复问题、请求批准和答复审批事项。

67. 公文的作者是指______。（ ）

A. 拟制公文的秘书工作人员　　B. 制发文件的机关

C. 参与文件形成过程的全体机关工作人员　　D. 审核签发文件的机关工作人员

答案 B

解析 公文作者是指制发文件的机关。

68. 下列文件中不属于公文的有______。（　　）

A. 通报　　B. 纪要　　C. 评论　　D. 议案

答案　C

解析　《党政机关公文处理工作条例》第二章规定：公文种类无评论。

69. 上行文是指______。（　　）

A. 向所属被领导机关或组织发出的文件

B. 向具有隶属关系的上级领导、领导机关报送的文件

C. 向一切比本机关级别层次高的机关发出的文件

D. 向一切比本机关级别层次低的机关发出的文件

答案　C

解析　行文方向中上行文是指向一切比本机关级别层次高的机关发出的文件。

70. 各级海事机关使用的文头，应报______备案。（　　）

A. 地方政府办公室　　B. 地方党委办公室　　C. 局长　　D. 上一级海事局办

答案　D

解析　各级海事机关使用文头需向上级海事办备案。

71. 下列印章使用，错误的有______。（　　）

A. 联合上报的公文，至少有两个以上联合行文机关加盖印章

B. 公文除“会议纪要”和以电报形式发出的外，一律在正文之后下方加盖印章，不再落款

C. 联合下发的公文，发文机关都应加盖公章

D. 电报注明落款，不盖印章

答案　A

解析　联合上报的公文，由主办机关加盖印章。

72. 意见适用于对重要问题提出______和______。（　　）

A. 见解　处理办法　　B. 意见　拟办意见　　C. 办法　办结时间

答案　A

解析　《党政机关公文处理工作条例》第二章第八条（七）规定：意见适用于对重要问题提出见解和处理办法。

73. 适用于对重要问题提出见解和处理办法的公文文种是______。（　　）

A. 意见　　B. 建议　　C. 办法　　D. 决定

答案　A

解析　《党政机关公文处理工作条例》第二章第八条（七）规定：意见适用于对重要问题提出见解和处理办法。

74. 汇报工作、反映情况、提出建议，供领导机关制定决策或指导工作参考，不要求批复，可用______。（　　）

A. 通报　　B. 报告　　C. 请示　　D. 通知

答案　B

解析 《党政机关公文处理工作条例》第二章第八条（十）规定：报告适用于向上级机关汇报工作、反映情况，回复上级机关的询问。

75. 通知适用于发布、传达要求______执行和有关单位周知或者执行的事项，批转、转发公文。（　　）

A. 下级机关　　B. 上级机关　　C. 同级机关　　D. 其他机关

答案 A

解析 《党政机关公文处理工作条例》第二章第八条（八）规定：通知适用于发布、传达要求下级机关执行和有关单位周知或者执行的事项，批转、转发公文。

76. 通知适用于发布、传达______下级机关执行和有关单位周知或者执行的事项，批转、转发公文。（　　）

A. 建议　　B. 要求　　C. 命令

答案 B

解析 《党政机关公文处理工作条例》第二章第八条（八）规定：通知适用于发布、传达要求下级机关执行和有关单位周知或者执行的事项，批转、转发公文。

77. 通知适用于发布、传达要求下级机关执行和______周知或者执行的事项，批转、转发公文。（　　）

A. 本单位　　B. 有关单位　　C. 上级单位

答案 B

解析 《党政机关公文处理工作条例》第二章第八条（八）规定：通知适用于发布、传达要求下级机关执行和有关单位周知或者执行的事项，批转、转发公文。

78. 维护文件的高度严密性是指______。（　　）

A. 公文语言结构的严密　　B. 公文的保密性

C. 公文行文程序的严密　　D. 施行办法的严密

答案 A

解析 《党政机关公文处理工作条例》中维护文件的高度严密性指公文语言结构的严密性。

79. 通知适用于发布、传达要求下级机关执行和有关单位______或者______的事项，批转、转发公文。

A. 了解　保密　　B. 周知　执行　　C. 保密　遵守

答案 B

解析 《党政机关公文处理工作条例》第二章第八条（八）规定：通知适用于发布、传达要求下级机关执行和有关单位周知或者执行的事项，批转、转发公文。

80. 通知适用于发布、传达要求下级机关执行和有关单位周知或者执行的事项，______公文。（　　）

A. 收到、办理　　B. 批转、转发　　C. 发起、流转

答案 B

解析 《党政机关公文处理工作条例》第二章第八条（八）规定：通知适用于发布、传达要求下级机关执行和有关单位周知或者执行的事项，批转、转发公文。

81. 公文具有法定的权威性，其制发必须是______。（　　）

A. 上级机关　　B. 法律部门　　C. 部门领导　　D. 法定作者

答案 D

解析 公文制发必须为法定作者，且具有法定权威性。

82. 行文应当______，讲求实效，注重针对性和可操作性。（ ）

A. 注重形式　　B. 根据事实　　C. 确有必要

答案 C

解析 《党政机关公文处理工作条例》第四章第十三条规定：行文应当确有必要，讲求实效，注重针对性和可操作性。

83. 行文应当确有必要，______，注重针对性和可操作性。（ ）

A. 提出见解　　B. 规范准确　　C. 讲求实效

答案 C

解析 《党政机关公文处理工作条例》第四章第十三条规定：行文应当确有必要，讲求实效，注重针对性和可操作性。

84. 行文应当确有必要，讲求实效，注重______和______。（ ）

A. 目的性　真实性　　B. 针对性　目的性　　C. 针对性　可操作性

答案 C

解析 《党政机关公文处理工作条例》第四章第十三条规定：行文应当确有必要，讲求实效，注重针对性和可操作性。

85. 行文关系根据______和职权范围确定。（ ）

A. 行文文种　　B. 行文目的　　C. 隶属关系

答案 C

解析 《党政机关公文处理工作条例》第四章第十四条规定：行文关系根据隶属关系和职权范围确定，一般不得越级行文，特殊情况需要越级行文的，应当同时抄送被越过的机关。

86. 行文关系根据隶属关系和______确定。（ ）

A. 职权范围　　B. 组织管理　　C. 公文质量

答案 A

解析 《党政机关公文处理工作条例》第四章第十四条规定：行文关系根据隶属关系和职权范围确定，一般不得越级行文，特殊情况需要越级行文的，应当同时抄送被越过的机关。

87. 行文关系根据隶属关系和职权范围确定。一般不得______，特殊情况需要越级行文的，应当同时抄送被越过的机关。（ ）

A. 抄送上级　　B. 越级行文　　C. 多头行文

答案 B

解析 《党政机关公文处理工作条例》第四章第十四条规定：行文关系根据隶属关系和职权范围确定，一般不得越级行文，特殊情况需要越级行文的，应当同时抄送被越过的机关。

88. 不相隶属的机关之间联系工作，应当用______。（ ）

A. 通知　　B. 通报

C. 函　　D. 意见

答案 C

解析 《党政机关公文处理工作条例》第二章第八条（十四）规定：函适用于不相隶属机关之间商洽工作、询问和答复问题、请求批准和答复审批事项。

89. 下列“请示”的结束语中得体的是______。（　　）

A. 以上所请，如有不同意，请来函商量

B. 以上事项，请尽快批准

C. 所请事关重大，不可延误，务必于本月 10 日前答复

D. 以上所请，妥否？请批复

答案 D

解析 根据《党政机关公文处理工作条例》，请示适用于向上级机关请求指示、批准，“以上所请，妥否？请批复。”使用得体。

90. 下列哪个事由，根据《办法》，不可以使用“决定”？（　　）

A. 大兴安岭森林特大火灾事故的处理

B. 严惩严重破坏社会治安的犯罪分子的工作安排

C. 授予某人全国劳动模范的称号的嘉奖

D. 在太平洋某地区试验运载火箭，使过往船只周知

答案 D

解析 《党政机关公文处理工作条例》第二章第八条（二）规定：决定适用于对重要事项作出决策和部署、奖惩有关单位和人员、变更或者撤销下级机关不适当的决定事项。

91. 根据事由：“某公司发行重点钢铁企业债券”，应使用的文种是______。（　　）

A. 通知　　B. 通报

C. 通告　　D. 决定

答案 C

解析 《党政机关公文处理工作条例》第二章第八条（六）规定：通告适用于在一定范围内公布应当遵守或者周知的事项。

92. 特殊情况需要越级行文的，应当同时抄送被越过的机关。（　　）

A. 主送　　B. 抄送　　C. 通知

答案 B

解析 《党政机关公文处理工作条例》第四章第十四条规定：行文关系根据隶属关系和职权范围确定，一般不得越级行文，特殊情况需要越级行文的，应当同时抄送被越过的机关。

93. 下面说法正确的有______。（　　）

A. 行政机关可直接向党的组织发布指令性文件

B. 党政机关应在各自的系统内部发布文件

C. 行政机关可直接向党的组织汇报工作

D. 党政机关尽可能地增加联合发文

答案 B

解析 《党政机关公文处理工作条例》第四章第十六条（三）规定：党委、政府的部门在各自职权范围内可以向下级党委、政府的相关部门行文。

94. 公文行文规范包括三个方面的内容，其完整表述是______。（　　）

A. 行文方向、行文方式、行文规则

B. 行文关系、行文方向、行文方式

C. 行文关系、行文方向与方式、行文规则

D. 行文关系、行文方向、行文规则

答案　C

解析　公文行文规范的内容主要包括：行文关系、行文方向与方式、行文规则。

95. 公文如有抄送机关，在排列顺序上一般是按照______的顺序排列。（　　）

A. 先平级，再下级　　B. 先下级，再平级　　C. 随便排列　　D. 以上都不是

答案　A

解析　公文在抄送时按照先平级、再下级的顺序。

96. 同一系统的上下级机关之间，构成______。（　　）

A. 业务指导与被指导的关系　　B. 领导与被领导的关系

C. 平级关系　　D. 平行关系

答案　B

解析　同一系统的机关，上下级机关构成领导与被领导的关系。

97. 向级别与本机关相同的有关主管部门请求批准某事项应使用______。（　　）

A. 报告　　B. 请示　　C. 请示报告　　D. 函

答案　D

解析　《党政机关公文处理工作条例》第二章第八条（十四）规定：函适用于不相隶属机关之间商洽工作、询问和答复问题、请求批准和答复审批事项。

98. 联合行文标注发文机关时，标在前面的机关是______。（　　）

A. 主办的　　B. 组织序列表中靠前的

C. 上级的　　D. 其他系统的

答案　A

解析　联合行文标注发文机关时，标在前面的机关为主办机关。

99. 通报适用于______、批评错误、传达重要精神和告知重要情况。（　　）

A. 颁布法律　　B. 表彰先进　　C. 公布法规

答案　B

解析　《党政机关公文处理工作条例》第二章第八条（九）规定：通报适用于表彰先进、批评错误、传达重要精神和告知重要情况。

100. 函，在文种上属于______，在公务活动领域上属于______。（　　）

A. 商洽性文件　通用公文　　B. 规范性文件　通用公文

C. 陈述呈请性文件　专用公文　　D. 领导指导性文件　专用公文

答案 A

解析 《党政机关公文处理工作条例》第二章第八条（十四）规定：函适用于不相隶属机关之间商洽工作、询问和答复问题、请求批准和答复审批事项。函，为通用公文。

101. 通报适用于表彰先进、______、传达重要精神和告知重要情况。

A. 批评错误　　B. 公布任免　　C. 废止法律

答案 A

解析 《党政机关公文处理工作条例》第二章第八条（九）规定：通报适用于表彰先进、批评错误、传达重要精神和告知重要情况。

102. 通报适用于表彰先进、批评错误、传达______和告知重要情况。（　　）

A. 领导讲话　　B. 重要精神　　C. 大政方针

答案 B

解析 《党政机关公文处理工作条例》第二章第八条（九）规定：通报适用于表彰先进、批评错误、传达重要精神和告知重要情况。

103. 根据文件来源，在一个机关内部可将公文分为______。（　　）

A. 上行文、平行文、下行文　　B. 收文、发文

C. 通用公文、专业公文　　D. 本机关制发的和内部使用的公文

答案 B

解析 行文规则按照文件来源，文件可分为收文和发文。

104. 通报适用于表彰先进、批评错误、传达重要精神和______。（　　）

A. 汇报工作　　B. 反映情况　　C. 告知情况

答案 B

解析 《党政机关公文处理工作条例》第二章第八条（九）规定：通报适用于表彰先进、批评错误、传达重要精神和告知重要情况。

105. 报告适用于向______汇报工作、反映情况，回复上级机关的询问。（　　）

A. 平级单位　　B. 下级单位　　C. 上级单位

答案 C

解析 《党政机关公文处理工作条例》第二章第八条（十）规定：报告适用于向上级机关汇报工作、反映情况，回复上级机关的询问。

106. 报告适用于向上级机关______、反映情况，回复上级机关的询问。（　　）

A. 批评错误　　B. 汇报工作　　C. 传达精神

答案 B

解析 《党政机关公文处理工作条例》第二章第八条（十）规定：报告适用于向上级机关汇报工作、反映情况，回复上级机关的询问。

107. 报告适用于向上级机关汇报工作、______，回复上级机关的询问。（　　）

A. 商洽工作　　B. 提出要求　　C. 反映情况

答案 C

解析　《党政机关公文处理工作条例》第二章第八条（十）规定：报告适用于向上级机关汇报工作、反映情况，回复上级机关的询问。

108. 报告适用于向上级机关汇报工作、反映情况，______。（　　）

A. 传达精神　　B. 回复询问　　C. 商洽工作

答案　B

解析　《党政机关公文处理工作条例》第二章第八条（十）规定：报告适用于向上级机关汇报工作、反映情况，回复上级机关的询问。

109. 公文在制发的程序上，必须履行法定的______。（　　）

A. 会签手续　　B. 审批手续　　C. 登记手续　　D. 承办手续

答案　B

解析　根据《党政机关公文处理工作条例》，在公文制发程序中必须履行法定的审批手续。

110. 公文急件是指______。（　　）

A. 内容重要并紧急，需打破常规优先迅速传递处理的文件

B. 内容重要并特殊紧急，需打破工作常规迅速传递处理的文件

C. 内容至关重要并特殊紧急，已临近规定办结期限，需随到随时优先迅速传递处理的文件

D. 内容至关重要并紧急，已临近办结期限，需随到随时迅速传递处理的文件

答案　C

解析　公文急件为重要并紧急接近办结期限的文件。

111. 当作者与主要受文者存在不相隶属关系时，只能选取______。（　　）

A. 平行文　　B. 上行文　　C. 下行文　　D. 公布性文件

答案　A

解析　行文规则中规定发文者与受文者不相隶属时，采取平行文。

112. 议案适用于各级______按照法律程序向同级人民代表大会或者人民代表大会常务委员会提请审议事项。（　　）

A. 党政机关　　B. 机关单位　　C. 人民政府

答案　C

解析　《党政机关公文处理工作条例》第二章第八条（十三）规定：议案适用于各级人民政府按照法律程序向同级人民代表大会或者人民代表大会常务委员会提请审议事项。

113. 议案适用于各级人民政府按照______向同级人民代表大会或者人民代表大会常务委员会提请审议事项。（　　）

A. 常规程序　　B. 法律程序　　C. 一般程序

答案　B

解析　《党政机关公文处理工作条例》第二章第八条（十三）规定：议案适用于各级人民政府按照法律程序向同级人民代表大会或者人民代表大会常务委员会提请审议事项。

114. 议案适用于各级人民政府按照法律程序向______人民代表大会或者人民代表大会常务委员会提请

审议事项。（　　）

A. 同级　　B. 上级　　C. 下级

答案　A

解析　《党政机关公文处理工作条例》第二章第八条（十三）规定：议案用于各级人民政府按照法律程序向同级人民代表大会或者人民代表大会常务委员会提请审议事项。

115. 议案适用于各级人民政府按照法律程序向同级______提请审议事项。（　　）

A. 政治协商会议　　B. 人民代表大会或人大常委会　　C. 党政机关

答案　B

解析　《党政机关公文处理工作条例》第二章第八条（十三）规定：议案适用于各级人民政府按照法律程序向同级人民代表大会或者人民代表大会常务委员会提请审议事项。

116. 上行文中最基本、最常用的一种行文方式是______。（　　）

A. 多级上行文　　B. 逐级上行文　　C. 越级上行文　　D. 分级上行文

答案　B

解析　上行文中分为逐级上行文、多级上行文、越级上行文，逐级上行文是最常见的一种行文方式。

117. 由于问题较为重大，市政府行文给省政府并报国务院，这种行文方式属于______。（　　）

A. 多级上行文　　B. 越级上行文　　C. 直接下行文　　D. 逐级上行文

答案　A

解析　下级机关向自己的直属上级机关和更高级的上级领导机关的行文方式为多级上行文。

118. 向上级机关汇报工作使用______。（　　）

A. 报告　　B. 意见　　C. 请示　　D. 函

答案　A

解析　报告适用于向上级机关汇报工作、反映情况，回复上级机关的询问。

119. 向上级机关反映情况使用______。（　　）

A. 报告　　B. 意见　　C. 请示　　D. 函

答案　A

解析　报告适用于向上级机关汇报工作、反映情况，回复上级机关的询问。

120. 报纸全文刊登的国家领导人讲话属于______。（　　）

A. 多级下行文　　B. 逐级下行文

C. 直达基层组织或群众的下行文　　D. 多级上行文

答案　C

解析　直达基层组织或群众的下行文指党政领导机关直接发到最基层的党组织或者人民群众的一种行文方式。

121. 行文规则是从公文______到______全过程所必须遵循的规则和制度，是以公文授受机关之间关系为核心的行文制度、行文方式的综合。（　　）

A. 接收　办理　　B. 拟制　运转　　C. 草拟　制发

答案　B

解析 行文规则是从公文拟制到运转全过程所必须遵循的规则和制度，是以公文授受机关之间关系为核心的行文制度、行文方式的综合。

122. 行文规则是从公文拟制到运转全过程所必须遵循的______和______，是以公文授受机关之间关系为核心的行文制度、行文方式的综合。（　　）

A. 法规　规定　　B. 规则　制度　　C. 制度　法规

答案 B

解析 行文规则是从公文拟制到运转全过程所必须遵循的规则和制度，是以公文授受机关之间关系为核心的行文制度、行文方式的综合。

123. 公文的印发传达范围应当按照______的要求执行。（　　）

A. 收文机关　　B. 发文机关　　C. 保密部门　　D. 档案部门

答案 B

解析 公文传达范围要按照发文机关要求执行。

124. 公文作为应用文体，有广泛的实用性、______、全面的真实性、格式的规定性四个特点。（　　）

A. 实际的长效性　　B. 间接的作用性　　C. 直接的针对性　　D. 准确的真实性

答案 C

解析 《党政机关公文处理工作条例》第四章第十三条规定：行文应当确有必要，讲求实效，注重针对性和可操作性。

125. 联合制发公文时，其作者应该是______的机关。（　　）

A. 同级　　B. 上级　　C. 下级　　D. 隶属

答案 A

解析 《党政机关公文处理工作条例》同级机关可以联合制发公文。

126. 下列文稿中具有正式公文效用的是______。（　　）

A. 送审稿　　B. 议论稿　　C. 征求意见稿　　D. 定稿

答案 D

解析 根据《党政机关公文处理工作条例》，定稿具有正式公文效应。

127. 公文具有其他任何文献形式无法替代的功能是______。（　　）

A. 强制的　　B. 执行的　　C. 权威性　　D. 凭证的

答案 C

解析 公文具有权威性的特点。

128. 主送机关对公文负有______和答复的责任。（　　）

A. 抄送　　B. 转发　　C. 通报　　D. 主办

答案 D

解析 主送机关负责主办公文并予以答复。

129. 行文规则是从公文拟制到运转全过程所必须遵循的规则和制度，是以公文授受机关之间关系为核心的______的综合。（　　）

A. 行文程序、行文规则

B. 行文制度、行文方式

C. 行文流程、行文方式

答案 B

解析 行文规则是从公文拟制到运转全过程所必须遵循的规则和制度，是以公文授受机关之间关系为核心的行文制度、行文方式的综合。

130. 行文是指一个______向另一个______或者下属组织机构制发公文的行为。（ ）

A. 上级部门 下级部门

B. 机关单位 机关单位

C. 法定作者 法定作者

答案 C

解析 行文是指一个法定作者向另一个法定作者或者下属组织机构制发公文的行为。

131. 行文是指一个法定作者向另一个法定作者或者______机构制发公文的行为。（ ）

A. 平级单位　　B. 下属组织　　C. 上级单位

答案 B

解析 行文是指一个法定作者向另一个法定作者或者下属组织机构制发公文的行为。

132. 调查报告的结构一般包括______。（ ）

A. 标题、正文、落款　　B. 标题、导语、正文、结语

C. 开头、导语、主体、结尾　　D. 标题、正文、结语

答案 B

解析 一般调查报告包含标题、导语、正文和结语。

133. 行文是指一个法定作者向另一个法定作者或者下属组织机构______的行为。（ ）

A. 公文流转　　B. 公文往来　　C. 制发公文

答案 C

解析 行文是指一个法定作者向另一个法定作者或者下属组织机构制发公文的行为。

134. 按照行文方向分类，报告、请示等属于______。（ ）

A. 平行文　　B. 上行文　　C. 下行文

答案 B

解析 报告、请示为上行文。

135. 按照行文方向分类，命令、批复、通知等属于______。（ ）

A. 平行文　　B. 上行文　　C. 下行文

答案 C

解析 命令、批复属于下行文。

136 按照行文方向分类，函、意见等属于______。（ ）

A. 平行文　　B. 上行文　　C. 下行文

答案 A

解析 意见、函件属于平行文。

137. 函适用于不相隶属机关之间______、询问和答复问题、请求批准和答复审批事项。（ ）

A. 发布命令　　B. 商洽工作　　C. 督促执行

答案 B

解析 《党政机关公文处理工作条例》第二章第八条（十四）规定：函适用于不相隶属机关之间商洽工作、询问和答复问题、请求批准和答复审批事项。

138. 函适用于不相隶属机关之间商洽工作、询问和答复问题、______和答复审批事项。（ ）

A. 督促执行　　B. 请求批准　　C. 提出要求

答案 B

解析 《党政机关公文处理工作条例》第二章第八条（十四）规定：函适用于不相隶属机关之间商洽工作、询问和答复问题、请求批准和答复审批事项。

139. 某海事局向某市生态环境局反馈某征求意见稿所适用的文种是______。（ ）

A. 批复　　B. 报告　　C. 函

答案 C

解析 《党政机关公文处理工作条例》第二章第八条（十四）规定：函适用于不相隶属机关之间商洽工作、询问和答复问题、请求批准和答复审批事项。

140. 某海事局向某市海洋局商洽参加会议事项所适用的文种是______。（ ）

A. 议案　　B. 函　　C. 批复

答案 B

解析 《党政机关公文处理工作条例》第二章第八条（十四）规定：函适用于不相隶属机关之间商洽工作、询问和答复问题、请求批准和答复审批事项。

141. 涉及多个部门______的事务，部门之间未协商一致的，不得向下行文。（ ）

A. 职权范围外　　B. 职权范围内　　C. 职权未规定

答案 B

解析 涉及多个部门职权范围内的事务，部门之间未协商一致的，不得向下行文。

142. 按照公文的使用范围分类，可分为______公文和______公文。（ ）

A. 内部　外部　　B. 通用　专用　　C. 行政　专业

答案 B

解析 按照公文使用范围分类可以分为通用公文和专用公文。

143. 按照公文的使用范围分类，通知、通报、请示、批复等公文属于______。（ ）

A. 内部公文　　B. 通用公文　　C. 行政公文

答案 B

解析 按照公文使用范围分类通知等属于通用公文。

144. 按照公文的使用范围分类，起诉书、判决书、国书、备忘录等属于______。（ ）

A. 内部公文　　B. 专用公文　　C. 行政公文

答案 B

解析 按照公文使用范围分类通知等属于通用公文。

145. 公文的形成与发挥作用须依赖于______。（　　）

A. 收文处理　　B. 公文处理

C. 发文处理　　D. 办毕公文处理

答案 B

解析 公文形成与发挥作用依赖于公文处理。

146. 由机关领导对发文稿批注核准发出的意见并签署姓名及日期的活动，是发文处理中的______。（　　）

A. 审核　　B. 会商　　C. 注发　　D. 签发

答案 D

解析 签发为由机关领导对发文稿批注核准发出的意见并签署姓名及日期。

147. 内容重要并紧急需要打破常规优先传递处理的文件，叫作______。（　　）

A. 加急件　　B. 平行　　C. 特急件　　D. 急件

答案 D

解析 急件为内容重要并紧急需要打破常规优先传递处理的文件。

148. 函适用于不相隶属机关之间商洽工作、______、请求批准和答复审批事项。（　　）

A. 表扬或批评通报　　B. 咨询和答复问题　　C. 汇报和反映情况

答案 B

解析 《党政机关公文处理工作条例》第二章第八条（十四）规定：函适用于不相隶属机关之间商洽工作、询问和答复问题、请求批准和答复审批事项。

149. 函适用于不相隶属机关之间商洽工作、询问和答复问题、______。（　　）

A. 汇报工作和提请审议

B. 请求批准和答复事项

C. 表扬通报和批评通报

答案 B

解析 《党政机关公文处理工作条例》第二章第八条（十四）规定：函适用于不相隶属机关之间商洽工作、询问和答复问题、请求批准和答复审批事项。

150. 批复适用于答复______请示事项。（　　）

A. 同级机关　　B. 下级机关　　C. 上级机关

答案 B

解析 《党政机关公文处理工作条例》第二章第八条（十二）规定：批复适用于答复下级机关请示事项。

151. 批复适用于______下级机关______。（　　）

A. 传达　重要精神　　B. 答复　请示事项　　C. 发布　重要通知

答案 B

解析 《党政机关公文处理工作条例》第二章第八条（十二）规定：批复适用于答复下级机关请示事项。

152. 上级机关用______答复下级机关的______事项。（　　）

A. 批复　议案　　B. 批复　请示　　C. 批复　意见

答案　B

解析　《党政机关公文处理工作条例》第二章第八条（十二）规定：批复适用于答复下级机关请示事项。

153. ______机关用批复答复______机关的请示事项。（　　）

A. 下级　上级　　B. 上级　下级　　C. 不相隶属　同级

答案　B

解析　《党政机关公文处理工作条例》第二章第八条（十二）规定：批复适用于答复下级机关请示事项。

154. 合理安排正文的结构，使层次清楚，条分缕析，言之有序，是为了______。（　　）

A. 不事曲笔　　B. 突出主题

C. 突出特色　　D. 撰文要求

答案　B

解析　公文需要主题突出、言之有据。

155. 公文与文学作品不同，它要求文件内容必须______。（　　）

A. 实事求是　　B. 提出问题　　C. 介绍经过　　D. 沟通信息

答案　A

解析　《党政机关公文处理工作条例》第四章第十三条规定：行文应当确有必要，讲求实效，注重针对性和可操作性。

156. 公文除了______和以电报形式的以外，应当加盖印章。（　　）

A. 公报　　B. 通知　　C. 会议纪要

答案　C

解析　公文除了“会议纪要”和以电报形式的以外，应当加盖印章。

157. 公文除了“会议纪要”和以______形式的以外，应当加盖印章。（　　）

A. 电报　　B. 传真　　C. 邮件

答案　A

解析　公文除了“会议纪要”和以电报形式的以外，应当加盖印章。

158. 公文的标题一般由哪些要项组成？（　　）

A. 抄送机关、版头、主题词　　B. 版头、发文字号

C. 份号、密级标志、主题词　　D. 发文机关名称、内容、文种

答案　D

解析　正式公文标题由发文机关名称、内容和文种组成。

159 公文版头的作用是______。（　　）

A. 公文作者法定的权威性　　B. 醒目、严肃

C. 公文要求的必要标记　　D. 标明公文制发机关

答案　D

解析　公文版头的作用是标明公文制发机关。

160. 政府各部门依据部门职权______相互行文和向______的相关业务部门行文。（　　）

A. 不可　上一级政府　B. 可以　下一级政府　C. 可以　下一级政府

答案　B

解析　政府各部门依据部门职权可以相互行文和向下一级政府的相关业务部门行文。

161. 政府各部门依据部门职权______相互行文和向下一级政府的相关业务部门行文。一般______下一级政府正式行文。（　　）

A. 不可　可以　B. 可以　不可　C. 不可　不可

答案　B

解析　政府各部门依据部门职权可以相互行文和向下一级政府的相关业务部门行文。

162. 政府各部门依据部门职权可以相互行文和向下一级政府的______部门行文。（　　）

A. 一般行政　B. 相关业务　C. 公文处理

答案　B

解析　政府各部门依据部门职权可以相互行文和向下一级政府的相关业务部门行文。

163. “令”文种在______标志处体现，公文主体部分无标题、无主送机关、抄送机关。（　　）

A. 收文机关　B. 发文机关　C. 抄送机关

答案　B

解析　“令”文种在发文机关标志处体现，公文主体部分无标题、无主送机关、抄送机关。

164. “令”文种在发文机关标志处体现，公文主体部分______标题、______主送机关、抄送机关。（　　）

A. 有　无　B. 无　有　C. 无　无

答案　C

解析　“令”文种在发文机关标志处体现，公文主体部分无标题、无主送机关、抄送机关。

165. 目前，交通运输部令仅用于发布______，其制发须符合法定的程序。（　　）

A. 行业规则　B. 法律法规　C. 部门规章

答案　C

解析　目前，交通运输部令仅用于发布部门规章，其制发须符合法定的程序。

166. 在承办公文时，应根据______科学安排承办的次序。（　　）

A. 先党后政　B. 时效原则

C. 意义大小　D. 主次缓急

答案　D

解析　在办理公文时应按照主次缓急科学地办理公文。

167. 注办的作用说到底是为了______。（　　）

A. 检查监督　B. 备忘待查

C. 避免延误　D. 方便工作

答案　B

解析　注办的作用是为了备忘待查。

168. 目前，交通运输部令仅用于发布部门规章，其制发须______。（　　）

A. 实现沟通协调　　B. 抄送上级部门　　C. 符合法定程序

答案　C

解析　目前，交通运输部令仅用于发布部门规章，其制发须符合法定的程序。

169. 交通运输部文件按照发文主体可以分为交通运输部______文件、交通运输部文件和交通运输部办公厅文件。（　　）

A. 业务　　B. 行政　　C. 党组

答案　C

解析　交通运输部文件按照发文主体可以分为中共交通运输部党组文件、交通运输部文件和交通运输部办公厅文件。

170. 交通运输部文件按照发文主体可以分为中共交通运输部党组文件、交通运输______文件和交通运输部办公厅文件。（　　）

A. 业务　　B. 部　　C. 行政

答案　B

解析　交通运输部文件按照发文主体可以分为中共交通运输部党组文件、交通运输部文件和交通运输部办公厅文件。

171. 交通运输部文件按照发文主体可以分为中共交通运输部党组文件、交通运输部文件和交通运输部______文件。（　　）

A. 业务　　B. 办公厅　　C. 行政

答案　B

解析　交通运输部文件按照发文主体可以分为中共交通运输部党组文件、交通运输部文件和交通运输部办公厅文件。

172. 交通运输部文件类型中，按照发文主体分类，适用于向国务院请示、报告工作，转发或者批转重要文件等的文件是______。（　　）

A. 交通运输部文件

B. 中共交通运输部党组文件

C. 交通运输部办公厅文件

答案　A

解析　交通运输部文件适用于向国务院请示、报告工作，转发或者批转重要文件。

173. 交通运输部文件类型中，按照发文主体分类，适用于向党中央请示、报告工作，传达贯彻党中央方针政策等的文件是______。（　　）

A. 交通运输部文件

B. 中共交通运输部党组文件

C. 交通运输部办公厅文件

答案　B

解析　中共交通运输部党组文件适用于向党中央请示、报告工作，传达贯彻党中央方针政策。

174. 由机关领导对发文稿批注发出的意见并签署及日期的活动，是发文处理中的______。（　　）

A. 审核　　B. 会签　　C. 注发　　D. 签发

答案　B

解析　会签是由机关领导对发文稿批注发出的意见并签署及日期的活动。

175. 交通运输部文件类型中，按照发文主体分类，适用于转发有关部门文件，经交通运输部授权发布有关政策和管理制度，布置工作、传达事项、通报情况的文件是______。（　　）

A. 交通运输部文件

B. 中共交通运输部党组文件

C. 交通运输部办公厅文件

答案　C

解析　交通运输部办公厅文件适用于转发有关部门文件，经交通运输部授权发布有关政策和管理制度，布置工作、传达事项、通报情况。

176. 向同级业务主管部门请求批准时，应使用的文种是______。（　　）

A. 报告　　B. 请示　　C. 议案　　D. 函

答案　D

解析　《党政机关公文处理工作条例》第二章第八条（十四）规定：函适用于不相隶属机关之间商洽工作、询问和答复问题、请求批准和答复审批事项。

177. 抄送机关为同级机关时，一般按（　　）次序排列。

A. 人大、政协、党委、政府、军队、法院

B. 党委、人大、政府、政协、军队、法院

C. 党委、政府、人大、政协、法院、军队

D. 人大、党委、政府、政协、法院、军队

答案　B

解析　抄送同级机关时，按照党委、人大、政府、政协、军队、法院的顺序排列。

178. 交通运输部文件类型中，按照发文主体分类，能够用于公布议事协调机构和临时机构变动、智能和人员调整事项、发布年度业务工作要点的文件类型是______。（　　）

A. 交通运输部文件

B. 中共交通运输部党组文件

C. 交通运输部办公厅文件

答案　C

解析　交通运输部办公厅文件可用于公布议事协调机构和临时机构变动、智能和人员调整事项、发布年度业务工作要点。

179. 应当按请示性公文的程序和要求办理，上级机关应当作出处理或答复，这个答复文种是______。（　　）

A. 报告　　B. 请示　　C. 函　　D. 意见

答案 D

解析 《党政机关公文处理工作条例》第二章第八条（七）规定：意见适用于对重要问题提出见解和处理办法。

180. 宣布施行重大强制性行政措施，嘉奖有关单位及人员用______。（　　）

A. 通知　　B. 决定

C. 命令　　D. 通告

答案 C

解析 《党政机关公文处理工作条例》第二章第八条（三）规定：命令适用于公布行政法规和规章、宣布施行重大强制性措施、批准授予和晋升衔级、嘉奖有关单位和人员。

181. 可以用于上行文、平行文、下行文的文种是______。（　　）

A. 意见　　B. 通知

C. 批复　　D. 函

答案 A

解析 《党政机关公文处理工作条例》第二章第八条（七）规定：意见适用于对重要问题提出见解和处理办法。可用于上行文、平行文和下行文。

182. 按照发文主体分类，交通运输部文件用于下达和调整长远规划、中长期规划，发布年度工作要点的文件类型是______。（　　）

A. 交通运输部文件

B. 中共交通运输部党组文件

C. 交通运输部办公厅文件

答案 A

解析 交通运输部文件用于下达和调整长远规划、中长期规划，发布年度工作要点等事项。

183. 函，按照发文主体可分为交通运输部______函、交通运输部函、交通运输部办公厅函。（　　）

A. 党组　　B. 行政　　C. 业务

答案 A

解析 函，按照发文主体可分为中共交通运输部党组函、交通运输部函、交通运输部办公厅函。

184. 函，按照发文主体可分为中共交通运输部党组函、交通运输______函、交通运输部办公厅函。（　　）

A. 部　　B. 行政　　C. 业务

答案 A

解析 函，按照发文主体可分为中共交通运输部党组函、交通运输部函、交通运输部办公厅函。

185. 抄送机关的排列顺序一般是______。（　　）

A. 下级机关、平级机关、上级机关

B. 上级机关、平级机关、下级机关

C. 平级机关、下级机关、上级机关

D. 平级机关、上级机关、下级机关

答案 B

解析 抄送机关按照上级、平级、下级的顺序排列。

186. 函，按照发文主体可分为中共交通运输部党组函、交通运输部函、交通运输部______函。（ ）

A. 行政 B. 办公厅 C. 业务

答案 B

解析 函，按照发文主体可分为中共交通运输部党组函、交通运输部函、交通运输部办公厅函。

187. ______应当注明签发人、会签人。（ ）

A. 平行文 B. 上行文 C. 下行文

答案 B

解析 所有上行文应清楚标明签发人和会签人。

188. 适用于与中央和国家机关各部门、各省区市人民政府等商洽工作、征询和答复意见，下达或调整重要年度计划、单项任务计划，布置具体工作的函件是______。（ ）

A. 交通运输部办公厅函

B. 中共交通运输部党组函

C. 交通运输部函

答案 C

解析 交通运输部函适用于与中央和国家机关各部门、各省区市人民政府等商洽工作、征询和答复意见，下达或调整重要年度计划、单项任务计划，布置具体工作。

189. 中共交通运输部党组函适用于与______单位党委（组）商洽工作、征询和答复意见，批复______单位党委（组）的请示。（ ）

A. 上级 下级 B. 同级 下级 C. 同级 同级

答案 B

解析 中共交通运输部党组函适用于与同级单位党委（组）商洽工作、征询和答复意见，批复下级单位党委（组）的请示。

190. 交通运输部公告和通告有专用版头格式，分备案______顺序排号。（ ）

A. 年度 B. 月度 C. 季度

答案 A

解析 交通运输部公告和通告有专用版头格式，分备案年度顺序排号。

191. 交通运输部公告和通告有专用版头格式，分备案年度顺序排号，主体部分______标题，______主送抄送机关。（ ）

A. 无 无 B. 有 有 C. 有 无

答案 C

解析 交通运输部公告和通告有专用版头格式，分备案年度顺序排号，主体部分有标题，无主送抄送机关。

192. 下面哪种文体只用于上级机关对下级机关行文使用，属于下行文______。（ ）

A. 公告 B. 函 C. 通知 D. 请示

答案 C

解析　通知用于上级机关对下级机关使用。

193. 交通运输部公告属于______。（　）

A. 下行文　　B. 平行文　　C. 泛行文

答案　C

解析　交通运输部公告属于泛行文。

194. 交通运输部通告属于______、政策性、知照性的下行文文种。（　）

A. 法规性　　B. 法律性　　C. 规定性

答案　A

解析　交通运输部通告属于法规性、政策性、知照性的下行文文种。

195. 交通运输部通告属于法规性、______、知照性的下行文文种。（　）

A. 专业性　　B. 技术性　　C. 政策性

答案　C

解析　交通运输部通告属于法规性、政策性、知照性的下行文文种。

196. 交通运输部通告属于法规性、政策性、______的下行文文种。（　）

A. 议论性　　B. 记述性　　C. 知照性

答案　C

解析　交通运输部通告属于法规性、政策性、知照性的下行文文种。

197. 机关文件处理部门负责人对来文办理提出处理意见的活动是收文处理中的______。（　）

A. 批办　　B. 拟办　　C. 承办　　D. 查办

答案　A

解析　对来文办理提出处理意见的活动是收文处理中的批办。

198. 交通运输部通告属于法规性、政策性、知照性的（　）文种。

A. 泛行文　　B. 下行文　　C. 上行文

答案　B

解析　交通运输部通告属于法规性、政策性、知照性的下行文文种。

199. 交通运输部内部情况通报______专用版头格式，以办公厅名义印发。（　）

A. 无　　B. 有　　C. 未规定

答案　B

解析　交通运输部内部情况通报有专用版头格式，以办公厅名义印发。

200. 规范性公文的一致性表现在______。（　）

A. 文件结构的周密有效

B. 与其他文件、作者权利具有高度统一的一致关系

C. 文件的文字条理清楚

D. 文件的语言简约不繁

答案　B

解析 规范性公文的一致性表现在与其他文件、作者权利具有高度统一的一致关系。

201. 批办是指______。（ ）

A. 对收文应如何办理所作的批示　　B. 对发文稿的审核批示

C. 对公文正本的复核意见　　D. 对请示报告的处理

答案 A

解析 批办是指对收文应如何办理所作的批示。

202. 交通运输部内部情况通报有专用版头格式，以______名义印发。（ ）

A. 办公厅　　B. 部党组　　C. 交通运输部

答案 A

解析 交通运输部内部情况通报有专用版头格式，以办公厅名义印发。

203. 交通运输部内部情况通报有专用版头格式，以办公厅名义印发，文尾______落款和成文日期，______加盖印章。

A. 有　须　　B. 无　不　　C. 无　须

答案 B

解析 交通运输部内部情况通报有专用版头格式，以办公厅名义印发，文尾无落款和成文日期，不加盖印章。

204. 交通运输部内部情况通报有专用版头格式，以办公厅名义印发，成文日期在______标注。（ ）

A. 版头　　B. 文中　　C. 文尾

答案 A

解析 交通运输部内部情况通报有专用版头格式，以办公厅名义印发，成文日期在版头标注。

205. 交通运输部内部情况通报有专用版头格式，以办公厅名义印发，______"主送""抄送"，______"分送"。（ ）

A. 无　无　　B. 无　有　　C. 有　无

答案 B

解析 交通运输部内部情况通报有专用版头格式，以办公厅名义印发，无"主送""抄送"，有"分送"。

206. 电报适用于处理______公务，统一使用"中央和国家机关发电"格式，加盖"发电专用章"。（ ）

A. 紧急　　B. 一般　　C. 秘密

答案 A

解析 电报适用于处理紧急公务，统一使用"中央和国家机关发电"格式，加盖"发电专用章"。

207. 电报适用于处理紧急公务，统一使用"______"格式，加盖"发电专用章"。（ ）

A. 交通运输部文件

B. 中央和国家机关发电

C. 交通运输部办公厅文件

答案 B

解析 电报适用于处理紧急公务，统一使用"中央和国家机关发电"格式，加盖"发电专用章"。

208. 电报适用于处理紧急公务，统一使用“中央和国家机关发电”格式，加盖“______”。（　　）

A. 发电专用章　　B. 交通运输部公章　　C. 电报专用章

答案　A

解析　电报适用于处理紧急公务，统一使用“中央和国家机关发电”格式，加盖“发电专用章”。

209. 交通运输部电报制发时候，版头中的______、发电字号、公文标题和落款中的制发机关名称应注意保持一致。（　　）

A. 主办单位名称　　B. 发电单位名称　　C. 收电单位名称

答案　B

解析　交通运输部电报制发时候，版头中的发电单位名称、发电字号、公文标题和落款中的制发机关名称应注意保持一致。

210. 交通运输部电报制发时候，版头中的发电单位名称、______、公文标题和落款中的制发机关名称应注意保持一致。（　　）

A. 发电字号　　B. 文件序号　　C. 发电时间

答案　A

解析　交通运输部电报制发时候，版头中的发电单位名称、发电字号、公文标题和落款中的制发机关名称应注意保持一致。

211. 交通运输部明传电报发文机关标志为______字体，密码电报为______字体。（　　）

A. 绿色　红色　　B. 红色　绿色　　C. 红色　红色

答案　A

解析　交通运输部明传电报发文机关标志为绿色字体，密码电报为红色字体。

212. 纪要______专用版头格式，______加盖印章。（　　）

A. 有　不　　B. 有　须　　C. 无　不

答案　B

解析　纪要有专用版头格式，不加盖印章。

213. 纪要______“主送”“抄送”，______“分送”，______送个人。（　　）

A. 有　无　不可　　B. 有　有　可　　C. 无　有　可

答案　C

解析　纪要无“主送”“抄送”，有“分送”，可送个人。

214. 公告，是用于______。（　　）

A. 向国外宣布重要事项或者法定事项

B. 向国内宣布重要事项或者法定事项

C. 向国内外宣布重要事项或者法定事项

D. 向国内外宣布行政法规和规章

答案　C

解析　《党政机关公文处理工作条例》第二章第八条（五）规定：公告适用于向国内外宣布重要事项或者法定事项。

215. 按照发文主体，会议纪要可以分为：中共交通运输部______会议纪要；中共交通运输部党组会议干部人事纪要；交通运输部部务会议纪要和交通运输部专题会议纪要。（　　）

A. 党组　　B. 常务　　C. 全体

答案　A

解析　按照发文主体，会议纪要可以分为：中共交通运输部党组会议纪要；中共交通运输部党组会议干部人事纪要；交通运输部部务会议纪要和交通运输部专题会议纪要。

216. 按照发文主体，会议纪要可以分为：中共交通运输部党组会议纪要；中共交通运输部党组会议______纪要；交通运输部部务会议纪要和交通运输部专题会议纪要。（　　）

A. 财务审计　　B. 重要事项　　C. 干部人事

答案　C

解析　按照发文主体，会议纪要可以分为：中共交通运输部党组会议纪要；中共交通运输部党组会议干部人事纪要；交通运输部部务会议纪要和交通运输部专题会议纪要。

217. 按照发文主体，会议纪要可以分为：中共交通运输部党组会议纪要；中共交通运输部党组会议干部人事纪要；交通运输部（　　）会议纪要和交通运输部专题会议纪要。

A. 一般　　B. 部务　　C. 月度

答案　B

解析　按照发文主体，会议纪要可以分为：中共交通运输部党组会议纪要；中共交通运输部党组会议干部人事纪要；交通运输部部务会议纪要和交通运输部专题会议纪要。

218. 按照发文主体，会议纪要可以分为：中共交通运输部党组会议纪要；中共交通运输部党组会议干部人事纪要；交通运输部部务会议纪要和交通运输部______会议纪要。（　　）

A. 特情　　B. 一般　　C. 专题

答案　C

解析　按照发文主体，会议纪要可以分为：中共交通运输部党组会议纪要；中共交通运输部党组会议干部人事纪要；交通运输部部务会议纪要和交通运输部专题会议纪要。

219. 纪要是在会议记录的基础上，对会议______和议定的事项，整理形成的纪实性和指导性公文。（　　）

A. 主要内容　　B. 全部内容　　C. 部分内容

答案　A

解析　纪要是在会议记录的基础上，对会议主要内容和议定的事项，整理形成的纪实性和指导性公文。

220. 纪要是在会议记录的基础上，对会议主要内容和议定的事项，整理形成的______和指导性公文。（　　）

A. 及时性　　B. 纪实性　　C. 即时性

答案　B

解析　纪要是在会议记录的基础上，对会议主要内容和议定的事项，整理形成的纪实性和指导性公文。

221. 纪要是在会议记录的基础上，对会议主要内容和议定的事项，整理形成的纪实性和______公文。（　　）

A. 法规性　　B. 规范性　　C. 指导性

答案 C

解析 纪要是在会议记录的基础上，对会议主要内容和议定的事项，整理形成的纪实性和指导性公文。

222. 纪要为______公文，可以印发参会单位和其他相关单位执行。（ ）

A. 外部 B. 内部 C. 内外部皆可

答案 B

解析 纪要为内部公文，可以印发参会单位和其他相关单位执行。

223. 办公部门或业务部门负责人根据来文情况提出初步处理意见，就是公文的______。（ ）

A. 承办 B. 拟办 C. 批办 D. 催办

答案 B

解析 办公部门负责人根据来文情况提出初步处理意见为拟办意见。

224. 公文处理分为______。（ ）

A. 拟办和承办 B. 收文办理和发文办理

C. 登记、分发 D. 传阅、承办

答案 B

解析 公文处理分为收文办理和发文办理两部分。

225. 纪要属内部公文，______纪要代替有关行政执法文书。（ ）

A. 可以用 B. 不得以 C. 特殊情况下可以

答案 B

解析 纪要属内部公文，不得以纪要代替有关行政执法文书。

226. 签报适用于机关______向领导书面汇报工作、请示事项等，是具有特定格式内部上行文。（ ）

A. 外部 B. 内设机构 C. 之间

答案 B

解析 签报适用于机关内设机构向领导书面汇报工作、请示事项等，是具有特定格式内部上行文。

227. 签报适用于机关内设机构向领导书面汇报工作、请示事项等，是具有特定格式______。（ ）

A. 外部上行文 B. 内部上行文 C. 内部平行文

答案 B

解析 签报适用于机关内设机构向领导书面汇报工作、请示事项等，是具有特定格式内部上行文。

228. 签报由主办单位负责人______，______加盖印章。（ ）

A. 同意 不 B. 盖章 须 C. 签名 不

答案 C

解析 签报由主办单位负责人签署姓名，不加盖印章。

229. 行文中，体现了以及抓一级，一级管一级，一级对一级负责的行文要求是______。（ ）

A. 按职权范围行文 B. 按隶属关系行文

C. 不越级行文 D. 机关个人不交叉行文

答案 C

解析 不越级行文体现了以及抓一级，一级管一级，一级对一级负责的行文要求。

230. 实际工作中，存在着以机关名义向上级机关领导个人行文的情况，仅限于______，______一般不直接报送领导个人。（ ）

A. 报告工作 请示事项

B. 请示事项 报告工作

C. 报告工作 提请会签

答案 A

解析 实际工作中，存在着以机关名义向上级机关领导个人行文的情况，仅限于报告工作，请示事项一般不直接报送领导个人。

231. 两个下级机关联合行文时，______主送两个上级机关。（ ）

A. 不可　B. 可以　C. 征得同意后可以

答案 B

解析 两个下级机关联合行文时，可以主送两个上级机关。

232. 在实际公文办理工作中，一般上行文可以主送______上级机关。（ ）

A. 两个　B. 一个　C. 多个

答案 B

解析 上行文可以主送一个上级机关。

233. 下列文种中，不适用于奖励事项的是______。（ ）

A. 决定　B. 命令　C. 通报　D. 通告

答案 D

解析 《党政机关公文处理工作条例》第二章第八条（六）规定：通告适用于在一定范围内公布应当遵守或者周知的事项。

234. 各级海事机构的公文文稿送负责人签发前，应由______进行审核。（ ）

A. 分管领导　B. 科室负责人　C. 办公室　D. 机关科室负责人

答案 C

解析 办公室负责对公文稿件进行审核。

235. 下列公文管理规定，表述错误的是______。（ ）

A. 公文被撤销，视作自始不产生效力

B. 公文复印件作为正式公文使用时，应加盖复印机关印章

C. 公文被废止，视作自废止之日起不产生效力

D. 不具备归档和存在价值的公文，经过鉴别，可以销毁

答案 D

解析 未存档的公文也需留存，对于要进行销毁的公文需要履行正常销毁手续。

236. 一篇请示公文可请示______事项。（ ）

A. 两件　B. 一件　C. 多件

答案 B

解析 请示应当一文一事。

237. 政府的办公厅（室）______向下级政府行文，其他部门和单位______向下级政府发布指令性公文。（　　）

A. 不可　可以　　B. 可以　可以　　C. 可以　不可

答案 C

解析 政府的办公厅（室）可以向下级政府行文，其他部门和单位不可向下级政府发布指令性公文。

238. 交通运输部机关司局在业务范围内与先关单位商洽工作、询问答复问题等，可以以______的形式处理。（　　）

A. 司局令　　B. 内部通告　　C. 司局函

答案 C

解析 在业务范围内与相关单位商洽工作、询问答复问题等，可以以司局函的形式处理。

239. 交通运输部机关司局不能用司局函进行______、审核批准、建成人员和检查评估等。（　　）

A. 工作部署　　B. 商洽工作　　C. 答复问题

答案 A

解析 交通运输部机关司局不能用司局函进行工作部署、审核批准、建成人员和检查评估等。

240. 除______、奖惩、调动等事项外，交通运输部机关司局间原则上不互相行文。（　　）

A. 工作部署　　B. 人事任免　　C. 商洽工作

答案 B

解析 除人事任免、奖惩、调动等事项外，交通运输部机关司局间原则上不互相行文。

241. 除人事任免、______、调动等事项外，交通运输部机关司局间原则上不互相行文。（　　）

A. 答复问题　　B. 商洽工作　　C. 奖惩

答案 C

解析 除人事任免、奖惩、调动等事项外，交通运输部机关司局间原则上不互相行文。

242. 除人事任免、奖惩、______等事项外，交通运输部机关司局间原则上不互相行文。（　　）

A. 督促执行　　B. 布置工作　　C. 调动

答案 C

解析 除人事任免、奖惩、调动等事项外，交通运输部机关司局间原则上不互相行文。

243. 经过批准在报刊上全文发布的公文，发文机关______。（　　）

A. 必须抄送下级机关　　B. 可不再发文　　C. 不必存档　　D. 不必再印制文本

答案 B

解析 经过批准在报刊上全文发布的公文可视为正式公文流转，只需印制少量文本备查。

244. 各级党政机关的办公厅（室）是党政机关的______。（　　）

A. 下级业务部门　　B. 决策机构　　C. 上级业务部门　　D. 办事机构

答案 D

解析 党政机关的办公厅（室）是党政机关的办事机构。

245. 向上级机关的请示生效时间是______。（　）

A. 请示的成文日期　　B. 上级机关收到请示时

C. 得到上级机关批复时　　D. 请示的印发日期

答案 C

解析 上级机关批复请示时为请示的生效日期。

246. 上级机关确有必要对越级对下行文时，应抄送______。（　）

A. 下级机关的上级机关　　B. 直接的下级机关

C. 其他相关的上级机关　　D. 发文机关的直接上级机关

答案 A

解析 一般不应越级行文，如情况特殊须抄送直接的下级机关。

247. 应按照公文的______确定发文范围，凡是可发可不发的公文，坚决不发。

A. 发文机关　　B. 内容　　C. 文种　　D. 数量

答案 B

解析 应按照公文的内容确定发文范围。

248. 确定机关之间行文关系的重要前提是______。（　）

A. 领导与被领导关系

B. 隶属关系、职权范围

C. 业务指导与被指导关系

D. 平行关系或不相隶属关系

答案 B

解析 隶属关系、职权范围是机关之间行文关系的最基本前提。

249. 机关行文必须遵守的具体规定或准则称为______。（　）

A. 行文规则　　B. 行文规范　　C. 行文方式　　D. 行文关系

答案 A

解析 行文规则是机关行文必须遵守的具体规定或准则。

250. 由于问题比较重大，直属海事局行文给部海事局并报交通运输部，这种行文方式叫作______。（　）

A. 多级上行文　　B. 直接上行文　　C. 直接下行文　　D. 平行文

答案 A

解析 同时给直属上级和更高层次上级部门行文为多级上行文。

251. 上行文中最近、最常用的一种行文方式是______。（　）

A. 多级上行文　　B. 逐级上行文　　C. 越级上行文　　D. 分级上行文

答案 B

解析 逐级上行文是上行文中最近、最常用的一种行文方式。

252. 交通运输部海事局行文给河北海事局，这种行文方式称为______。（　　）

A. 多级下行文　　B. 逐级下行文　　C. 直接行文　　D. 越级下行文

答案　B

解析　逐级下行文是上级机关对直属下级机关行文的一种方式。

253. 公文的主送机关是指______。（　　）

A. 公文的主要受理机关　　B. 收文机关

C. 公文的所有受理机关　　D. 公文的知照和协办机关

答案　A

解析　公文的主要受理机关是公文的主送机关。

254. 按照一定的规定或准则来维护机关之间的行文秩序称为______。（　　）

A. 公文的行文方向与方式　　B. 公文的行文关系

C. 公文的行文规范　　D. 公文的行文规则

答案　C

解析　公文的行文规范是按照一定的规定或准则来维护机关之间的行文秩序。

255. 发文机关同收文机关之间的公文往来关系是______。（　　）

A. 公务关系　　B. 组织关系　　C. 行文关系　　D. 平行关系

答案　C

解析　发文机关同收文机关之间是公文往来关系，即行文关系。

256. 为加快文件的传递，可采用______。（　　）

A. 多级下行文　　B. 逐级下行文

C. 越级下行文　　D. 直达基层组织和群众的下行文

答案　A

解析　多级下行文可免去层层转发，加快行文速度。

257. 在以下文种中，可以用来向特定收文对象告知或者转达有关事项，让对象知道或执行的文种是______。（　　）

A. 公告　　B. 通报　　C. 通知　　D. 通告

答案　C

解析　通知是向特定收文对象告知或者转达有关事项，让对象知道或执行的文种。

258. 交往性公文的主要文种是______。（　　）

A. 通知　　B. 请示　　C. 函　　D. 通报

答案　C

解析　函是交往性公文的主要文种。

259. 请示的内容应当具有______。（　　）

A. 单一性　　B. 综合性　　C. 实用性　　D. 可行性

答案 A

解析 请示制发时须注意一文一事，故具有单一性。

260. 下列选项中，不属于事务性通知的有______。（ ）

A. 放假通知

B. 缴费通知

C.《中共中央关于印发〈中国共产党纪律处分条例（试行）〉的通知》

D. 开会通知

答案 C

解析 《中共中央关于印发〈中国共产党纪律处分条例（试行）〉的通知》属于发布性通知。

261. 下列情况属于领导与被领导的关系是______。（ ）

A. 省政府与市政府　　B. 省政府与省委

C. 省政府与市委　　D. 省政府与省军区

答案 A

解析 省政府与市政府属于领导与被领导的关系。

262. 机关之间的一般性关系又称为______。（ ）

A. 指导与被指导的关系　　B. 领导与被领导的关系

C. 平级关系　　D. 不相隶属关系

答案 D

解析 不相隶属关系为机关之间的一般性关系。

263. 下列公文中属于上行文的是______。（ ）

A. 报告　　B. 通知　　C. 决定　　D. 通报

答案 A

解析 报告属于上行文。

264. 决议和决定的共同点是______。（ ）

A. 指导性　　B. 指挥性　　C. 公开性　　D. 权威性

答案 B

解析 决议和决定都是下行的指挥性公文。

265. 公告和通告都是面向公众宣布重要事项的公文，其作用具有______。（ ）

A. 告知性　　B. 陈述性　　C. 决策性　　D. 指导性

答案 A

解析 告知性是公告和通告的共同特点。

266. 公文处理工作的特点除了政治性、时限性、规范性外，还具有______。（ ）

A. 权威性　　B. 准确性　　C. 机要性　　D. 政策性

答案 C

解析 公文处理具有政治性、时限性、规范性、机要性等特点。

267. 机关或组织的法定地位赋予其在职权范围内______。（ ）

A. 收文的权力　　B. 发文的权力

C. 公文处理的权力　　D. 制定和处理公文的权力

答案　D

解析　机关或组织的法定地位赋予其在职权范围内制定和处理公文的权力。

268. 下列文种必须以领导签发时间为成文时间的是______。（ ）

A. 条例　　B. 会议报告　　C. 工作总结　　D. 请示

答案　D

解析　请示以领导签发时间为成文时间为准。

269. 通报的主要特点，一是具有周知性，二是具有______。（ ）

A. 权威性　　B. 建议性　　C. 针对性　　D. 指导性

答案　D

解析　通报具有周知性和指导性。

270. 将报告分为综合报告和专题报告的依据是______。（ ）

A. 报告内容的结构　　B. 报告内容涉及的范围

C. 报告篇幅的长短　　D. 报告的发文意图

答案　B

解析　根据报告内容涉及的范围可将报告分为综合报告和专题报告。

271. 根据行文目的不通，请示可分为请求批准类、请求帮助类和______。（ ）

A. 请求转发类　　B. 请求批转类

C. 请求呈报类　　D. 以上皆错

答案　B

解析　请求可分为请求批准类、请求帮助类和请求批转类。

272. 将函分为商洽函、问复函、请准函和知照函的依据是______。（ ）

A. 函的内容结构　　B. 函的内容性质

C. 函的篇幅长短　　D. 函的发文意图

答案　B

解析　依据函的内容性质将函分为商洽函、问复函、请准函和知照函四大类。

273. 《国务院关于发行新版人民币的命令》属于______。（ ）

A. 嘉奖令　　B. 行政令　　C. 公布令　　D. 以上皆错

答案　B

解析　《国务院关于发行新版人民币的命令》属于行政令。

274. 公告、通告、通知、通报的共同点是______。（ ）

A. 指导性　　B. 告知性　　C. 公开性　　D. 权威性

答案　B

解析 公告、通告、通知、通报都是以告知事项为目的。

275. 适用于记载、传达会议情况和议定事项的公文文种是______。（　　）

A. 调查报告　　B. 会议纪要

C. 通知　　D. 总结

答案 B

解析 会议纪要适用于记载、传达会议情况和议定事项。

276. 命令是领导机关颁发的具有强制执行性质的______。（　　）

A. 指导性公文　　B. 指令性公文

C. 指挥性公文　　D. 指示性公文

答案 C

解析 命令是领导机关颁发的具有强制执行性质的指挥性公文。

277. 公文是公务活动的______。（　　）

A. 重要工具　　B. 媒介　　C. 形式　　D. 工作方式

答案 A

解析 公文是公务活动的重要工具

278. 下列公文属于规范性公文的是______。（　　）

A. 报告　　B. 请示　　C. 办法　　D. 函

答案 D

解析 函为规范性公文的一种。

279. 下列属于报请性公文的有______。（　　）

A. 请示　　B. 函　　C. 会议纪要　　D. 指示

答案 A

解析 请示属于报请性公文。

280. 新的规范性公文产生了，对同一事物约束、规范的旧文件应______。（　　）

A. 新不废旧　　B. 两法并存　　C. 相辅相成　　D. 废止旧法

答案 D

解析 新的规范性公文产生，旧文件应及时废止。

281. 公文区别于其他文章的主要之点是______。（　　）

A. 公文形成的条件是行使职权和实施管理

B. 公文形成的主体是国家机关及其他社会组织

C. 公文是具有法定效用与规范格式的文件

D. 公文是办理公务的重要工具之一

答案 C

解析 公文与其他文章的不同点在于是具有法定效用与规范格式的文件。

282. 下列“报告”可以直接交给领导者个人的是______。（   ）

A. 与领导人直接相关的事项　　B. 领导直接交办的事项

C. 重要文件　　D. 机密文件

答案　B

解析　除领导人直接交办之外，不应将公文直接转送领导者个人。

第三部分
公文拟制、公文精简

1. 根据《党政机关公文处理工作条例》，经审核不宜发文的______，应当退回起草单位并说明理由。（　　）

A. 会签稿　　B. 草稿　　C. 公文文稿　　D. 初稿

答案　C

解析　《党政机关公文处理工作条例》第五章第二十一条规定：经审核不宜发文的公文文稿，应当退回起草单位并说明理由；符合发文条件但内容需作进一步研究和修改的，由起草单位修改后重新报送。

2. 根据《党政机关公文处理工作条例》，公文文稿签发前审核的重点包括______。（　　）

①行文理由是否充分，行文依据是否准确。②内容是否符合党的理论路线方针政策和国家法律法规。③是否完整准确体现收文机关意图。④是否同现行有关公文相衔接。⑤所提政策措施和办法是否切实可行。⑥涉及有关地区或者部门职权范围内的事项是否经过充分协商并达成一致意见。

A. ①③④⑤⑥　　B. ①②③④⑤⑥　　C. ①②④⑤⑥　　D. ①②③④⑤

答案　C

解析　《党政机关公文处理工作条例》第五章第二十条规定，公文文稿签发前，应当由发文机关办公厅（室）进行审核。审核的重点是：

（一）行文理由是否充分，行文依据是否准确。

（二）内容是否符合党的理论路线方针政策和国家法律法规；是否完整准确体现发文机关意图；是否同现行有关公文相衔接；所提政策措施和办法是否切实可行。

（三）涉及有关地区或者部门职权范围内的事项是否经过充分协商并达成一致意见。

（四）文种是否正确，格式是否规范；人名、地名、时间、数字、段落顺序、引文等是否准确；文字、数字、计量单位和标点符号等用法是否规范。

（五）其他内容是否符合公文起草的有关要求。

3. 根据《党政机关公文处理工作条例》，在公文起草中应做到______。（　　）

①内容简洁　②主题突出　③观点鲜明　④结构松散　⑤表述准确　⑥文字严谨

A. ②③④⑤⑥　　B. ①②③④⑤⑥　　C. ①③④⑤⑥　　D. ①②③⑤

答案　D

解析　根据《党政机关公文处理工作条例》第五章第十九条（三）规定，公文起草应当做到：内容简洁，主题突出，观点鲜明，结构严谨，表述准确，文字精练。

4. 根据《党政机关公文处理工作条例》，需要发文机关审议的______文稿，审议前由发文机关办公厅（室）进行初核。（　　）

A. 专业公文　　B. 保密公文　　C. 联合公文　　D. 重要公文

答案　D

解析　《党政机关公文处理工作条例》第五章第二十条：需要发文机关审议的重要公文文稿，审议前由发文机关办公厅（室）进行初核。

5. 根据《党政机关公文处理工作条例》，公文文稿签发前应审核公文行文______是否充分。（　　）

A. 依据　　B. 原因　　C. 说明　　D. 理由

答案　D

解析　《党政机关公文处理工作条例》第五章第二十条（一）规定：公文文稿签发前，应当由发文机关办公厅（室）进行审核。行文理由是否充分，行文依据是否准确。

6. 《党政机关公文处理工作条例》由______负责解释。（　　）

A. 中共中央办公厅、国务院　　B. 中共中央

C. 国务院　　D. 中共中央办公厅、国务院办公厅

答案　D

解析　《党政机关公文处理工作条例》第八章第四十一条规定：本条例由中共中央办公厅、国务院办公厅负责解释。

7. 根据《党政机关公文处理工作条例》，在公文起草中机关负责人应当主持、指导______起草工作。（　　）

A. 专业公文　　B. 保密公文　　C. 联合公文　　D. 重要公文

答案　D

解析　《党政机关公文处理工作条例》第五章第十九条（七）规定：公文起草应当做到机关负责人应当主持、指导重要公文起草工作。

8. 根据《党政机关公文处理工作条例》，______方面的公文，依照有关规定执行。（　　）

A. 党务、党章　　B. 法律、规章　　C. 保密、安全　　D. 外交、外事

答案　B

解析　《党政机关公文处理工作条例》第八章第三十九条规定：法规、规章方面的公文，依照有关规定处理。

9. 《党政机关公文处理工作条例》自______起施行。（　　）

A. 2012 年 1 月 1 日　　B. 2011 年 7 月 1 日　　C. 2012 年 7 月 1 日　　D. 2011 年 1 月 1 日

答案　C

解析　《党政机关公文处理工作条例》第八章第四十二条规定：本条例自 2012 年 7 月 1 日起施行。

10. 根据《党政机关公文处理工作条例》，______方面的公文，依照外事主管部门的有关规定执行。（　　）

A. 外交　　B. 外事　　C. 保密　　D. 国际

答案　B

解析　《党政机关公文处理工作条例》第八章第三十九条规定：外事方面的公文，依照外事主管部门的有关规定处理。

11. 根据《党政机关公文处理工作条例》，党政机关公文______电子公文。（　　）

A. 不含　　B. 含　　C. 部分包含　　D. 尚不明确

答案　B

解析　《党政机关公文处理工作条例》第八章第三十八条规定：党政机关公文含电子公文。电子公文处理工作的具体办法另行制定。

12. 根据《党政机关公文处理工作条例》，公文拟制包括公文的起草、______、签发等程序。（　　）

A. 审批　　B. 承办　　C. 审定　　D. 审核

答案　D

解析　《党政机关公文处理工作条例》第五章第十八条规定：公文拟制包括公文的起草、审核、签发等程序。

13. 根据《党政机关公文处理工作条例》第八章第三十八条，______处理工作的具体办法另行制定。（　　）

A. 保密公文　　B. 电子公文　　C. 外交公文　　D. 法律规章

答案　B

解析　《党政机关公文处理工作条例》第八章第三十八条规定：党政机关公文含电子公文。电子公文处理工作的具体办法另行制定。

14. 根据《党政机关公文处理工作条例》，公文应当经______负责人审批签发。（　　）

A. 本机关　　B. 上级机关　　C. 主办机关　　D. 公文所有涉及部门

答案　A

解析　《党政机关公文处理工作条例》第五章第二十二条规定：公文应当经本机关负责人审批签发。

15. 根据《党政机关公文处理工作条例》，签发人签发公文，应当签署意见、姓名和完整日期；______或者签名的，视为同意。（　　）

A. 批示　　B. 圈阅　　C. 批阅　　D. 阅示

答案　B

解析　《党政机关公文处理工作条例》第五章第二十二条规定：公签发人签发公文，应当签署意见、姓名和完整日期；圈阅或者签名的，视为同意。

16. 根据《党政机关公文处理工作条例》，______和上行文由机关主要负责人签发。（　　）

A. 重要公文　　B. 保密公文　　C. 一般公文　　D. 秘密公文

答案　A

解析　《党政机关公文处理工作条例》第五章第二十二条规定：重要公文和上行文由机关主要负责人签发。

17. 根据《党政机关公文处理工作条例》，联合发文由所有联署机关的负责人______。（　　）

A. 签发　　B. 会签　　C. 审核　　D. 批准

答案　B

解析　《党政机关公文处理工作条例》第五章第二十二条规定：联合发文由所有联署机关的负责人会签。

18. 根据《党政机关公文处理工作条例》，党委、政府的办公厅（室）根据党委、政府授权制发的公文，由办公厅（室）主任签发或者______签发。（　　）

A. 文书　　B. 拟稿人　　C. 按照有关规定　　D. 审核人

答案 C

19. 根据《党政机关公文处理工作条例》，签发人签发______，应当签署意见、姓名和完整日期。（　　）

A. 发文　　B. 文章　　C. 公文　　D. 文件

答案 C

解析 《党政机关公文处理工作条例》第五章第二十二条规定：签发人签发公文，应当签署意见、姓名和完整日期；圈阅或者签名的，视为同意。

20. 根据《党政机关公文处理工作条例》，重要公文和上行文由______签发。（　　）

A. 办公（厅）室主任　　B. 领导　　C. 文书　　D. 机关主要负责人

答案 D

解析 《党政机关公文处理工作条例》第五章第二十二条规定：重要公文和上行文由机关主要负责人签发。

21. 根据《党政机关公文处理工作条例》，重要公文和上行文由机关主要负责人______。（　　）

A. 签发　　B. 发布　　C. 印发　　D. 公布

答案 A

解析 《党政机关公文处理工作条例》第五章第二十二条规定：重要公文和上行文由机关主要负责人签发。

22. 根据《党政机关公文处理工作条例》，法规、______方面的公文，依照有关规定执行。（　　）

A. 规章　　B. 党务　　C. 保密　　D. 外交

答案 A

解析 《党政机关公文处理工作条例》第八章第三十九条规定：法规、规章方面的公文，依照有关规定处理。

23. 根据《党政机关公文处理工作条例》，党委、政府的办公厅（室）根据党委、政府授权制发的公文，由______签发或者按照有关规定签发。（　　）

A. 拟稿人　　B. 受权机关主要负责人

C. 文书　　D. 审核人

答案 B

解析 《党政机关公文处理工作条例》第五章第二十二条规定：党委、政府的办公厅（室）根据党委、政府授权制发的公文，由受权机关主要负责人签发或者按照有关规定签发。

24. 根据《党政机关公文处理工作条例》，______签发公文，应当签署意见、姓名和完整日期。（　　）

A. 文书　　B. 受权机关主要负责人

C. 审核人　　D. 签发人

答案 D

解析 《党政机关公文处理工作条例》第五章第二十二条规定：签发人签发公文，应当签署意见、姓名和完整日期。

25. 根据《党政机关公文处理工作条例》，______由所有联署机关的负责人会签。（　　）

A. 联合发文　　B. 集体发文

C. 联署发文　　D. 合并发文

答案 A

解析 《党政机关公文处理工作条例》第五章第二十二条规定：联合发文由所有联署机关的负责人会签。

26. 根据《党政机关公文处理工作条例》，联合发文由所有联署机关的______会签。（　　）

A. 授权人　　B. 领导　　C. 负责人　　D. 办公厅（室）主任

答案　C

解析　《党政机关公文处理工作条例》第五章第二十二条规定：联合发文由所有联署机关的负责人会签。

27. 根据《党政机关公文处理工作条例》，经______不宜发文的公文文稿，应当退回起草单位并说明理由。（　　）

A. 会签　　B. 审核　　C. 讨论　　D. 批准

答案　B

解析　《党政机关公文处理工作条例》第五章第二十一条规定：经审核不宜发文的公文文稿，应当退回起草单位并说明理由；符合发文条件但内容需作进一步研究和修改的，由起草单位修改后重新报送。

28. 根据《党政机关公文处理工作条例》，签发人签发公文，应当签署意见、______和完整日期。（　　）

A. 名称　　B. 姓名　　C. 说明　　D. 决议

答案　B

解析　《党政机关公文处理工作条例》第五章第二十二条规定：签发人签发公文，应当签署意见、姓名和完整日期；圈阅或者签名的，视为同意。

29. 根据《党政机关公文处理工作条例》，经审核不宜发文的公文文稿，应当退回______并说明理由。（　　）

A. 起草单位　　B. 批准单位　　C. 会签单位　　D. 审核单位

答案　A

解析　《党政机关公文处理工作条例》第五章第二十一条规定：经审核不宜发文的公文文稿，应当退回起草单位并说明理由；符合发文条件但内容需作进一步研究和修改的，由起草单位修改后重新报送。

30. 根据《党政机关公文处理工作条例》，党委、政府的办公厅（室）根据党委、政府______制发的公文，由受权机关主要负责人签发或者按照有关规定签发。（　　）

A. 授权　　B. 要求　　C. 命令　　D. 指令

答案　A

解析　《党政机关公文处理工作条例》第五章第二十二条规定：党委、政府的办公厅（室）根据党委、政府授权制发的公文，由受权机关主要负责人签发或者按照有关规定签发。

31. 根据《党政机关公文处理工作条例》，签发人签发公文，应当签署意见、姓名和______。（　　）

A. 完整日期　　B. 日期　　C. 说明　　D. 决议

答案　A

解析　《党政机关公文处理工作条例》第五章第二十二条规定：签发人签发公文，应当签署意见、姓名和完整日期；圈阅或者签名的，视为同意。

32. 根据《党政机关公文处理工作条例》，经审核不宜发文的公文文稿，应当退回起草单位并说明理由；符合发文条件但内容需作进一步______和修改的，由起草单位修改后重新报送。（　　）

A. 修订　　B. 研究　　C. 变动　　D. 订正

答案　B

解析　《党政机关公文处理工作条例》第五章第二十一条规定：经审核不宜发文的公文文稿，应当退回起草单位并说明理由；符合发文条件但内容需作进一步研究和修改的，由起草单位修改后重新报送。

33. 根据《党政机关公文处理工作条例》，公文______签发前，应当由发文机关办公厅（室）进行审核。（　）

A. 文件　　B. 文稿　　C. 会签稿　　D. 草稿

答案　B

解析　《党政机关公文处理工作条例》第五章第二十条规定：公文文稿签发前，应当由发文机关办公厅（室）进行审核。

34. 根据《党政机关公文处理工作条例》，公文文稿______前，应当由发文机关办公厅（室）进行审核。（　）

A. 签订　　B. 制发　　C. 印发　　D. 签发

答案　D

解析　《党政机关公文处理工作条例》第五章第二十条规定：公文文稿签发前，应当由发文机关办公厅（室）进行审核。

35. 根据《党政机关公文处理工作条例》，经审核不宜发文的公文文稿，应当退回起草单位并说明理由；符合发文条件但______需作进一步研究和修改的，由起草单位修改后重新报送。（　）

A. 格式　　B. 主题　　C. 内容　　D. 逻辑

答案　C

解析　《党政机关公文处理工作条例》第五章第二十一条规定：经审核不宜发文的公文文稿，应当退回起草单位并说明理由；符合发文条件但内容需作进一步研究和修改的，由起草单位修改后重新报送。

36. 根据《党政机关公文处理工作条例》，公文文稿签发前，应当由______办公厅（室）进行审核。（　）

A. 起草机关　　B. 会签机关　　C. 发文机关　　D. 审核机关

答案　C

解析　《党政机关公文处理工作条例》第五章第二十条规定：公文文稿签发前，应当由发文机关办公厅（室）进行审核。

37. 根据《党政机关公文处理工作条例》，公文文稿签发前审核的重点包括______。（　）

①行文理由是否充分，行文依据是否准确。②内容是否符合党的理论路线方针政策和国家法律法规。③是否完整准确体现发文机关意图。④是否同现行有关公文相衔接。⑤所提政策措施和办法是否切实可行。⑥涉及有关地区或者部门职权范围内的事项是否经过充分协商并达成一致意见。

A. ②③④⑤⑥　　B. ①②③④⑤⑥　　C. ①③④⑤⑥　　D. ①②③④⑤

答案　B

解析　同第2题，《党政机关公文处理工作条例》第五章第二十条规定。

38. 根据《党政机关公文处理工作条例》，经审核不宜发文的公文文稿，应当退回起草单位并说明理由；符合发文条件但内容需作进一步研究和修改的，由起草单位______后重新报送。（　）

A. 修订　　B. 研究　　C. 变动　　D. 修改

答案　D

解析　《党政机关公文处理工作条例》第五章第二十一条规定：经审核不宜发文的公文文稿，应当退回起草单位并说明理由；符合发文条件但内容需作进一步研究和修改的，由起草单位修改后重新报送。

39. 根据《党政机关公文处理工作条例》，公文文稿签发前审核的重点包括______。（　　）

①是否经过本机关负责人同意。②内容是否符合党的理论路线方针政策和国家法律法规。③是否完整准确体现发文机关意图。④是否同现行有关公文相衔接。⑤所提政策措施和办法是否切实可行。⑥文种是否正确，格式是否规范。

A. ①②③④⑤　　B. ①②③④⑤⑥　　C. ②③④⑤⑥　　D. ①②④⑤⑥

答案　C

解析　同第2题，《党政机关公文处理工作条例》第五章第二十条规定。

40. 根据《党政机关公文处理工作条例》，公文文稿签发前，应当由发文机关______进行审核。（　　）

A. 办公厅（室）　　B. 会签部门　　C. 负责人　　D. 起草部门

答案　A

解析　《党政机关公文处理工作条例》第五章第二十条规定:公文文稿签发前,应当由发文机关办公厅(室)进行审核。

41. 根据《党政机关公文处理工作条例》，经审核不宜发文的公文文稿，应当退回起草单位并______。（　　）

A. 批评教育　　B. 终止发文　　C. 说明理由　　D. 提出意见

答案　C

解析　《党政机关公文处理工作条例》第五章第二十一条规定：经审核不宜发文的公文文稿，应当退回起草单位并说明理由；符合发文条件但内容需作进一步研究和修改的，由起草单位修改后重新报送。

42. 根据《党政机关公文处理工作条例》，公文文稿签发前审核的重点包括______。（　　）

①行文理由是否充分，行文依据是否准确。②内容是否符合党的理论路线方针政策和国家法律法规。③是否完整准确体现发文机关意图。④是否同有关公文相衔接。⑤是否征得本机关负责人同意。⑥涉及有关地区或者部门职权范围内的事项是否经过充分协商并达成一致意见。

A. ①③④⑤⑥　　B. ①②③④⑤⑥　　C. ①②④⑤⑥　　D. ①②③⑤⑥

答案　D

解析　同第2题，《党政机关公文处理工作条例》第五章第二十条规定。

43. 根据《党政机关公文处理工作条例》，经审核不宜发文的公文文稿，应当退回起草单位并说明理由；符合______条件但内容需作进一步研究和修改的，由起草单位修改后重新报送。（　　）

A. 制发　　B. 发文　　C. 印发　　D. 发布

答案　B

解析　《党政机关公文处理工作条例》第五章第二十一条规定：经审核不宜发文的公文文稿，应当退回起草单位并说明理由；符合发文条件但内容需作进一步研究和修改的，由起草单位修改后重新报送。

44. 根据《党政机关公文处理工作条例》，重要公文和______由机关主要负责人签发。（　　）

A. 下行文　　B. 保密公文　　C. 上行文　　D. 秘密公文

答案　C

解析　《党政机关公文处理工作条例》第五章第二十二条规定：重要公文和上行文由机关主要负责人签发。

45. 根据《党政机关公文处理工作条例》，公文文稿签发前应审核公文行文理由是否______。（　　）

A. 合理　　B. 充分　　C. 正确　　D. 合法

答案　B

解析　《党政机关公文处理工作条例》第五章第二十条（一）规定：公文文稿签发前，应当审核行文理由是否充分，行文依据是否准确。

46. 根据《党政机关公文处理工作条例》，有关公文文稿签发前审核重点的说法错误的是______。（　　）

A. 是否完整准确体现发文机关意图

B. 内容只需审核是否符合国家法律法规

C. 是否同现行有关公文相衔接

D. 所提政策措施和办法是否切实可行

答案　B

解析　《党政机关公文处理工作条例》第五章第二十条（一）（二）规定：公文文稿签发前审核的重点有行文理由是否充分，行文依据是否准确；内容是否符合党的理论路线方针政策和国家法律法规；是否完整准确体现发文机关意图；是否同现行有关公文相衔接；所提政策措施和办法是否切实可行。

47. 根据《党政机关公文处理工作条例》，有关公文文稿签发前审核重点的说法错误的是______。（　　）

A. 是否完整准确体现发文机关意图

B. 内容是否符合否党的理论路线方针政策和符合国家法律法规

C. 是否同现行有关公文相衔接

D. 所提政策措施和办法是否有效

答案　D

解析　同46题，《党政机关公文处理工作条例》第五章第二十条（一）（二）规定。

48. 根据《交通运输部公文处理办法》，需要交通运输部党组会议审议或者交通运输部部务会议审议的重要公文文稿，审议前由______进行初核。（　　）

A. 主办司局　　B. 办公厅

C. 法制司　　D. 政策研究室

答案　B

解析　《交通运输部公文处理办法》第七章第三十五条规定。

49. 根据《党政机关公文处理工作条例》，有关公文文稿签发前审核重点的说法正确的是______。（　　）

A. 是否完整准确体现收文机关意图

B. 内容是否符合党的理论路线方针政策和符合国家法律法规

C. 是否征得本机关负责人同意

D. 所提政策措施和办法是否有效

答案　B

解析　同46题，《党政机关公文处理工作条例》第五章第二十条（一）（二）规定。

50. 根据《党政机关公文处理工作条例》，公文文稿签发前，应当由发文机关办公厅（室）进行______。（　　）

A. 修改　　B. 审核　　C. 校对　　D. 批准

答案　B

解析　《党政机关公文处理工作条例》第五章第二十条规定：公文文稿签发前，应当由发文机关办公厅（室）进行审核。

51. 根据《党政机关公文处理工作条例》，有关公文文稿签发前审核重点的说法正确的是______。（　　）

A. 是否完整准确体现收文机关意图

B. 内容是否符合党的理论路线方针政策

C. 是否同现行有关公文相衔接

D. 所提政策措施和办法是否有效

答案　A

解析　同46题，《党政机关公文处理工作条例》第五章第二十条（一）（二）规定。

52. 根据《党政机关公文处理工作条例》，联合发文由所有______机关的负责人会签。（　　）

A. 发文　　B. 起草　　C. 主办　　D. 联署

答案　D

解析　《党政机关公文处理工作条例》第五章第二十二条规定：联合发文由所有联署机关的负责人会签。

53. 根据《党政机关公文处理工作条例》，外事方面的公文，依照______主管部门的有关规定处理。（　　）

A. 国务院　　B. 党中央　　C. 外事　　D. 外交

答案　C

解析　《党政机关公文处理工作条例》第八章第三十九条规定：外事方面的公文，依照外事主管部门的有关规定处理。

54. 根据《党政机关公文处理工作条例》，有关公文文稿签发前审核的重点中，涉及有关地区或者部门______内的事项是否经过充分协商并达成一致意见。（　　）

A. 职权范围　　B. 授权范围

C. 管理事项　　D. 解释事项

答案　A

解析　《党政机关公文处理工作条例》第五章第二十条（三）规定：公文文稿签发前，应当审核的重点包括涉及有关地区或者部门职权范围内的事项是否经过充分协商并达成一致意见。

55. 根据《党政机关公文处理工作条例》，有关公文文稿签发前审核的重点中，应审核文种是否______，格式是否______。（　　）

A. 规范　正确　　B. 正确　规范

C. 准确　正确　　D. 正确　准确

答案　B

解析　《党政机关公文处理工作条例》第五章第二十条（四）规定：公文文稿签发前，应当审核的重点包括文种是否正确，格式是否规范；人名、地名、时间、数字、段落顺序、引文等是否准确；文字、数字、计量单位和标点符号等用法是否规范。

56. 根据《党政机关公文处理工作条例》，有关公文文稿签发前审核的重点中，应审核下列______是否准确。（　　）

①人名　②地名　③时间　④数字　⑤段落顺序

A. ①②③④⑤　　B. ①②③④

C. ②③④⑤　　D. ①②④⑤

答案　A

解析　同55题，《党政机关公文处理工作条例》第五章第二十条（四）规定。

57. 根据《党政机关公文处理工作条例》，公文应当经本机关负责人______签发。（　　）

A. 审批　　B. 授权　　C. 审核　　D. 批准

答案　A

解析　《党政机关公文处理工作条例》第五章第二十二条规定：公文应当经本机关负责人审批签发。

58. 根据《党政机关公文处理工作条例》，经审核不宜发文的公文文稿，应当退回起草单位并说明理由；符合发文条件但内容需作进一步研究和修改的，由起草单位修改后______。（　　）

A. 重新发布　　B. 重新确定　　C. 重新报送　　D. 重新起草

答案　C

解析　《党政机关公文处理工作条例》第五章第二十一条规定：经审核不宜发文的公文文稿，应当退回起草单位并说明理由；符合发文条件但内容需作进一步研究和修改的，由起草单位修改后重新报送。

59. 根据《党政机关公文处理工作条例》，有关公文文稿签发前审核的重点中，应审核下列______用法是否规范。（　　）

①计量单位　②文字　③标点符号　④数字　⑤引文

A. ②③④　　B. ①②③④

C. ①③④⑤　　D. ①②③

答案　B

解析　同55题，《党政机关公文处理工作条例》第五章第二十条（四）规定。

60. 根据《党政机关公文处理工作条例》，联合发文由______联署机关的负责人会签。（　　）

A. 重要　　B. 所有　　C. 主要　　D. 部分

答案　B

解析　《党政机关公文处理工作条例》第五章第二十二条规定：联合发文由所有联署机关的负责人会签。

61. 根据《党政机关公文处理工作条例》，有关公文文稿签发前审核的重点中，应审核______是否准确。（　　）

A. 文字　　B. 计量单位

C. 时间　　D. 标点符号

答案　C

解析　同55题，《党政机关公文处理工作条例》第五章第二十条（四）规定。

62. 根据《党政机关公文处理工作条例》，需要______审议的重要公文文稿，审议前由______办公厅（室）进行初核。（　　）

A. 审核机关　发文机关　　B. 发文机关　发文机关

C. 起草机关　审核机关　　D. 会签机关　审核机关

答案　B

解析　《党政机关公文处理工作条例》第五章第二十条规定：需要发文机关审议的重要公文文稿，审议前由发文机关办公厅（室）进行初核。

63. 根据《党政机关公文处理工作条例》，需要发文机关______的重要公文文稿，______前由发文机关办公厅（室）进行初核。（　　）

A. 批准　批准　　B. 审核　审核　　C. 审议　审议　　D. 审批　审批

答案　C

解析　《党政机关公文处理工作条例》第五章第二十条规定：需要发文机关审议的重要公文文稿，审议前由发文机关办公厅（室）进行初核。

64. 根据《党政机关公文处理工作条例》，公文文稿签发前应审核公文行文______是否准确。（　　）

A. 依据　　B. 原因　　C. 说明　　D. 理由

答案　A

解析　《党政机关公文处理工作条例》第五章第二十条（一）规定：公文文稿签发前，应当审核行文理由是否充分，行文依据是否准确。

65. 根据《党政机关公文处理工作条例》，在公文起草中应做到______。（　　）

①内容简洁　②主题突出　③观点鲜明　④结构严谨　⑤表述准确　⑥文字精练

A. ②③④⑤⑥　　B. ①②③④⑤⑥　　C. ①③④⑤⑥　　D. ①②③④⑤

答案　B

解析　《党政机关公文处理工作条例》第五章第十九条（三）规定：公文起草应当做到内容简洁，主题突出，观点鲜明，结构严谨，表述准确，文字精练。

66. 根据《党政机关公文处理工作条例》，在公文起草中应做到的事项中，说法错误的是______。（　　）

A. 符合国家法律法规　　B. 符合党的理论路线方针政策

C. 体现收文机关意图　　D. 同现行有关公文相衔接

答案　C

解析　《党政机关公文处理工作条例》第五章第十九条（一）规定：公文起草应当做到符合党的理论路线方针政策和国家法律法规，完整准确体现发文机关意图，并同现行有关公文相衔接。

67. 根据《党政机关公文处理工作条例》，在公文起草中分析问题要______。（　　）

A. 实事求是　　B. 抓住关键　　C. 准确无误　　D. 覆盖全面

答案　A

解析　《党政机关公文处理工作条例》第五章第十九条（二）规定：公文起草应当做到一切从实际出发，分析问题实事求是，所提政策措施和办法切实可行。

68. 根据《党政机关公文处理工作条例》，在公文起草中所提政策措施和办法要______。（ ）

A. 实事求是　B. 抓住关键　C. 准确无误　D. 切实可行

答案 D

解析 同67题，《党政机关公文处理工作条例》第五章第十九条（二）规定。

69. 根据《党政机关公文处理工作条例》，签发人签发公文，应当签署______、姓名和完整日期。（ ）

A. 建议　B. 意见　C. 说明　D. 决议

答案 B

解析 《党政机关公文处理工作条例》第五章第二十二条规定：签发人签发公文，应当签署意见、姓名和完整日期；圈阅或者签名的，视为同意。

70. 根据《党政机关公文处理工作条例》，在公文起草中要做到文种______，格式______。（ ）

A. 规范　正确　B. 正确　规范　C. 准确　正确　D. 正确　准确

答案 B

解析 《党政机关公文处理工作条例》第五章第十九条（四）规定：公文起草应当做到文种正确，格式规范。

71. 根据《党政机关公文处理工作条例》，在公文起草中公文涉及其他地区或者部门职权范围内的事项，______必须征求相关地区或者部门意见，力求达成一致。（ ）

A. 起草单位　B. 牵头单位　C. 管理单位　D. 办公室（厅）

答案 A

解析 《党政机关公文处理工作条例》第五章第十九条（六）规定：公文起草应当做到公文涉及其他地区或者部门职权范围内的事项，起草单位必须征求相关地区或者部门意见，力求达成一致。

72. 根据《党政机关公文处理工作条例》，党委、政府的______根据党委、政府授权制发的公文，由受权机关主要负责人签发或者按照有关规定签发。（ ）

A. 分支机构　B. 派出部门　C. 办公厅（室）　D. 业务部门

答案 C

解析 《党政机关公文处理工作条例》第五章第二十二条规定：党委、政府的办公厅（室）根据党委、政府授权制发的公文，由受权机关主要负责人签发或者按照有关规定签发。

73. 根据《党政机关公文处理工作条例》，在公文起草中______应当主持、指导重要公文起草工作。（ ）

A. 领导　B. 机关负责人

C. 审核人　D. 办公室（厅）主任

答案 B

解析 《党政机关公文处理工作条例》第五章第十九条（七）规定：公文起草应当做到机关负责人应当主持、指导重要公文起草工作。

74. 根据《党政机关公文处理工作条例》，______包括公文的起草、审核、签发等程序。（ ）

A. 公文管理　B. 公文办理

C. 公文拟制　D. 公文发文

答案 C

解析　《党政机关公文处理工作条例》第五章第十八条规定：公文拟制包括公文的起草、审核、签发等程序。

75. 根据《党政机关公文处理工作条例》，公文拟制包括公文的______、审核、签发等程序。（　　）

A. 制定　　B. 起草　　C. 发布　　D. 初审

答案　B

解析　《党政机关公文处理工作条例》第五章第十八条规定：公文拟制包括公文的起草、审核、签发等程序。

76. 根据《党政机关公文处理工作条例》，经审核不宜发文的公文文稿，应当退回起草单位并说明理由；符合发文条件但内容需作进一步研究和______的，由起草单位修改后重新报送。（　　）

A. 修订　　B. 订正　　C. 变动　　D. 修改

答案　D

解析　《党政机关公文处理工作条例》第五章第二十一条规定：经审核不宜发文的公文文稿，应当退回起草单位并说明理由；符合发文条件但内容需作进一步研究和修改的，由起草单位修改后重新报送。

77. 根据《党政机关公文处理工作条例》，有关公文文稿签发前审核的重点包括：涉及有关地区或者部门职权范围内的事项是否经过______并达成一致意见。（　　）

A. 授权批准　　B. 充分授权　　C. 充分协商　　D. 简单协商

答案　C

解析　《党政机关公文处理工作条例》第五章第二十条（三）规定：公文文稿签发前，应当审核的重点包括涉及有关地区或者部门职权范围内的事项是否经过充分协商并达成一致意见。

78. 根据《党政机关公文处理工作条例》，下列属于公文拟制必需程序的是______。（　　）

①起草　②会签　③审核　④签发

A. ②③④　　B. ①②③　　C. ①③④　　D. ①②③④

答案　C

解析　《党政机关公文处理工作条例》第五章第十八条规定：公文拟制包括公文的起草、审核、签发等程序。

79. 根据《党政机关公文处理工作条例》，经审核不宜发文的公文文稿，应当退回起草单位并说明理由；符合发文条件但内容需作进一步研究和的修改的，由______修改后重新报送。（　　）

A. 发布单位　　B. 审核单位　　C. 起草单位　　D. 会签单位

答案　C

解析　《党政机关公文处理工作条例》第五章第二十一条规定：经审核不宜发文的公文文稿，应当退回起草单位并说明理由；符合发文条件但内容需作进一步研究和修改的，由起草单位修改后重新报送。

80. 根据《党政机关公文处理工作条例》，下列不属于公文拟制必需程序的是______。（　　）

A. 会签　　B. 起草　　C. 审核　　D. 签发

答案　B

解析　《党政机关公文处理工作条例》第五章第十八条规定：公文拟制包括公文的起草、审核、签发等程序。

81. 根据《党政机关公文处理工作条例》，下列属于公文拟制必需程序的是______。（　　）

A. 会签　　B. 起草　　C. 承办　　D. 核发

答案　B

解析 《党政机关公文处理工作条例》第五章第十八条规定：公文拟制包括公文的起草、审核、签发等程序。

82. 《交通运输部公文处理办法》自______起施行。（　）

A. 2014 年 1 月 1 日　　B. 2012 年 1 月 1 日

C. 2012 年 4 月 1 日　　D. 2014 年 4 月 1 日

答案 D

解析 《交通运输部公文处理办法》第十章第五十八条规定。

83. 《交通运输部公文处理办法》由______负责解释。（　）

A. 交通运输部政策研究室　　B. 交通运输部

C. 交通运输部法制司　　D. 交通运输部办公厅

答案 D

解析 《交通运输部公文处理办法》第十章第五十七条规定。

84. 根据《党政机关公文处理工作条例》，公文文稿签发前应审核公文行文依据是否______。（　）

A. 合理　　B. 充分　　C. 准确　　D. 合法

答案 C

解析 《党政机关公文处理工作条例》第五章第二十条（一）规定：公文文稿签发前，应当审核行文理由是否充分，行文依据是否准确。

85. 根据《交通运输部公文处理办法》，下列说法错误的是______。（　）

A. 驻部单位及部属其他单位的公文处理工作，可以参照本办法执行

B. 本办法适用于交通运输部机关和部属单位

C. 下级交通运输部门和国家铁路局、中国民用航空局、国家邮政局报交通运输部的公文参照执行

D. 外事方面的公文，依照外事主管部门的有关规定处理

答案 B

解析 《交通运输部公文处理办法》第五十六条规定。

86. 根据《交通运输部公文处理办法》，下列说法错误的是______。（　）

A. 驻部单位及部属其他单位的公文处理工作，可以参照本办法执行

B. 本办法适用于交通运输部机关和具有行政职能的部属单位

C. 下级交通运输部门和国家铁路局、中国民用航空局、国家邮政局的公文参照执行

D. 外事方面的公文，依照外事主管部门的有关规定处理

答案 C

解析 《交通运输部公文处理办法》第十章第五十六条规定。

87. 根据《交通运输部公文处理办法》，______的使用和管理，按照有关规定执行。（　）

A. 保密公文　　B. 密码电报

C. 上报党中央和国务院公文　　D. 含敏感信息的公文

答案 B

解析　《交通运输部公文处理办法》第十章第五十五条规定。

88. 根据《交通运输部公文处理办法》，交通运输部发文的程序是______。（　　）

①主办司局拟稿　②司局办公室（综合处）核稿　③司局领导核签　④办公厅审核

⑤部领导审阅签发　⑥公文登记、复核、印制、核发

A. ①②③⑤⑥　　B. ①②③④⑥

C. ①③④⑤⑥　　D. ①②③④⑤⑥

答案　D

解析　《交通运输部公文处理办法》第七章第三十八条规定。

89. 根据《交通运输部公文处理办法》，关于交通运输部办公厅发文程序，说法错误的是______。（　　）

A. 司局办公室（综合处）核稿　　B. 由主办司局拟稿

C. 司局领导核签　　D. 办公厅审核签发

答案　D

解析　《交通运输部公文处理办法》第七章第三十八条规定。

90. 根据《交通运输部公文处理办法》，交通运输部会议纪要发文程序共有______步。（　　）

A. 二　　B. 一　　C. 三　　D. 四

答案　D

解析　《交通运输部公文处理办法》第七章第三十八条规定。

91. 根据《交通运输部公文处理办法》，公文文稿签发前，应当由______分别进行审核。（　　）

A. 主办司局和办公厅　　B. 办公厅和政策研究室

C. 主办司局和法制司　　D. 办公厅和法制司

答案　A

解析　《交通运输部公文处理办法》第七章第三十五条规定。

92. 根据《交通运输部公文处理办法》，______应当由法制机构进行合法性审查。（　　）

A. 涉及交通运输的法律法规　　B. 全部公文

C. 规范性文件　　D. 主办部门认为有必要的公文

答案　C

解析　《交通运输部公文处理办法》第七章第三十五条规定。

93. 根据《交通运输部公文处理办法》，有关公文文稿签发前审核的重点说法错误的是______。（　　）

A. 密级确定、公开属性标注是否符合规定

B. 社会稳定风险评估、合法性审查是否符合有关规定

C. 紧急程度是否恰当

D. 主送、抄送机关以及文件印数是否合理

答案　B

解析　《交通运输部公文处理办法》第七章第三十五条规定。

94. 根据《党政机关公文处理工作条例》，需要发文机关审议重要公文的文稿，审议前由______进行初核。（　　）

A. 发文机关办公厅（室）　　B. 发文机关领导

C. 发文机关　　D. 起草部门

答案　A

解析　《党政机关公文处理工作条例》第五章第二十条规定：需要发文机关审议的重要公文文稿，审议前由发文机关办公厅（室）进行初核。

95. 根据《交通运输部公文处理办法》，有关公文文稿签发前审核的重点说法正确的是______。（　　）

A. 密级确定、公开属性标注是否符合规定

B. 社会稳定风险评估、合法性审查是否符合有关规定

C. 紧急程度是否合理

D. 主送、抄送机关以及文件印数是否恰当

答案　A

解析　《交通运输部公文处理办法》第七章第三十五条规定。

96. 根据《党政机关公文处理工作条例》，公文应当经本机关______审批签发。（　　）

A. 办公（厅）室主任　　B. 领导

C. 文书　　D. 负责人

答案　D

解析　《党政机关公文处理工作条例》第五章第二十二条规定。

97. 根据《交通运输部公文处理办法》，需要交通运输部党组会议审议或者交通运输部部务会议审议的重要公文文稿，审议前由办公厅进行______。（　　）

A. 初核　　B. 复核

C. 初审　　D. 审批

答案　A

解析　《交通运输部公文处理办法》第七章第三十五条规定。

98. 根据《交通运输部公文处理办法》，公文文稿会签时会签文稿均以会签单位______签字为有效。（　　）

A. 审核人　　B. 主办人　　C. 负责人　　D. 审批人

答案　C

解析　《交通运输部公文处理办法》第七章第三十四条规定。

99. 根据《交通运输部公文处理办法》，公文文稿会签时会签文稿均以会签单位负责人______为有效。（　　）

A. 批准　　B. 核准　　C. 签字　　D. 圈阅

答案　C

解析　《交通运输部公文处理办法》第七章第三十四条规定。

100. 根据《党政机关公文处理工作条例》，公文文稿签发前审核的重点包括______。（ ）

①行文理由是否准确，行文依据是否充分。②内容是否符合党的理论路线方针政策和国家法律法规。③是否完整准确体现发文机关意图。④是否同现行有关公文相衔接。⑤所提政策措施和办法是否切实可行。⑥是否征得本机关负责人同意。

A. ①②③④⑤　　B. ①②③④⑤⑥

C. ②③④⑤⑥　　D. ①②④⑤⑥

答案 A

解析 同第2题，《党政机关公文处理工作条例》第五章第二十条规定。

101. 根据《交通运输部公文处理办法》，公文文稿部内会签时，由______送转会签。（ ）

A. 办公厅　　B. 主办司局　　C. 法制司　　D. 政策研究室

答案 B

解析 《交通运输部公文处理办法》第七章第三十四条规定。

102. 根据《交通运输部公文处理办法》，有关公文文稿会签的说法错误的是______。（ ）

A. 部内会签，由主办司局送转会签

B. 会签文稿均以会签单位负责人签字为有效

C. 部内会签时有关司局如有不同意见，应当协商一致后报部领导

D. 会签文没有规定的时限要求

答案 D

解析 《交通运输部公文处理办法》第七章第三十四条规定。

103. 根据《交通运输部公文处理办法》，公文文稿会签的说法错误的是______。（ ）

A. 部外单位对会签稿有重大修改，应当重新送部领导审签

B. 部外会签，由主办司局指定专人承办

C. 部外单位送交通运输部会签的文稿，按职权范围由部内主办司局提出意见，然后按部收文程序办理

D. 部内会签时如经充分协商仍不能取得一致意见，应当报部领导协调裁定

答案 C

解析 《交通运输部公文处理办法》第七章第三十四条规定。

104. 根据《党政机关公文处理工作条例》，公文文稿签发前审核的重点包括______。（ ）

①行文理由是否充分，行文依据是否准确。②内容是否符合党的理论路线方针政策和国家法律法规。③是否完整准确体现发文机关意图。④是否同现行有关公文相衔接。⑤所提政策措施和办法是否切实可行。⑥人名、地名、时间、数字、段落顺序、引文等是否准确。

A. ①②③④⑥　　B. ①②③④⑤　　C. ①③④⑤⑥　　D. ①②③④⑤⑥

答案 D

解析 同第2题，《党政机关公文处理工作条例》第五章第二十条规定。

105. 根据《党政机关公文处理工作条例》，需要发文机关审议重要公文的文稿，审议前由发文机关办公厅（室）进行______。（　　）

A. 初核　　B. 审批　　C. 校稿　　D. 核准

答案　A

解析　《党政机关公文处理工作条例》第五章第二十条规定：需要发文机关审议的重要公文文稿，审议前由发文机关办公厅（室）进行初核。

106. 根据《交通运输部公文处理办法》，上报的公文，如与部外单位意见不能一致，______的主要负责人（必要时部领导）应当出面协调，仍不能取得一致时，须在文中列明各方理据，提出建设性意见，并经有关单位会签后，报请上级机关协调或裁定。（　　）

A. 部法制司　　B. 部政策研究室

C. 部办公厅　　D. 部内主办司局

答案　D

解析　《交通运输部公文处理办法》第七章第三十四条规定。

107. 根据《交通运输部公文处理办法》，上报的公文，如与部外单位意见不能一致，部内主办司局的主要负责人（必要时部领导）应当出面协调，仍不能取得一致时，须在文中列明各方理据，提出建设性意见，并经有关单位会签后，报请______协调或裁定。（　　）

A. 国务院办公厅　　B. 国务院

C. 上级机关　　D. 双方单位

答案　C

解析　《交通运输部公文处理办法》第七章第三十四条规定。

108. 根据《交通运输部公文处理办法》，办理部外单位来文会签，除主办单位另有时限要求外，部内主办司局应当在______内予以回复。（　　）

A. 7 日　　B. 7 个工作日　　C. 3 个工作日　　D. 3 日

答案　B

解析　《交通运输部公文处理办法》第七章第三十四条规定。

109. 根据《交通运输部公文处理办法》，办理部内会签，除主办司局另有时限要求外，协办司局应当在______内予以回复，逾期不回复视为同意。（　　）

A. 1 日　　B. 1 个工作日　　C. 3 个工作日　　D. 1 日

答案　C

解析　《交通运输部公文处理办法》第七章第三十四条规定。

110. 根据《交通运输部公文处理办法》，起草______时，应当使用符合国家保密规定的计算机、网络及移动存储介质。（　　）

A. 涉密公文　　B. 重要公文　　C. 外事公文　　D. 保密公文

答案　A

解析　《交通运输部公文处理办法》第七章第三十三条规定。

111. 根据《交通运输部公文处理办法》，公文内容涉及重大公共利益、公众权益和敏感事项，可能引发社会稳定问题的，应当进行社会稳定风险______。（　　）

A. 核查　　B. 研究　　C. 评估　　D. 论证

答案　C

解析　《交通运输部公文处理办法》第七章第三十三条规定。

112. 根据《交通运输部公文处理办法》，有关公文起草的办法说法错误的是？（　　）

A. 涉及部外单位职能的，办理部外会签。

B. 公文涉及其他单位职权范围内的事项，主办单位必须征求相关单位意见，力求达成一致。

C. 公文内容涉及重大公共利益、公众权益和敏感事项，可能引发社会稳定问题的，应当进行社会稳定风险评估。

D. 涉及部内司局的，主办司局应当主动与有关司局协商，并取得一致意见。

答案　D

解析　《交通运输部公文处理办法》第七章第三十三条规定。

113. 根据《交通运输部公文处理办法》，公文精简包括严格控制公文的______。（　　）

①数量　②规格　③篇幅　④知悉范围

A. ①③④　　B. ①②③④　　C. ①②③　　D. ②③④

答案　C

解析　《交通运输部公文处理办法》第六章第二十七条规定。

114. 根据《交通运输部公文处理办法》，有关严格控制公文数量的说法正确的是？（　　）

A. 不得要求地方党委和政府报文。

B. 不得向地方党委和政府发布指令性公文或者在公文中提出指令性要求。

C. 属于交通运输部职权范围内的工作，以部党组名义报送党中央。

D. 不得直接转发中共中央、国务院文件。

答案　D

解析　《交通运输部公文处理办法》第六章第二十八条规定。

115. 根据《交通运输部公文处理办法》，有关严格控制公文规格的说法错误的是？（　　）

A. 以交通运输部办公厅名义发文能够解决的，不以交通运输部名义发文。

B. 由部门或部门联合发文能够解决的，不再上报中共中央、国务院（含中共中央办公厅、国务院办公厅）转发或印发。

C. 通过电话、传真、电子邮件、司局函等方式能够解决的，不正式发文。

D. 部领导的讲话，不宜向社会公布的，用“交通运输部内部情况通报”印发；可以向社会公布的，及时印发通告。

答案　D

解析　《交通运输部公文处理办法》第六章第二十九条规定。

116. 根据《交通运输部公文处理办法》，通过媒体公开发布的公文，______纸质公文。（　　）

A. 可下发　　B. 不再下发　　C. 视情况下发　　D. 同时下发

答案　B

解析　《交通运输部公文处理办法》第六章第三十一条规定。

117. 《交通运输部海事局公文处理办法》自______起施行。（　　）

A. 2014年1月1日　　B. 2016年4月1日　　C. 2014年4月1日　　D. 2016年1月1日

答案　D

解析　《交通运输部海事局公文处理办法》第十一章第五十三条规定。

118. 根据《党政机关公文处理工作条例》，公文拟制包括公文的起草、审核、______等程序。（　　）

A. 会签　　B. 复核　　C. 签发　　D. 核发

答案　C

解析　《党政机关公文处理工作条例》第五章第十八条：公文拟制包括公文的起草、审核、签发等程序。

119. 根据《交通运输部海事局公文处理办法》，纪要应当在会议结束后______内完成拟制。（　　）

A. 1个工作日　　B. 当日　　C. 1日　　D. 3日

答案　A

解析　《交通运输部海事局公文处理办法》第七章第三十二条规定。

120. 根据《交通运输部海事局公文处理办法》，有关公文的签发的说法错误的是？（　　）

A. 代表部拟文、部签报及其他重要公文须由部海事局主要领导签发。

B. 公文应当经发文机关负责人审批签发。

C. 联合发文由所有联署机关的负责人会签。

D. 签发后的定稿一般不得改动。

答案　D

解析　《交通运输部海事局公文处理办法》第七章第三十一条规定。

121. 根据《交通运输部海事局公文处理办法》，文件、公告、通告、内部情况通报的发文程序分为______步。（　　）

A. 四或五　　B. 四　　C. 五或六　　D. 六

答案　C

解析　《交通运输部海事局公文处理办法》第七章第三十二条规定。

122. 根据《交通运输部海事局公文处理办法》，涉密公文须由______签发。（　　）

A. 本单位定密法定责任人或指定责任人

B. 发文机关负责人或授权人员

C. 发文处室领导

D. 局领导或指定责任人

答案　A

解析　《交通运输部海事局公文处理办法》第七章第三十一条规定。

123. 根据《交通运输部海事局公文处理办法》，文稿一经签发即为定稿，签发后的定稿一般不得改动，特殊情况需作内容实质性修改的，须报______批准。（　　）

A. 局领导　　B. 原签发人

C. 公文主管部门负责人　　D. 主办处室负责人

答案　B

解析　《交通运输部海事局公文处理办法》第七章第三十一条（三）规定。

124. 根据《交通运输部海事局公文处理办法》，除主办部门另有事先要求外，办理外部会签应当在______个工作日内予以回复；办理部内司局间会签应当在______个工作日内予以回复；办理局内会签应当在______个工作日内回复。（　　）

A. 5　1　1　　B. 5　2　1

C. 5　3　2　　D. 7　5　1

答案　B

解析　《交通运输部海事局公文处理办法》第七章第二十八条规定。

125. 根据《交通运输部海事局公文处理办法》，有关公文精简的事项错误的是？（　　）

A. 部海事局领导的讲话，用“通报”印发。

B. 通过“函件”等形式能够解决的，不以“文件”形式发文。

C. 现行文件规定仍然适用的，不再印发公文。

D. 凡国家法律法规、党内法规、交通运输部门规章已作明确规定的，不再印发公文。

答案　A

解析　《交通运输部海事局公文处理办法》第六章第二十二条规定。

126. 公文写作在文字表达上的基本要求有______。（　　）

①准确　②鲜明　③生动　④符合语法和逻辑

A. ①②③　　B. ①②③④　　C. ①②④　　D. ①③④

答案　C

解析　准确、鲜明、生动、符合语法和逻辑是文书写作在文字表达上的一项基本要求。

127. 根据《党政机关公文处理工作条例》，公文应当经本机关负责人______。（　　）

A. 签发　　B. 发布　　C. 印发　　D. 公布

答案　A

解析　《党政机关公文处理工作条例》第五章第二十二条规定：公文应当经本机关负责人审批签发。

128. 根据《党政机关公文处理工作条例》，有关公文文稿签发前审核的重点中，涉及有关地区或者部门职权范围内的事项是否经过充分协商并______。（　　）

A. 得到批准　　B. 得到授权

C. 说明情况　　D. 达成一致意见

答案　D

解析 《党政机关公文处理工作条例》第五章第二十条（三）规定：公文文稿签发前，应当审核的重点包括涉及有关地区或者部门职权范围内的事项是否经过充分协商并达成一致意见。

129. 根据《交通运输部公文处理办法》，需要交通运输部党组会议审议或者交通运输部部务会议审议的______文稿，审议前由办公厅进行初核。（ ）

A. 专业公文　　B. 保密公文　　C. 联合公文　　D. 重要公文

答案 D

解析 《交通运输部公文处理办法》第七章第三十五条规定。

130. 下列选项中，属于一般公文固定组成部分的是______。（ ）

A. 主送机关　　B. 密级　　C. 抄送机关　　D. 版头

答案 A

解析 一般公文固定组成部分包括：发文机关标识、发文字号、标题、主送机关、正文、成文日期、印章、印发机关和印发日期。

131. 公文制发机关对文件生效负责的凭证是______。（ ）

A. 成文日期　　B. 机关印章　　C. 发文机关署名　　D. 主送机关

答案 B

解析 机关印章是公文生效的标志。一般情况下除会议纪要外，机关制发的公文都要加盖印章；不加盖的公文应视为无效。

132. 下列哪一机关不得单独使用命令______。（ ）

A. 市政府　　B. 省委　　C. 省政府　　D. 省军区

答案 B

解析 党的各级领导机关一般不单独使用“命令（令）”这一文种。

133. 公文写作的整个过程指的是______。（ ）

A. 起草初稿、讨论修改形成送审稿　　B. 选取材料、构思布局直至拟写成文

C. 起草成文并制发正式公文　　D. 从起草公文到办理归档

答案 A

解析 公文写作包括起草初稿、讨论修改形成送审稿的整个过程。

134. 拟写文稿中使用简称时，应当______。（ ）

A. 先使用全称　　B. 先加以注明

C. 先用全称，并加以注明　　D. 先用简称，后注明全称

答案 C

解析 拟写文稿，在使用简称时，应先用全称，并加以注明。

135. 公文写作是撰写者______。（ ）

A. 代机关立言　　B. 代领导立言　　C. 代部门立言　　D. 代群众立言

答案 A

解析 公文写作，是指公文的起草与修改，是撰写者代机关立言，体现机关领导意图和愿望的写作活动。

136. 机关工作中的一般事务性通知，应由下列哪类人员起草？（　）

A. 机关负责人　　B. 办公室主任　　C. 文秘人员　　D. 收发人员

答案　C

解析　机关日常工作的公文，由文秘人员或业务部门的办事人员执笔起草，然后由部门负责人、机关的主管负责人审核、签发。

137. 准确、鲜明、生动、符合语法和逻辑，是公文写作的______。（　）

A. 业务要求　　B. 政治要求　　C. 文字表达要求　　D. 行文规范要求

答案　C

解析　准确、鲜明、生动、符合语法和逻辑是文书写作在文字表达上的一项基本要求。

138. 确定紧急文件等级的是______。（　）

A. 发文机关　　B. 公文执笔人　　C. 公文签发人　　D. 邮政部门

答案　C

解析　确定与标明文件的紧急程度，是一项严肃的工作，一定要根据公文内容的时限要求而定，该急则急，该缓则换。紧急文件标明何种等级的确定主体为公文签发人。

139. 下列有关议案特点的表述，正确的是？（　）

A. 不具可行性的事项，可以作为议案提出。

B. 一个议案只能提出一个事项。

C. 没有获得通过的议案，具有较低的法定效力。

D. 任何机构和个人都可以向各级人民代表大会提出议案。

答案　B

解析　选项A，不具可行性的事项，不能作为议案提出；选项B，议案的内容是专项的，即一事一案，在一件议案内，不得夹带其他事项；选项C，没有获得通过的议案，没有任何法定效力；选项D，法律或法规对议案的提出者和受理者做了明确的规定，任何其他机构或个人，都无权提出或受理议案。

140. 标题《中华人民共和国全国人民代表大会公告》含有哪几种要素？（　）

A. 事由、文种　　B. 发文单位、文种

C. 只有文种名称　　D. 发文单位、事由、文种

答案　B

解析　“中华人民共和国全国人民代表大会”是发文单位，“公告”是文种。

141. 不宜采用“由一人准备、选取材料并构思直至拟写成文”的写作形式的公文是______。（　）

A. 便函　　B. 简报

C. 事务性通知　　D. 重大的方针政策性决定

答案　D

解析　简报、便函、事务性通知等适用于由一人准备、选取材料并构思布局直至拟写成文的写作形式；而对于重要会议的报告、总结，重大的方针政策性决定、决议，布置全局性工作的指示等应适用于由起草小组共同酝酿，多人分工执笔，一人统稿贯穿成文的写作形式。

142. 在拟写公文标题时，机关名称和事由同时省略的情况多见于______。（　）

A. 机关内部使用公文　　B. 法规类公文

C. 批转类公文　　D. 公布性公文

答案　D

解析　机关名称和事由同时省略的情况多见于公布性公文。机关内部的通知、通告、启事，法院的布告等即为其典型，仅仅以文种作为标题。同时省略的目的是张贴时醒目，使人从远处就可以看到，有利于扩大传播范围。

143. 不能抄送给下级机关的公文是______。（　）

A. 通报　　B. 请示　　C. 意见　　D. 通知

答案　B

解析　向上级机关的请示，不可以同时抄送下级机关，通报、意见以及通知则可以抄送下级机关。

144. 请求批准类公文的请示内容重点是______。（　）

A. 说明当前的困难性　　B. 说明办这件事的必要性和可行性

C. 提出以及或建议　　D. 说明办这件事的前景

答案　B

解析　请求批准类的请示内容的重点是说明办这件事的必要性和可行性，目的是希望上级同意办这件事。比如重大项目立项、大型涉外活动、机构变革、重要人士任免等这些事项的请示都属于请求批准类的请示。

145. 批复的文种性质是______。（　）

A. 陈述性　　B. 商洽性　　C. 指示性　　D. 宣传性

答案　C

解析　批复适用于答复下级机关请示事项，根据批复的定义，可知其性质为指示性公文。

146. 政府机关使用比较普遍的请示、报告、通知、意见等，属于______。（　）

A. 行政法规　　B. 法定文件　　C. 行政文件　　D. 党的文件

答案　C

解析　国家机关在日常公务活动中所形成和使用的文件即为行政文件。行政文件主要包括政府机关、行政管理机关使用比较普遍的请示、报告、通知、意见等。

147. 关于公文结构的修改不包括______。（　）

A. 起承转合的调整　　B. 不通顺的字句的修改

C. 层次位置的改变　　D. 详略的更动

答案　B

解析　公文的修改主要包括以下几个方面：（1）关于主体的修改；（2）关于观点的修改；（3）关于材料的修改；（4）关于结构的修改；（5）关于语言的修改。其中，修改公文的结构包括公文总体结构的修正，起承转合的调整，层次位置的改变，详略的更动等。对于不通顺的字句，不规范的用字及标点符号的修改属于语言的修改。

148. 公文的版记部分不包括______。（　）

A. 印发日期　　B. 印发机关　　C. 抄送机关　　D. 成文日期

答案　D

解析　公文的版记部分包括抄送机关、印发机关和印发日期等项。成文日期属于公文的主体部分。

149. 机关负责人对文稿的最后审批称______。（　　）

A. 签发　　B. 审核　　C. 核发　　D. 批办

答案　A

解析　机关负责人对文稿的最后审批称为公文的签发。公文的草稿经签发后，即为公文的定稿，公文就可据以生效。

150. 衡量公文质量的重要条件是______。（　　）

A. 群体性　　B. 政策性　　C. 时限性　　D. 灵活性

答案　B

解析　文字表达与思想内容是体现公文质量的两个主要方面。其中，在思想内容方面，要求其政策性强、针对性强、科学性强。而政策性强，就是要求政治上正确、思想观点正确，准确地宣布、传达、体现党和国家的方针、政策的精神。它是衡量公文质量的重要条件。

151. 保证和提高公文写作质量的重要途径是______。（　　）

A. 依照提纲　　B. 调查研究　　C. 确立主旨　　D. 反复修改

答案　D

解析　公文是一种书面材料，它具有很强的指导性、规定性和实用性，它要求表述准确、逻辑严密、行文流畅，更要不断修改，才能写出好的公文来。也即重视文稿的修改，在修改上狠下功夫，是保证和提高公文写作质量重要的途径。

152. 公文的文体、结构、附加标记和格式安排构成______。（　　）

A. 公文体式　　B. 公文样式　　C. 公文规范　　D. 公文形态

答案　A

解析　公文的文体、构成要素及其在格式上的安排构成公文的体式。公文的体式主要是为了保证公文的完整性、正确性与有效性，提高办事效率并为公文处理工作提供方便。

153. 以下行文规则错误的是______。（　　）

A. 报告中可以夹带请示事项

B. 注意隶属关系，尊重机关职权

C. 向上级机关行文原则上主送一个上级机关，根据需要同时抄送相关上级机关和同级机关

D. 请示应该一文一事

答案　A

解析　《交通运输部公文处理办法》第十四条（四）规定：请示应该一文一事。不得在报告等非请示性公文中夹带请示事项。

154. 公文有法定的作者，是指______。（　　）

A. 公文作者必须是党和政府机关　　B. 公文是由法定作者制成或发布的

C. 公文的内容必须合法　　D. 公文的处理程序必须合法

答案　B

155. 公文同图书、情报资料、通讯报道以及一般文章作品的显著区别是______。（　　）

A. 法定的作者　　B. 法定的权威　　C. 特定的效用　　D. 规范的格式

答案 A

解析 公文的制作主题是法定的，并不是谁都可以任意制发的。公文是由法定的作者制成和发布的。这是公文同图书、情报资料、通讯报道以及一般文章作品的显著区别，是公文的显著特点之一。

156. 下列句子中，没有语病的一句是？（　）

A. 依法明确中央财政和地方财政的支付项目，建立社保机构独立预算和全国统筹预算，是我国社保机构水平建设的创新战略。

B. 为亿万炎黄子孙和海外同胞所瞩目的桥山黄帝陵公祭活动，已经成为传承中华文明、凝聚民族精神的文化盛典。

C. 蓝印花布是我国民间传统工艺品之一，它格调朴素、高雅，蕴含着国人独特的生活情调和审美趣味，散发着迷人的魅力。

D. “地球一小时”活动虽然只有60分钟，但传递给地球人的节能环保作用却不可低估，它提醒人们：只要时时注重节能，就能为保护地球做出贡献。

答案 C

解析 选项A，成分残缺，应该是“建立……制度”；选项B，“炎黄子孙”包含“海外同胞”，两者不能并列使用；选项D，“传递”与后面的“作用”搭配不当。

157. 在公文拟稿中，如要引用某份公文，应当______。（　）

A. 先引发文字号，后引标题　　B. 先引标题，后引发文字号

C. 先引发文机关名称，后引发文字号　　D. 先引发文字号，后引发文机关名称

答案 B

解析 公文的起草是公文撰写的重要步骤，因此在公文的起草过程中应注意一系列的问题。在引用公文的情况下，应先引标题，后引发文字号。

158. 公文写作是领导机关集体意志的体现，是为法定机关与组织行使职权、承担义务，开展______而进行的一项重要工作。（　）

A. 公务活动　　B. 实际工作　　C. 党的方针政策　　D. 社会活动

答案 A

解析 公文因其特殊的性质，其内容必须和法定机关与组织的公务活动相关。公文写作是为法定机关与组织行使职权、承担义务，开展公务活动而进行的一项重要工作。

159. 公文起草集中在一人之手，一气呵成，只适用于小型公文。这种公文起草的组织形式属于______。（　）

A. 独立型　　B. 开放型　　C. 开阔型　　D. 封闭型

答案 D

解析 由一人准备、选取材料并构思布局直至拟写成文，是公文起草的组织形式之一。这种形式的主要优点在于集中在一人之手，可以全局在胸，思路开阔，一气呵成。因此被称为封闭型起草形式。

160. 在集体构思、一人执笔的公文写作形式中，______的选定非常重要。（　）

A. 观点材料　　B. 公文风格　　C. 执笔人　　D. 各方意见

答案 C

解析 在公文写作中，集体构思、一人执笔是公文写作形式中运用最普遍的基本组织形式。在此种写作形式中执笔人的选定非常重要，集体构思凝聚了众人之长，但是只有经执笔人领悟、综合、锤炼，才能真正得到体现。

161. 由公文起草小组共同酝酿，多人分工执笔，一人统稿成文的写作形式，一般适用于______。（　　）

A. 事务性通知　　B. 简报　　C. 便函　　D. 决策性公文

答案 D

解析 由起草小组共同酝酿，多人分工执笔，一人统稿贯穿成文。在实践中，重要会议的报告、总结，重大的方针政策性决定、决议，布置全局性工作的指示，由于其涉及面大、篇幅大、文字水平要求高，往往采用这种方式。

162. 公文质量在文字表达方面的要求不包括______。（　　）

A. 结构严谨　　B. 科学性强　　C. 语言精当　　D. 行文规范

答案 B

解析 公文质量主要体现在以下两个方面：（1）在思想内容方面，应该政策性强、针对性强、科学性强；（2）在文字表达方面，应该结构严谨、语言精当、行文规范。

163. 公文写作有明确的受文对象，决定了公文内容应当具有______。（　　）

A. 政治性　　B. 针对性　　C. 时限性　　D. 政策性

答案 B

解析 公文写作的主要特点包括：被动写作，遵命性强；对象明确，针对性强；集思广益，群体性强；决策之作，政策性强；急迫之作，时限性强；讲究格式，规范性强。

164. 公文写作的规范性强，主要体现在公文写作必须______。（　　）

A. 遵守法规　　B. 讲究格式　　C. 实事求是　　D. 熟悉业务

答案 B

解析 公文写作的主要特点包括：被动写作，遵命性强；对象明确，针对性强；集思广益，群体性强；决策之作，政策性强；急迫之作，时限性强；讲究格式，规范性强。

165. 对一些重要的公文，拟出初步写作提纲后，可以______。（　　）

A. 收集材料　　B. 请示领导　　C. 开会研讨　　D. 确定主题

答案 C

解析 对于那些重要的领导性、指导性公文，在主要执笔人拟写出初步写作提纲以后，还可以召集某些会议进行讨论，充分地听取并且吸收多方面提出的意见，进行修改补充，使写作提纲更加完善。

166. 写作提纲的繁简程度根据______的具体情况而定。（　　）

A. 公文篇幅长短　　B. 公文的针对对象　　C. 发文机关　　D. 公文起草者

答案 A

解析 对于篇幅较长的公文，在材料收集完毕之后，需要拟写一个写作提纲。写作提纲的繁简要根据写作公文篇幅的长短区别而定。

167. 在公文写作中关于语言的修改不包括______。（　　）

A. 修改不通顺的字句　　B. 修改总体结构　　C. 修改标点符号　　D. 修改不规范的字

答案 B

解析　对公文语言的修改包括对不通顺的字句、不规范的用字及标点符号的规范使用的修改。而修改公文的总体结构是对公文结构的修改。

168. 公文写作人员应具有的良好政治素质不包括______。（　　）

A. 敏锐的政治洞察力和政治鉴别力

B. 具有明确的政治方向，坚定的政治立场

C. 自觉在政治上同党中央保持一致

D. 熟悉本职业务

答案　D

解析　政治素质好是公文写作人员的素质修养的主要要求之一，要求公文写作人员必须具备较好的政治品质。主要包括：（1）具有明确的政治方向、坚定的政治立场、敏锐的政治洞察力和政治鉴别力，要自觉在政治上同党中央保持一致；（2）严守纪律，严格遵守保密制度；（3）公文写作人员要有实事求是的精神；（4）把中央和上级的路线、方针、政策同本地区、本部门、本单位的实际结合起来，提出贯彻执行的具体意见和办法。

169. 直接决定公文写作成败的因素是______。（　　）

A. 科学知识水平　　B. 政治理论水平　　C. 业务工作水平　　D. 创新水平

答案　B

解析　公文写作人员必须要有较高的政策水平，并是政策的自觉维护者和执行者。政治理论水平的高低直接决定公文写作的成败。没有较高的政治理论水平，就写不好公文。

170. 公文的第一要素是______。（　　）

A. 文体　　B. 语言文字　　C. 格式　　D. 安全

答案　B

解析　语言文字是公文的第一要素。在公文中，宣事说理，表情达意都需借助于文字才能发挥作用。

171. 在写作中运用语言的方法和手段称之为______。（　　）

A. 公文体式　　B. 公文格式　　C. 表达方式　　D. 公文程式

答案　C

解析　在写作中运用语言的方法和手段是指表达方式，它是辨别文章体裁的重要标志。在公文写作中，兼用叙述、说明和议论三种表达方式，并以说明为主，而一般不宜使用描写和抒情。这是由公文的文体性质与功能决定的，是公文文体的主要特点。

172. 在公文写作中兼用三种表达方式是公文文体的主要特点，这三种表达方式不包括______。（　　）

A. 描写　　B. 叙述　　C. 说明　　D. 议论

答案　A

解析　公文要想把意图表达得明确、具体，唯有兼用叙述、说明和议论三种表达方式，并且以说明为主。这同时也是公文不宜使用描写、抒情表达方式的原因所在。

173. 公文中运用叙述的方法主要是______。（　　）

A. 倒叙　　B. 顺叙　　C. 插叙　　D. 补叙

答案　B

解析　公文中运用叙述的方法主要是顺叙。

174. 下列关于论点、论据、论证三者之间关系的表述中错误的是？（　　）

A. 论据是结果，回答“用什么证明”的问题。

B. 论点是统帅，回答“要证明什么”的问题。

C. 论证是沟通其他二者之间的桥梁，回答“如何证明”的问题。

D. 在公文写作中，只有把论证的桥梁铺设得科学、严密，才能赋予论证以强大的逻辑力量。

答案　A

解析　在论点、论据、论证三者的关系正确表述是：论点是统帅，回答“要证明什么”的问题；论据是基础，回答“用什么证明”的问题；而论证是沟通其他二者之间内在联系的桥梁，回答“如何证明”的问题。

175. 若公文写作用词含混、歧义迭出，或判断不当、结论模糊等，就有悖公文语言基本要求中的______。（　　）

A. 简明　　B. 准确　　C. 庄重　　D. 得体

答案　B

解析　公文对语言运用的要求应当要做到准确、简明、庄重、得体。准确是公文语言的主要特征和基本要求。公文的内容必须用准确的语言来表达。题干中所述情形属于违反了公文语言基本要求中的准确要求。

176. 有的公文里空话套话连篇，这不符合公文语言基本要求中的______。（　　）

A. 简明　　B. 准确　　C. 庄重　　D. 得体

答案　A

解析　公文运用语言要求中的简明就是用最少的文字表达尽可能多的内容，做到“文约而事丰”。简明要做到叙述平直，说明扼要，逻辑严密，议论精当，要力戒空话、套话，不要使用一些生僻的词语。

177. 用最少的文字表达尽可能多的内容的是______。（　　）

A. 庄重　　B. 简明　　C. 得体　　D. 准确

答案　B

解析　简明就是用最少的文字表达尽可能多的内容，做到“文约而事丰”。把公文写得简短明了、精炼准确，这是公文的现实效用性决定的，也是公文写作的基本要求。

178. 公文运用语言应当做到______。（　　）

A. 形象、生动、简明、得体　　B. 活泼、生动、准确、简明

C. 委婉、动情、简约、细腻　　D. 准确、简明、庄重、得体

答案　D

解析　公文具有很强的政治性、政策性和现实效用性，所以，公文运用语言应当做到准确、简明、庄重、得体。

179. 公文制发机关应有的严正立场和严肃持重的态度在公文的体现是______。（　　）

A. 使用简明的语言　　B. 使用准确的语言

C. 使用庄重的语言　　D. 使用得体的语言

答案　C

解析　公文作为处理公务重要工具，使用庄重的语言，是公文制发机关应有的严正立场和严肃持重的态度在公文中的体现。

180. 下列关于公文语体风格的表述，正确的是______。（　　）

A. 告知性公文应多用专业术语　　B. 指挥性公文应亲切明白

C. 请示性公文可用要挟性语言　　D. 商洽性公文不得使用指令性语言

答案　D

解析　得体的基本要求包括以下三个方面。（1）要适用行文的语体风格，如指挥性公文应郑重严肃；告知性公文应简明晓畅；请示性公文应恳切明白，切忌使用要挟性语言；商洽性公文要平和委婉，不得使用指令性语言等。（2）要分清上下级关系，掌握好分寸。（3）要恰当运用公文的专业用语。

181. “全国人民代表大会常务委员会”的简称“人大常委会”，属于______。（　　）

A. 惯用语　　B. 规范性简称　　C. 称谓用语　　D. 综合用语

答案　B

解析　规范性简称是由较长的词语缩短省略而成。在公文中使用规范性简称主要是对一些内容特定的长句或专用名词进行简缩。

182. 下列选项中属于公文表态用语的是______。（　　）

A. 欣悉、敬悉、据报、据查　　B. 遵照、依照、兹有、兹因

C. 同意、不同意、拟同意、请核查　　D. 恭请、敬请、承蒙、不胜荣幸

答案　C

解析　公文表态用语属于公文特定用语的一种，是用来对来文表明态度的。主要有：同意、照办、可行、拟同意、不同意、不可、不妥、请核查等。

183. 下列公文结构要素属于选择项目的是______。（　　）

A. 印发日期　　B. 发文字号　　C. 签发人　　D. 发文机关

答案　C

解析　一般公文的固定组成部分包括：发文机关标识、发文字号、标题、主送机关、正文、发文机关署名、成文日期、印章、印发机关和印发日期。其他要素是否标注要视公文的具体情况而定，例如签发人、附件说明等。

184. 《中华人民共和国主席令》中，其公文标题省略了______。（　　）

A. 公文主题　　B. 发文机关名称　　C. 文种　　D. 事由

答案　D

解析　类似于“令”“公告”等文件内容单一的，正文部分文字较少，使人一目了然。在这种情况下，标题中的“事由”部分可以省略，以求庄重简练。

185. 公文正文结构的三个组成部分是______。（　　）

A. 公文标题、导语和正文主体　　B. 公文标题、主送机关和发文机关名称

C. 公文标题、正文主体和结束语　　D. 导语、正文主体和结束语

答案　D

解析　公文正文结构一般可以分为导语、正文主体和结束语三个部分。

186. 公文附件的形式不包括______。（　　）

A. 目录　　B. 图表　　C. 名单　　D. 无正文说明

答案　D

解析 一般情况下，公文附件的形式主要有图表、目录、名单、简介及其他有关文件材料。无正文说明并不属于公文的附件形式。

187. 一般公文的成文时间以下列哪种时间为准？（ ）

A. 通过时间　　B. 发出时间

C. 打印时间　　D. 签发时间

答案 D

解析 一般情况下，公文的成文时间以机关负责人签发时间为准。

188. 文件生效标识包括______。（ ）

A. 成文时间　　B. 主送机关　　C. 发文机关印章　　D. 附件

答案 C

解析 公文生效标识是指在正文或附件之后加盖发文机关印章或者签署人姓名，它是证明公文效力的表现形式。

189. 成文时间下方的“此件公开发布”之类，属于公文的______。（ ）

A. 附件　　B. 版记　　C. 附注　　D. 文尾

答案 C

解析 对公文的发放范围、使用时需注意的事项加以说明即为附注。

190. 机关公文文稿经签发后，即为______。（ ）

A. 公文的草稿　　B. 公文的定稿

C. 公文的签收　　D. 公文的核发

答案 B

解析 定稿是指草稿经过修改、审阅，并由领导人签发或者会议讨论正式通过的最后完成的定型文稿。

191. 下列选项中属于公文标题正确的选项______。（ ）

A. 某海事局 2019 年党委书记抓党建工作报告

B. 关于印发《某海事局后勤管理办法》的通知

C. 关于计算机等固定资产报废的报告

D. 某海事局关于 2020 年政务信息工作情况的通报

答案 D

解析 选项 B、C 标题未按照规定标注发文机关；选项 A 标题中发文机关名称错误。

192. 下列标题中属于公文文种使用正确的选项______。（ ）

A. 某海事局关于申请解除某轮等 50 艘海船隔离状态的报告

B. 某海事局关于申请补发执法人员海事行政执法证的报告

C. 关于征求《某海事局加强水上运输安全风险防控工作实施方案》意见的请示

D. 某海事局关于进一步做好疫情防控有关工作的通知

答案 D

解析 选项 A、B 报告中夹带请示事项，向上级机关请求指示、批准，应当使用“请示”文种；选项 C 文种应为通知。

193. 下列选项中语句正确的是？（　　）

A. 强化沙石装卸码头监督管理。

B. 全力做好疫情防控和复工复产法制保障。

C. 加强水上无线电监测和执法能力，维护辖区水上无线电通信秩序。

D. 在导师的精心培养下，研究生们的学术显著提高了水平。

答案　C

解析　选项 A 应为砂石装卸码头；选项 B 应为法治保障；选项 D 应为学术水平显著提高。

194. 下列哪个事由，根据《办法》，不可以使用“决定”？（　　）

A. 大兴安岭森林特大火灾事故的处理。

B. 严惩严重破坏社会治安的犯罪分子的工作安排。

C. 授予某人全国劳动模范的称号的嘉奖。

D. 在太平洋某地区试验运载火箭，使过往船只周知。

答案　D

解析　决定适用于对重要事项或者重大行动作出安排，奖惩有关单位及人员，变更或者撤销下级机关不适当的决定事项。A、B、C 三个选项可以适用“决定”。

195. 公告、通告要一事一告，指的是______。（　　）

A. 如公布的内容较多，就作为两篇　　B. 不要把性质不同的事放在一起

C. 正文不可分点列出　　D. 涉及面小

答案　B

解析　公告、通告都必须要一事一告，即内容限于谈一件事或一个问题，不要把性质不同的事放在一起。

196. “现予公告”“特此通告”“本通告自公布之日起实施”等，属于公文的______。（　　）

A. 综合用语　　B. 开端用语　　C. 表态用语　　D. 结尾用语

答案　D

解析　公告、通告的正文最后，可加“现予公告”“特此通告”“本通告自公布之日起实施”等习惯用语，有时也可不加。

197. 下列选项中关于会议纪要写作的错误认识是？（　　）

A. 标题最常用的形式为“会议名称加文种”。

B. 一般在会议结束后起草，经主管领导人签字同意才算定稿。

C. 由会议主持机关撰写。

D. 必须与会人员都同意才可签发。

答案　D

解析　会议纪要是记载会议情况和精神用以公布或传达的纪实性文件，其签发并不需要所有与会人员同意。

198. 被称为公文质量“把关”工作的是______。（　　）

A. 审核　　B. 拟稿　　C. 核发　　D. 校对

答案 A

解析 在机关日常工作中，公文的审核是一项确保公文质量的“把关”工作。

199. 审核工作一般由下列哪类人员完成？（　　）

A. 文书人员　　B. 外收发

C. 机关秘书、部门负责人　　D. 机关负责人

答案 C

解析 公文的审核一般是由机关秘书部门负责人或者指定富有经验的、具有较高水平的秘书人员负责进行。这是一项确保公文质量的“把关”工作。

200. 以行政机关名义发出的公文，应由下列哪类人员负责签发？（　　）

A. 秘书科长　　B. 办公室主任　　C. 行政机关负责人　　D. 部门负责人

答案 C

解析 以行政机关名义发出的公文，应由行政机关负责人签发。

201. 凡特别重大的问题或者涉及面特别广的问题，须______。（　　）

A. 由秘书部门负责人签发

B. 由机关负责人直接签发

C. 由负责人授权的部门负责人签发

D. 经会议通过或经机关负责人集体讨论或依次审阅后，由机关主要负责人签发

答案 D

解析 公文应当经本机关负责人审批签发。重要公文和上行文由机关主要负责人签发。

202. 公文撰写必须符合党的基本路线和国家的政策、法律、法规，必须在思想上同党中央保持一致，这是公文撰写的______。（　　）

A. 体式要求　　B. 文体要求　　C. 政治要求　　D. 格式要求

答案 C

解析 公文撰写要求政治上正确、思想观点正确，准确地宣布、传达、体现党和国家的方针、政策。它是衡量公文质量的重要条件。

203. 主次分明、条理清楚；重点突出、衔接自然；联系紧密、完整划一。这是公文写作在______。（　　）

A. 格式上的要求　　B. 语言上的要求　　C. 主题上的要求　　D. 结构上的要求

答案 D

解析 公文写作在结构上要求：主次分明、条理清楚；重点突出、衔接自然；联系紧密、完整划一。

204. 下列哪项不是公文写作在结构上的要求？（　　）

A. 准确、鲜明、生动　　B. 主次分明、条理清楚

C. 重点突出、衔接自然　　D. 联系紧密、完整划一

答案 A

解析 准确、鲜明、生动、符合语法和逻辑是公文写作在语言上的一项基本要求。

205. 报告的主要任务是______。（　　）

A. 汇报调查材料　　B. 陈述工作情况　　C. 多提意见和建议　　D. 进行自我评估

答案　B

解析　报告的主要任务是如实向上级陈述工作情况，事实和意见的陈述应当是报告的主要内容。

206. 请示的内容应当具有______。（　　）

A. 单一性　　B. 综合性　　C. 实用性　　D. 可行性

答案　A

解析　请示必须坚持“一文一事”，不能在一公文中同时请示两件以上的事情。

207. 写“请示”应当______。（　　）

A. 边干边请示　　B. 集中写几件事　　C. 一文一事　　D. 先干后请示

答案　C

解析　请示必须坚持“一文一事”，不能在一公文中同时请示两件以上的事情。

208. 请示在写作中，无论是请求批准还是帮助，都要先写______。（　　）

A. 谦语　　B. 困难　　C. 要求　　D. 理由

答案　D

解析　无论请求上级批准还是帮助，都要先写理由。提要求而不说理由，属于“无理要求”，不可能得到上级的认可。

209. 受双重领导的机关向上级机关请示，应当由______。（　　）

A. 主送机关负责答复　　B. 抄送机关负责答复

C. 抄送机关和主送机关协商答复　　D. 即可由主送机关答复也可由抄送机关答复

答案　A

解析　受双重领导的机关向上级机关请示，应当写明主送机关和抄送机关，由主送机关负责答复。

210. “批复”写作的注意事项不包括______。（　　）

A. 态度要鲜明　　B. 要先批复后回应　　C. 措辞要明确　　D. 要及时批复

答案　B

解析　“批复”写作需要注意三点：（1）要先回应后批复；（2）态度要鲜明，措辞要明确；（3）要及时批复。

211. “批复”正文的开头，一定要表示______。（　　）

A. 是否同意请示　　B. 来文已收到　　C. 下级机关名称　　D. 指示

答案　B

解析　“批复”是针对请示写的，所以批复正文的开头，一定要表示来文已收到。

212. 函的写作注意事项不包括______。（　　）

A. 直陈其事　　B. 一事一函

C. 语言要平实、亲切、自然　　D. 严格遵循上对下的隶属关系

答案　D

解析　函适用于不相隶属机关之间商洽工作、询问和答复问题、请求批准和答复审批事项。

213. 函的正文，一般包括缘由、事项和______。（　　）

A. 结语　　B. 号召　　C. 期望要求　　D. 执行要求

答案　A

解析　函的正文，一般包括缘由、事项和结语三个部分组成。

214. 指示性批复的作用相当于指示，关于表态性批复，不同意时一般______。（　　）

A. 提出建议　　B. 略说理由　　C. 提出意见　　D. 发出指示

答案　B

解析　批复类中表态性批复主要是答复请求批准类的请示，或同意，或不同意。同意的不必再说理由，不同意的一般要略说理由，使下级知道不同意的原因。

215. 表彰性通报写作中的难点是______。（　　）

A. 介绍先进事迹　　B. 分析先进思想　　C. 指明如何学习　　D. 宣布表彰决定

答案　B

解析　表彰先进的通报的写作步骤依次为：介绍先进事迹、宣布表彰决定、分析先进思想、指明如何向先进学习。分析先进思想是表彰先进通报的写作难点，要避免一般化，要结合当时的形势，着重分析先进人物的先进思想。

216. 公告、通告的标题形式不包括______。（　　）

A. 发文单位加事由加文种　　B. 只有文种名称

C. 发文单位加文种　　D. 发文单位加发文时间加事由加文种

答案　D

解析　公告、通告的标题包括四种形式：发文单位加事由加文种；发文单位加文种；事由加文种；只有文种名称。

217. 各部门之间对有关问题未经协商一致时，应该______。（　　）

A. 先行文解决重要问题，不要拖拉　　B. 各自向下发文

C. 一律不得各自向下行文　　D. 多发公函

答案　C

解析　牵涉到几个部门的问题，部门之间要先协商一致或经上级裁决，然后向下行文。在这一要求下，各部门之间对有关问题未经协商一致时，或者未经上级裁决，一律不得各自向下行文。

218. 下列不属于公文写作中，引用语使用的一般情况是______。（　　）

A. 引用古书上的现成语言　　B. 引用名人名言

C. 引用外来语　　D. 引用党和国家领导机关重要文件中的语句

答案　C

解析　引用语的使用一般包括三种情况：（1）引用名人名言；（2）引用古书上的现成语言；（3）引用党和国家领导机关重要文件中的语句。

219. 公文的标题一般由作者加事由加文种构成，在一定的条件下，公文标题一定不能______。（　　）

A. 省略事由　　B. 省略公文机关名称

C. 省略文种　　D. 省略公文机关名称和事由

答案　C

解析 公文标题的三个组成部分一般都要求写完全，但也有省略的情况，主要包括：（1）省略公文机关名称；（2）省略事由；（3）省略公文机关名称和事由。

220. 决定定稿具有效力的是______。（ ）

A. 签发标记 B. 印制正式文件

C. 比正本更具权威性 D. 与正本一同归档保存

答案 A

解析 定稿的文面上带有文件签发人的签发标记，决定了它的效力，它是印制正式文件和日后工作查考的直接凭证。

221. 应当按照公文的______确定发文范围，凡是可发可不发的公文，坚决不发。（ ）

A. 发文机关 B. 内容 C. 文种 D. 数量

答案 B

解析 在大力精简文件，严格控制发文数量和范围的要求下，应当按照公文的内容确定发文范围。

222. 公文标题一般由三部分组成，这三部分不包括______。（ ）

A. 事由 B. 发文时间 C. 文种 D. 发文单位

答案 B

解析 标题包括发文单位、事由、文种三部分。发文时间不属于标题的组成部分。

223. 《某海事局关于公布深化海事“放管服”改革举措的通知》不包含哪些组成部分？（ ）

A. 事由 B. 发文单位

C. 发文字号 D. 文种

答案 C

解析 标题包括发文单位、事由、文种三部分。某海事局是发文单位；关于公布深化海事“放管服”改革举措是事由；通知是文种。

224. 下列不属于公告写作要求的是______。（ ）

A. 一事一告 B. 符合权限 C. 语气活泼 D. 内容明确

答案 C

解析 公告的写作要求是：一是要符合权限，一事一告；二是要内容明确，语气庄重；三是要注意格式。

225. 请示公文的标题出现的形式一般是______。（ ）

A. 发文时间加文种 B. 发文单位加事由

C. 单用文种名称 D. 发文单位加事由加文种

答案 D

解析 标题包括发文单位、事由、文种三部分。发文时间不属于标题的组成部分。

226. 公文中的规定，在党的组织中______。（ ）

A. 不可以单独行文 B. 可以单独行文

C. 要以“通知”的形式发布 D. 由领导机构发布

答案 B

解析 党的组织中可以单独行文。

227. 下列选项中不属于请示写作的注意事项的是______。(　　)

A. 陈述事实要广泛全面、事无巨细　　B. 要遵守行文规则

C. 理由要充分，要求要合理　　D. 格式要正确，语言要得体

答案　A

解析　请示写作的注意事项主要包括：(1)要遵守行文规则；(2)理由要充分，要求要合理；(3)格式要正确，语言要得体。

228. 在公文写作中，把事物的形状、性质、特征、成因、功用等，客观、准确、真实地解说清楚的表达方式，称之为______。(　　)

A. 说明　　B. 叙述　　C. 议论　　D. 抒情

答案　A

解析　叙述是作者对人物的经历和事件的发展变化过程以及场景、空间的转换所作的叙说和交代。说明是用简明扼要的文字，把事物的形状、性质、特征、成因、关系、功用等解说清楚的表达方式。议论就是作者对某个议论对象发表见解，以表明自己的观点和态度。抒情就是抒发和表现作者的感情。

229. 下列属于批评错误的通报必须写清楚的内容选项是______。(　　)

A. 批评依据、处分决定　　B. 正面典型、善后办法

C. 正面典型、处分决定　　D. 批评依据、整改措施

答案　A

解析　评错误的通报主体部分一般包括：批评依据、错误事实、处分决定、错误性质、善后办法。

230. 下列不属于批评错误的通报主体部分的是______。(　　)

A. 善后办法　　B. 正面典型　　C. 批评依据　　D. 处分决定

答案　B

解析　批评错误的通报主体部分一般包括：批评依据、错误事实、处分决定、错误性质、善后办法。

231. “现接、据查、据了解”等，属于公文特定用语中的______。(　　)

A. 引叙用语　　B. 称谓用语　　C. 过渡用语　　D. 经办用语

答案　A

解析　在公文写作的长期实践中，形成了一些特定用语。其中的引叙用语是在引叙来文(电)时使用的。如：现接、前接、近接、欣悉、近悉、敬悉、据报、据查、据了解等。

232. 传达事项的通报由两部分组成，一是通报事项的情况或精神，二是______。(　　)

A. 对情况的分析　　B. 对下属的要求　　C. 执行要求　　D. 号召

答案　B

解析　传达事项的通报一般由两部分组成：(1)是通报事项的情况或精神，包括对事项的分析，如它的性质、重要性等；(2)对下属或群众的要求、希望。

233. 下列不属于起草公文的基本要求有______。(　　)

A. 材料精当　　B. 观点明确　　C. 条理清楚　　D. 加班加点

答案　D

解析　公文起草应当做到：(1)符合党的理论路线方针政策和国家法律法规，完整准确体现发文机关意图，并同

现行有关公文相衔接；（2）一切从实际出发，分析问题实事求是，所提政策措施和办法切实可行；（3）内容简洁，主题突出，观点鲜明，结构严谨，表述准确，文字精练；（4）文种正确，格式规范；（5）深入调查研究，充分进行论证，广泛听取意见；（6）公文涉及其他地区或者部门职权范围内的事项，起草单位必须征求相关地区或者部门意见，力求达成一致；（7）机关负责人应当主持、指导重要公文起草工作。

234. 下列各句中，没有语病的一句是？（ ）

A. 青铜器馆门窗的构成是由磨砂板和防砸板两部分组成，磨砂板可隔绝紫外线，防砸板有强大的抗砸击功能，均按古建筑保护要求设计安装。

B. 市防汛指挥部指出，今年防汛形势依然严峻，有关部门要对人民群众生命财产和城市发展高度负责的态度，扎扎实实地把防汛部署落到实处。

C. 日前国家发布司法解释，明确危害食品安全相关犯罪的定罪量刑标准，如将“地沟油”用作食用油等行为，根据刑法相关规定将被定罪。

D. 2013 年财富全球论坛是成都自改革开放以来举办的具有里程碑意义的国际盛会，是成都推进和发展国际化建设进程面临的重大历史性机遇。

答案 C

解析 选项 A，句式杂糅，应说“青铜器馆门窗的构成是磨砂板和防砸板两部分”，或说“青铜器馆门窗是由磨砂板和防砸板两部分组成的”；选项 B，成分残缺，“有关部门要”后漏掉“以”，“以……的态度”；选项 D，搭配不当，应删去“和发展”。

235. 从报告内容涉及的范围看，《政府工作报告》是______。（ ）

A. 专题报告　　B. 综合报告　　C. 调查报告　　D. 情况报告

答案 B

解析 按照内容涉及的范围，报告可分为综合报告和专题报告。综合报告多属于例行报告，即每隔一定时间，如一季、半年、一年，下级必须将工作情况全面向上级汇报一次。每年人大召开时，政府首脑作的《政府工作报告》就是这类性质的报告。

236. “条例”和“规定”的写作最常见的方式是______。（ ）

A. 条款式　　B. 夹叙夹议式　　C. 说明式　　D. 陈述式

答案 A

解析 条例和规定的内容用条文表达，常见的“章条式”和“条款式”这两种写法。内容比较复杂的多用“章条式”，内容比较简单的多用“条款式”。

237. 总结正文的写法有两种：一是分层展开式，二是______。（ ）

A. 条款式　　B. 章条式　　C. 纲目带动式　　D. 说明式

答案 C

解析 总结正文的写法有两种：一是分层展开式，二是纲目带动式。

238. 可以作为制作会议纪要、会议简报等公务文书重要依据的是______。（ ）

A. 大事记　　B. 会议记录　　C. 接待记录　　D. 电话记录

答案 B

解析 会议记录既是如实记载有关会议基本情况和主要内容的文书，也是制作会议纪要、会议简报等公务文书重要依据。

239. “你局、本局、贵公司、该单位”等用语是公文中常见的______。（　　）

A. 引叙用语　　B. 开端用语　　C. 经办用语　　D. 称谓用语

答案 D

解析 称谓用语是用以表示不同人称的。

240. “应、应该、同意、批准、参照执行”等用语属于公文中常见的______。（　　）

A. 综合用语　　B. 开端用语　　C. 表态用语　　D. 结尾用语

答案 C

解析 表态用语是公文中表示作者意见、态度的词语。

241. “有鉴于此、综上所述、总之”等用语属于公文中常见的______。（　　）

A. 综合用语　　B. 开端用语　　C. 表态用语　　D. 结尾用语

答案 A

解析 综合用语是公文中用于连接具体情况叙述和总概况性叙述的词语。

242. “为了、关于、由于、兹、鉴于”等用语属于公文中常见的______。（　　）

A. 综合用语　　B. 开端用语　　C. 表态用语　　D. 结尾用语

答案 B

解析 开端用语是公文中用在正文的全篇或者段落的开头表示行文的目的、依据、原因、背景等的词语。

243. “敬请、恳请、拟请、希望、盼”等用语属于公文中常见的______。（　　）

A. 综合用语　　B. 开端用语

C. 期待用语　　D. 结尾用语

答案 C

解析 期待用语是公文中表示作者某种期望和请求的词语。

244. 将报告分为综合报告和专题报告的依据是______。（　　）

A. 报告内容的结构　　B. 报告内容涉及的范围

C. 报告篇幅的长短　　D. 报告的发文意图

答案 B

解析 按照内容涉及的范围，报告可分为综合报告和专题报告。综合报告多属于例行报告，即每隔一定时间，如一季、半年、一年，下级必须将工作情况全面向上级汇报一次。专题报告是就某件事或者某个问题专门写的报告，多半是不定期的，根据实际情况的需要而撰写的。

245. 会议纪要应由______。（　　）

A. 参加会议机关撰写　　B. 与会单位共同撰写

C. 会议记录员撰写　　D. 会议主持机关撰写

答案 D

解析 会议纪要由会议主持机关撰写。

246. 新的规范性公文产生了，对同一事物约束、规范的旧文件应______。（　　）

A. 新不废旧　　B. 两法并存　　C. 相辅相成　　D. 废止旧法

答案　D

解析　本题中涉及规范性公文的适用问题，新的规范性公文公布时，旧的文件便被废止。

247. 下列不属于标注公文的主送机关可使用的是______。（　　）

A. 简称　　B. 全称　　C. 同类机关统称　　D. 规范化简称

答案　A

解析　公文拟制时主送机关简写应规范统一。

248. 下列不属于主送机关书写顺序的是______。（　　）

A. 先局外、后局内　　B. 先地方、后中央　　C. 先企业、后事业　　D. 先中央、后地方

答案　D

解析　主送机关书写顺序应遵循“先地方、后中央，先局外、后局内，先企业、后事业”的原则。

249. 下列句子中没有语病的是？（　　）

A. 这样的活动乐意使农民接受。

B. 会议是在酷热的气温中召开的。

C. 这个季度亏损减少了两倍。

D. 三个质量管理小组分获一、二、三等奖，奖金金额分别为1000元、800元、500元。

答案　D

解析　选项A中活动是被动，农民才是主动，正确的应该是农民乐意接受这样的活动；选项B中酷热的用于形容天气的炎热程度，不是气温，气温只有高低没用冷热；选项C中亏损不能用倍来形容，可以用百分之几来形容，增长才是倍数。

250. 下列公文用语没有语病的是？（　　）

A. 依法进一步加强对集贸市场的商品质量的检验，打击不法商贩的假冒伪劣的欺诈行为。

B. 依法加强对集贸市场的监督管理，不断提高集贸市场的管理水平。

C. 引导加强个体经济的健康发展，加强对个体经济的管理和监督。

D. 为了提高工商行政人员队伍的素质，把廉政建设放在首位。

答案　B

解析　选项A中的进一步应该放在打击不法商贩的前面；选项C引导加强把加强二字去掉；选项D缺少主语，属于成分残缺，可修改如下：为了提高行政管理人员队伍的素质，我们把廉政建设放在首位。

251. 下列公文用语没有语病的是？（　　）

A. 由于落实了地方人才奖励政策，科技人员的工作热情普遍活跃。

B. 某海事局党组做出了学习某某同志的先进事迹。

C. 加强宣传引导，推广先进典型，营造推进环保社会组织健康有序发展的良好氛围。

D. 各级党组织要认真领会和贯彻党的知识分子政策。

答案　C

解析　选项A主谓搭配不当，将“活跃”改为“提高”；选项B缺少宾语，应在“事迹”后面补上“决定”；选项D动宾搭配不当，“领会”不能和“政策”搭配。

252. 下列说法正确的是？（　　）

A. 拟写标题时，为了简练，可以不标明文种。

B. 公文的标题是由发文机关、事由、文种组成。

C. 所有的规范性公文的标题，都可以省略作者及事由部分。

D. 为了语意确切，不产生歧义，公文标题字数可以到60字以上。

答案　B

解析　公文的标题是由发文机关、事由、文种组成，特殊情况下，标题可以省略一些，如公告性公文，只写公告、通知。标题排列要整齐、美观，要做到词意完整，排列对称，长短适宜。

253. 下列说法错误的是？（　　）

A. 副本是正本的复份，具备正式公文的法定效用。

B. 草稿是原始的非正式文稿，不具备正式公文的效用。

C. 定稿即正本。

D. 不同文字稿本是同一内容用两种或两种以上文字撰写的文本。

答案　C

解析　定稿，又称原稿，是经领导人审阅签发或经会议讨论通过的最后完成稿，是缮印正本的依据。正本，是根据定稿缮印的、用于向外发出的正式文本。同一公文在形成过程中需要用两种或两种以上文字撰写和制作时，会形成不同文字的文稿或文本。在我国，以汉文和其他兄弟民族文字撰制的同一公文的不同文字的文稿、文本的效力完全等同。

254. 下列几种说法中，不正确的是？（　　）

A. 受双重领导的机关向上级机关请示，应写明主送机关和抄送机关，由抄送机关答复。

B. 在公文中安排语序时，当一组概念表现由若干连续的动作、行为构成的活动过程中，一般应按时间发展顺序排列。

C. 有些公文的主体需在调查研究中，随着对客观实际情况全面而深入的探索中逐步提炼与明确。

D. 公文中的疑问语气一般较少使用“啊、呢、吧”等。

答案　A

解析　受双重领导的机关向上级机关请示，应写明主送机关和抄送机关，由主送机关答复。

255. 关于报告，叙述错误的是？（　　）

A. 可夹带请示事项。

B. 用语简明、得体、分寸适宜。

C. 是下级机关答复上级机关询问的文种。

D. 内容准确真实，实事求是地向领导机关作认真负责的报告。

答案　A

解析 报告中不能夹带请示事项。

256. 撰写《关于审批第三批国家历史文化名城和加强保护管理的请示》一文时，符合撰写要求的说法是？（ ）

A. 一般应直接报送领导者个人。

B. 应正确标注主送机关与抄送机关。

C. 适宜采用概括叙述的表达方式，避免描述事情的细枝末节或罗列数字。

D. 可同时要求对历史文化名城周边的自然风景区加以保护管理。

答案 B

解析 选项A，请示不能越级行文；选项C，公文的语言要求庄重、朴实；选项D，请示要求一文一事。

257. 为了维护政令一致，凡下行公文______。（ ）

A. 都要和有关机构协商

B. 都要向上级请示

C. 内容涉及其他机关的职权范围的，行文前应与其协商一致

D. 都与有关部门联合发文

答案 C

解析 为了维护政令一致，凡下行公文的内容涉及其他机关的职权范围时，行文前必须就有关问题与这些机关协商一致，否则一律不得各自按照自己的意见向下行文。

258. 下列四句话中有歧义的句子是？（ ）

A. 他父亲最近到云南去考察工作。

B. 工商所的门外停着一辆大卡车。

C. 新来的老张的助手登台唱了一支歌。

D. 汽车在高速公路上一辆接一辆驶过。

答案 C

解析 “新来的老张的助手”中不知道“新来的”是修饰“老张”还是修饰“助手”的，即定语修饰的主体不明确。

259. 下列撰写公文常见的缺点，属于“语句表述不完整”的问题是______。（ ）

A. 篇幅见长　　B. 滥用省略　　C. 交代不明　　D. 眉目不清

答案 B

解析 撰写公文必须注意纠正“滥用省略、句法不全、交代不明、眉目不清、篇幅见长”等常见的缺点。滥用省略，就是把不该省略的省略了，这就会造成语句表述不完整。

260. 下列“请示”的结束语中比较得体的是？（ ）

A. 以上所请，如有不同意，请来函商量。

B. 以上事项，请尽快批准。

C. 所请事关重大。不可延误，务必于本月10日前答复。

D. 以上所请妥否，请批复。

答案 D

解析 请示是下级机关向上级机关就有关问题请求指示和批准时使用的公文，因此语气分寸要得当。

261.《某广播局关于向某县土地局申请划拨建设电视转播台用地的请示》，该标题主要的错误是？（ ）

A. 违反应协商同意后再发文的规定。

B. 违反报告不得夹带请示的规定。

C. 错误使用文种，应使用函。

D. 错误使用文种，应使用报告。

答案 C

解析 不相隶属机关之间商洽工作、询问和答复问题、请求批准和答复审批事项应使用函。

262. 下面公文写作中不恰当的是？（ ）

A. 以上意见如无不当，着即批转各有关单位认真遵照执行。

B. 我们一定要严厉打击少数腐败分子，把反腐败进行到底。

C. 我们必须排除种种不利因素，争取在第一季度建成东方贸易商厦。

D. 玻璃制品厂原党委书记张某一伙，几年来大量贪污盗窃、行贿送礼，其中仅行贿一项即达 85000 元。

答案 B

解析 “严厉打击少数腐败分子”有歧义，既可理解为“严厉打击腐败分子中的少数人”，又可理解为“严厉打击存在于人群中的小部分腐败分子”，句子含义不确切。

263. 当一个人担任多种职务时，在公文书写中应当______。（ ）

A. 只列其中一种即可

B. 各种职务全部列出

C. 使用最重要的一种职务，并用全称

D. 只列出与文件内容相关的职务全称

答案 D

解析 根据公文的相关规定，当一个人担任多种职务时，在公文书写中应当只列出与文件内容相关的职务全称；列出一个人物的两个或两个以上职务时，国内的应按先党内、后党外，由大至小排序。

264.《某海事局关于购置公务用车的请示》，作者是______。（ ）

A. 某海事局负责人　B. 某海事局　C. 起草文件刘秘书　D. 签发文件王局长

答案 B

解析 公文法定的作者指的是发文机关。

265. 公文提纲的内容不包括______。（ ）

A. 公文开头　B. 公文标题

C. 表述层次及论点、论据、字数安排　D. 结尾

答案 D

解析 提纲，是一种概括地叙述纲目、要点的公文。它不把全文的所有内容写出来，只把那些主要内容，提纲挈领式地写出来。

266. 下列不属于选定公文种类主要的原则方法是______。（ ）

A. 考虑单位的权限　　B. 考虑行文的具体需要

C. 考虑公文撰拟者的写作水平　　D. 考虑行文走向

答案 C

解析 公文撰拟者的写作水平是对公文写作质量的要求与文种无关。

267. 公文在时间表述上务求准确，要尽量避免使用的笼统词语，下列说法正确的是______。（ ）

A. 2021 年 5 月　　B. 今年以来

C. 上半年　　D. 三百五十六天

答案 A

解析 公文所针对的问题，总是存在于特定的时间范围之内，一旦时过境迁，公文的实用价值也会随之丧失，所以其时间表述要准确。

268. 下列标点符号中冒号使用错误的是？（ ）

A. 艾滋病有三个传播途径：血液传播，性传播和母婴传播。日常接触是不会传播艾滋病的。

B. 这事你得拿主意，光说："不知道"怎么行？

C. 他头也不抬，冷冷地问："你叫什么名字？"

D. 郦道元《水经注》记载："沼西际山枕水，有唐叔虞祠。"

答案 B

解析 选项 A，冒号提示范围无论大小，都应与提示性话语保持一致（即在该范围的末尾要用句号点断），应避免冒号涵盖范围过窄或过宽；选项 B，冒号应用在有停顿处，误停顿处不应用冒号，"光说"后面应省略冒号；选项 C，冒号应用在有停顿处，误停顿处不应用冒号；选项 D，冒号用在提示性话语之后引起下文。

269. 下列标点符号中省略号使用错误的是？（ ）

A. 我们齐声朗诵起来："……俱往矣，数风流人物，还看今朝。"

B. 含有铁质的食物有猪肝、大豆、菠菜、油菜……等。

C. 对政治的敏感，对生活的敏感，对性格的敏感，……这都是作家必须要有的素质。

D. 他气得连声说："好，好……算我没说。"

答案 B

解析 选项 B，省略号和"等""等等""什么的"等词语不能同时使用。选项 A 属于标示引文的省略；选项 C、D 属于标示列举或重复词语的省略。

270. 下列标点符号中顿号使用错误的是？（ ）

A. 2010、03、02

B. 农业是国民经济的基础，也是二、三产业的基础。

C. 这里有自由、民主、平等、开放的风气和氛围。

D. 造型科学、技艺精湛、气韵生动是盛唐石雕的特色。

答案 A

解析 选项 A，用阿拉伯数字表示年月日简写形式时，用短横线连接号，不用顿号，应为 2010-03-02；选项 B，相邻或相近两数字连用表示概述通常不用顿号，若相邻两数字连用为缩略形式，宜用顿号；选项 C、D，并列词语之间宜用顿号。

271. 下列标点符号中书名号使用正确的是？（　　）

A. 本校共获得《最佳印象》《自我审美》《卡拉 OK》等六个奖杯。

B. 本市将向 70 岁以上（含 70 岁）老年人颁发《老年证》。

C. 我读了《念青唐古拉山脉纪行》一文（以下简称《念》），收获很大。

D. 本市将召开《全国食用天然色素应用研讨会》。

答案 C

解析 不能视为作品的课程、课题、奖品奖状、商标、证照、组织机构、会议、获得等名称，不应用书名号，选项 A、B、D 错误。

272. 下列标点符号中间隔号使用错误的是______。（　　）

A. 阿依古丽 · 买买提

B.《水星 · 火星和金星》

C.“一二 · 九运动”

D.“3 · 15”消费者权益日

答案 B

解析 选项 A 中间隔号是标示外国人人名或少数民族人名内部的分界；选项 B，当并列短语构成的标语中已用间隔号隔开时，不应再用“和”连接词；选项 C、D，以月、日为标志的事件或节日，用汉字数字表示时，只在一、十一和十二月后用间隔号，当直接用阿拉伯数字表示时，月、日之间均用间隔号。

273. 下列表述错误的是？（　　）

A. 请示的行文对象必须是自己的上级机关。

B. 请示是党政机关中一个独立的文种。

C. 在需要的情况下，请示可以有两个主送机关。

D. 请示不论文字长短，其内在逻辑均是“为什么请示”和“请示什么问题”两大层次组成。

答案 C

解析 请示应当一文一事，一般只写一个主送机关，需要时可以同时抄送其他机关。受双重领导的机关向上级机关请示，应当写明主送机关和抄送机关，由主送机关负责答复。

274. 下列公文规定表述错误的是？（　　）

A. 公文标题中除法规、规章名称加书名号外，一般不用标点符号。

B. 公文如有附件，应当标明附件顺序和名称。

C. 行政机关可以直接向党的组织发布指令性文件。

D. 向下级机关或本系统的重要行文，应当同时抄送上级机关。

答案 C

解析 党政机关应在各自的系统内制发文件，行政机关不能向党的组织发布指令性公文，一般也不得以行政机关名义向党的组织报告工作或请示、批准。

275. 公文正式印制前，不属于文秘部门复核的重点是_______。（　　）

A. 附件材料是否齐全　　B. 审批、签发手续是否完备

C. 格式是否统一、规范　　D. 字数是否符合规定

答案 D

解析 复核的重点是：审批、签发手续是否完备，附件材料是否齐全，格式是否统一、规范等。经复核需要对文稿进行实质性修改的，应按程序复审。

第四部分

公文管理、公文办理

1. 公文办理包括______、发文办理和整理归档。（　　）

A. 收文办理　　B. 公文拟制　　C. 收纳整理

答案　A

解析　《党政机关公文处理工作条例》第六章第二十三条规定：公文办理包括收文办理、发文办理和整理归档。

2. 公文处理工作的时限性体现在公文处理工作的______。（　　）

A. 每一个具体环节　　B. 发文阶段　　C. 收文阶段　　D. 管理阶段

答案　A

解析　公文处理工作的时限性体现在公文处理的每一个具体环节。

3. 属于______的公文，应当按照政府信息公开的有关规定，自公文形成之日起 20 个工作日内公开。（　　）

A. 依申请公开　　B. 主动公开　　C. 依法依规公开

答案　B

解析　《交通运输部公文处理办法》第九章第四十七条规定。

4. 发文办理过程中，已经发文机关负责人签批的公文，印发前应当对公文的______、文种、格式等进行复核。（　　）

A. 审批手续、内容　　B. 审批流程、内容　　C. 审批手续、主题

答案　A

解析　《党政机关公文处理工作条例》第六章第二十五条（一）规定：已经发文机关负责人签批的公文，印发前应当对公文的审批手续、内容、文种、格式等进行复核；需作实质性修改的，应当报原签批人复审。

5. 收文办理过程中，经初审______的公文，应当及时退回来文单位并说明理由。（　　）

A. 办理时限内无法按时完成

B. 不符合规定

C. 无法明确本单位主办处室

答案　B

解析　《党政机关公文处理工作条例》第六章第二十四条（三）规定：收文办理过程中，经初审不符合规定的公文，应当及时退回来文单位并说明理由。

6. 收文办理过程中，公文的办理结果应当及时答复来文单位，并根据需要告知______。（　　）

A. 上级单位　　B. 催办单位　　C. 相关单位

答案　C

解析　《党政机关公文处理工作条例》第六章第二十四条（七）规定：收文办理过程中，公文的办理结果应当及时答复来文单位，并根据需要告知相关单位。

7. 在发文办理过程中，已经发文机关负责人签批的公文，需作实质性修改的，应当报原签批人______。（　　）

A. 审核　　B. 复核　　C. 复审

答案　C

解析　《党政机关公文处理工作条例》第六章第二十五条（一）规定：已经发文机关负责人签批的公文，印发前应当对公文的审批手续、内容、文种、格式等进行复核；需作实质性修改的，应当报原签批人复审。

8. 收文办理登记过程中，对公文的______应当详细记载。（　　）

A. 办理情况　　B. 主要信息　　C. 主要信息和办理情况

答案　C

解析　《党政机关公文处理工作条例》第六章第二十四条（二）规定：收文办理登记过程中，对公文的主要信息和办理情况应当详细记载。

9. 发文办理的最后一个环节是______。（　　）

A. 登记　　B. 复审　　C. 印制　　D. 核发

答案　D

解析　《党政机关公文处理工作条例》第六章第二十五条规定：发文办理主要程序包括复核、登记、印制、核发。

10. 公文办理不包括：______。（　　）

A. 收文办理　　B. 公文拟制　　C. 发文办理

答案　B

解析　《党政机关公文处理工作条例》第六章第二十三条规定：公文办理包括收文办理、发文办理和整理归档。

11. 收文办理承办过程中，______公文应当根据公文内容、要求和工作需要确定范围后分送。（　　）

A. 批办性　　B. 阅知性　　C. 一般性

答案　B

解析　《党政机关公文处理工作条例》第六章第二十四条（四）规定：收文办理承办过程中，阅知性公文应当根据公文内容、要求和工作需要确定范围后分送。批办性公文应当提出拟办意见报本机关负责人批示或者转有关部门办理；需要两个以上部门办理的，应当明确主办部门。紧急公文应当明确办理时限。承办部门对交办的公文应当及时办理，有明确办理时限要求的应当在规定时限内办理完毕。

12. 公文办理包括______和整理归档。（　　）

A. 文件收存、发文办理

B. 收文办理、发文办理

C. 收文办理、文件流转

答案　B

解析 《党政机关公文处理工作条例》第六章第二十三条规定：公文办理包括收文办理、发文办理和整理归档。

13. 下列不属于发文办理主要程序的是：______。（ ）

A. 复核　　B. 审核　　C. 登记

答案 B

解析 《党政机关公文处理工作条例》第六章第二十五条规定：发文办理主要程序是复核、登记、印制、核发。

14. 公文______包括收文办理、发文办理和整理归档。（ ）

A. 受理　　B. 办理　　C. 流转

答案 B

解析 《党政机关公文处理工作条例》第六章第二十三条规定：公文办理包括收文办理、发文办理和整理归档。

15. 收文办理主要程序是签收、______、初审、承办、传阅、催办、答复。（ ）

A. 登记　　B. 记录　　C. 归档

答案 A

解析 《党政机关公文处理工作条例》第六章第二十四条规定：收文办理主要程序是签收、登记、初审、承办、传阅、催办、答复。

16. ______、汇编的涉密公文视同原件管理。（ ）

A. 拍照　　B. 复制　　C. 抄写

答案 B

解析 《党政机关公文处理工作条例》第七章第三十二条规定：复制、汇编的涉密公文视同原件管理。

17. 收文办理主要程序是签收、登记、初审、承办、______、催办、答复。（ ）

A. 传阅　　B. 审阅　　C. 流转

答案 A

解析 《党政机关公文处理工作条例》第六章第二十四条规定：收文办理主要程序是签收、登记、初审、承办、传阅、催办、答复。

18. 下列不属于收文办理主要程序的是：______。（ ）

A. 传阅　　B. 承办　　C. 定密

答案 C

解析 《党政机关公文处理工作条例》第六章第二十四条规定：收文办理主要程序是签收、登记、初审、承办、传阅、催办、答复。

19. 《交通运输部公文处理办法》规定，送负责人批示或者交有关部门办理的公文，办公厅要负责______，做到紧急公文跟踪______，重要公文重点______，一般公文定期______。（ ）

A. 跟踪　　B. 催办　　C. 传阅

答案 B

解析 《交通运输部公文处理办法》第八章第四十条规定。

20. 公文的撤销和废止，由发文机关、上级机关或者权力机关根据______和有关法律法规决定。（ ）

A. 上级要求　　B. 职权范围　　C. 相关规定

答案 B

解析 《党政机关公文处理工作条例》第七章第三十三条规定：公文的撤销和废止，由发文机关、上级机关或者权力机关根据职权范围和有关法律法规决定。

21. 下列不属于收文办理主要程序的是：______。（　）

A. 撤销　　B. 催办　　C. 答复

答案 A

解析 《党政机关公文处理工作条例》第六章第二十四条规定：收文办理主要程序是签收、登记、初审、承办、传阅、催办、答复。

22. 发文办理主要程序是复核、登记、印制、______。（　）

A. 印发　　B. 核发　　C. 发送

答案 B

解析 《党政机关公文处理工作条例》第六章第二十五条规定：发文办理主要程序是复核、登记、印制、核发。

23. 电子公文应当存放于指定的服务器，指定专人严格管理，未经公文主管部门同意，不得______。（　）

A. 文件流转　　B. 修改和删除　　C. 文件发布

答案 B

解析 《交通运输部海事局公文处理办法》第十章第四十八条规定。

24. 以下符合发文办理主要程序顺序的是：______。（　）

A. 复核、印制、登记、核发　　B. 复核、登记、印制、核发

C. 登记、复核、印制、核发　　D. 登记、印制、复核、核发

答案 B

解析 《党政机关公文处理工作条例》第六章第二十五条规定：发文办理主要程序是复核、登记、印制、核发。

25. 下列不属于收文办理主要程序的是：______。（　）

A. 传阅　　B. 印制　　C. 承办

答案 B

解析 《党政机关公文处理工作条例》第六章第二十四条规定：收文办理主要程序是签收、登记、初审、承办、传阅、催办、答复。

26. 收文办理签收过程中，对______应当逐件清点，核对无误后签字或者盖章，并注明签收时间。（　）

A. 来函来文　　B. 拟办文件　　C. 收到的公文

答案 C

解析 《党政机关公文处理工作条例》第六章第二十四条（一）规定：收文办理签收过程中，对收到的公文应当逐件清点，核对无误后签字或者盖章，并注明签收时间。

27. 收文办理签收过程中，对收到的公文应当逐件清点，核对无误后签字或者盖章，并注明______。（　）

A. 签收时间　　B. 签字时间　　C. 签收日期

答案 A

解析 《党政机关公文处理工作条例》第六章第二十四条（一）规定：收文办理签收过程中，对收到的公文应当逐件清点，核对无误后签字或者盖章，并注明签收时间。

28. 不具备归档和保存价值的公文，经______后可以销毁。（ ）

A. 批准　　B. 审核　　C. 核准　　D. 备案

答案 A

解析 《党政机关公文处理工作条例》第七章第三十五条规定：不具备归档和保存价值的公文，经批准后可以销毁。

29. 需要归档的公文及有关材料，应当根据有关______以及机关档案管理规定，及时收集齐全、整理归档。（ ）

A. 法律法规　　B. 档案法律法规　　C. 档案管理办法

答案 B

解析 《党政机关公文处理工作条例》第六章第二十七条规定：需要归档的公文及有关材料，应当根据有关档案法律法规以及机关档案管理规定，及时收集齐全、整理归档。

30. 收文办理______过程中，对收到的公文应当逐件清点，核对无误后签字或者盖章，并注明签收时间。（ ）

A. 登记　　B. 签收　　C. 承办

答案 B

解析 《党政机关公文处理工作条例》第六章第二十四条（一）规定：收文办理签收过程中，对收到的公文应当逐件清点，核对无误后签字或者盖章，并注明签收时间。

31. 按照《交通运输部公文处理办法》要求，交通运输部及办公厅的收文，由______负责签收。（ ）

A. 办公厅　　B. 下属机构　　C. 相关司局

答案 A

解析 《交通运输部公文处理办法》第八章第四十条规定：交通运输部及办公厅的收文，由办公厅负责签收。部机关司局的收文，由其办公室负责签收。

32. 按照《交通运输部公文处理办法》要求，部机关司局的收文，由其______负责签收。（ ）

A. 业务处室　　B. 办公室　　C. 其他处室

答案 B

解析 《交通运输部公文处理办法》第八章第四十条规定：交通运输部及办公厅的收文，由办公厅负责签收。部机关司局的收文，由其办公室负责签收。

33. 收文办理______过程中，对公文的主要信息和办理情况应当详细记载。（ ）

A. 签收　　B. 登记　　C. 承办

答案 B

解析 《党政机关公文处理工作条例》第六章第二十四条（二）规定：收文办理登记过程中，对公文的主要信息和办理情况应当详细记载。

34. 收文办理登记过程中，对公文的主要信息和______应当详细记载。（ ）

A. 承办情况　　B. 办理情况　　C. 基本情况

答案 B

解析　《党政机关公文处理工作条例》第六章第二十四条（二）规定：收文办理登记过程中，对公文的主要信息和办理情况应当详细记载。

35. 收文登记信息包括：______、文号、标题、来文日期、收文编号等。（　　）

A. 发文单位　　B. 来文机关　　C. 发文时间

答案　B

解析　《交通运输部公文处理办法》第八章第四十条（二）规定：收文登记信息包括来文机关、文号、标题、来文日期、收文编号等。

36. 电子公文的归档按照国家______的有关规定执行。（　　）

A. 档案管理部门　　B. 保密部门　　C. 公文管理主管

答案　A

解析　《交通运输部海事局公文处理办法》第十章第四十八条规定。

37. 部海事局文件一般以印制纸质文件形式寄送，______一般以传真形式送达。（　　）

A. 通知　　B. 复印件　　C. 函件

答案　C

解析　《交通运输部海事局公文处理办法》第十章第四十七条规定。

38. 公文被废止的，视为______。（　　）

A. 自收文之日起失效　　B. 自发文之日起失效

C. 自废止之日起失效　　D. 自始无效

答案　C

解析　《党政机关公文处理工作条例》第七章第三十三条规定：公文被废止的，视为自废止之日起失效。

39. 收文登记信息包括：来文机关、文号、______、来文日期、收文编号等。（　　）

A. 发文机关标志　　B. 标题　　C. 文种

答案　B

解析　《交通运输部公文处理办法》第八章第四十条规定。

40. 公文被撤销的，视为______。（　　）

A. 自始无效　　B. 失效　　C. 自撤销之日起失效

答案　A

解析　《党政机关公文处理工作条例》第七章第三十三条规定：公文被撤销的，视为自始无效。

41. 收文登记信息不包括：______。（　　）

A. 文种　　B. 文号　　C. 标题

答案　A

解析　《交通运输部公文处理办法》第八章第四十条规定。

42. 收文登记信息不包括：______。（　　）

A. 来文日期　　B. 完成时限　　C. 收文编号

答案　B

解析 《交通运输部公文处理办法》第八章第四十条规定。

43. 公文确定密级后，应当按照所定密级严格管理。______级公文应当由专人管理。（ ）

A. 机密级 B. 秘密级 C. 绝密级

答案 C

解析 《党政机关公文处理工作条例》第七章第三十条规定：公文确定密级后，应当按照所定密级严格管理。绝密级公文应当由专人管理。

44. 收文登记信息不包括：______。（ ）

A. 发文日期 B. 标题 C. 收文编号

答案 A

解析 《交通运输部公文处理办法》第八章第四十条规定。

45. 收文登记信息不包括：______。（ ）

A. 标题 B. 来文机关 C. 文种

答案 C

解析 《交通运输部公文处理办法》第八章第四十条规定。

46. 收文登记信息包括：______、文号、标题、来文日期、收文编号等。（ ）

A. 发文单位 B. 来文机关 C. 发文时间

答案 B

解析 《交通运输部公文处理办法》第八章第四十条规定。

47. 收文办理过程中，对收到的公文应当进行______。（ ）

A. 审核 B. 初审 C. 审阅

答案 B

解析 《党政机关公文处理工作条例》第六章第二十四条（三）规定：收文办理过程中，对收到的公文应当进行初审。

48. 涉密公文应当按照发文机关的要求和有关规定进行清退或者______。（ ）

A. 撤销 B. 销毁 C. 处理

答案 B

解析 《党政机关公文处理工作条例》第七章第三十四条规定：涉密公文应当按照发文机关的要求和有关规定进行清退或者销毁。

49. 收文办理过程中，初审的重点是：______，是否符合行文规则，文种、格式是否符合要求，涉及其他地区或者部门职权范围内的事项是否已经协商、会签，是否符合公文起草的其他要求。（ ）

A. 是否具有明确办理时限要求

B. 是否应当由本机关办理

C. 是否已按照要求完成收文登记

答案 B

解析 《党政机关公文处理工作条例》第六章第二十四条（三）规定：收文办理过程中，初审的重点是是否应当由本机关办理，是否符合行文规则，文种、格式是否符合要求，涉及其他地区或者部门职权范围内的事项是否已经协商、会签，是否符合公文起草的其他要求。

50. 绝密级公文一般不得复制、汇编，确有工作需要的，应当经______或者其上级机关批准。（　　）

A. 收文机关　　B. 发文机关　　C. 保密机关

答案　B

解析　《党政机关公文处理工作条例》第七章第三十二条规定：绝密级公文一般不得复制、汇编，确有工作需要的，应当经发文机关或者其上级机关批准。

51. 收文办理过程中，初审的重点是：是否应当由本机关办理，是否符合行文规则，______是否符合要求，涉及其他地区或者部门职权范围内的事项是否已经协商、会签，是否符合公文起草的其他要求。（　　）

A. 格式　　B. 文种　　C. 文种、格式

答案　C

解析　同49题，《党政机关公文处理工作条例》第六章第二十四条（三）规定。

52. 工作人员离岗离职时，所在机关应当督促其将暂存、借用的公文按照有关规定______、清退。（　　）

A. 上交　　B. 移交　　C. 归档　　D. 封存

答案　B

解析　《党政机关公文处理工作条例》第七章第三十六条规定：工作人员离岗离职时，所在机关应当督促其将暂存、借用的公文按照有关规定移交、清退。

53. 复制、汇编机密级、______级公文，应当符合有关规定并经本机关负责人批准。（　　）

A. 秘密　　B. 一般　　C. 绝密

答案　A

解析　《党政机关公文处理工作条例》第七章第三十二条规定：复制、汇编机密级、秘密级公文，应当符合有关规定并经本机关负责人批准。

54. 收文办理过程中，经______不符合规定的公文，应当及时退回来文单位并说明理由。（　　）

A. 审核　　B. 审查　　C. 初审

答案　C

解析　《党政机关公文处理工作条例》第六章第二十四条（三）规定：收文办理过程中，经初审不符合规定的公文，应当及时退回来文单位并说明理由。

55. 收文办理过程中，经初审不符合规定的公文，应当及时______并说明理由。（　　）

A. 通报来文单位　　B. 退回来文单位　　C. 告知来文单位

答案　B

解析　《党政机关公文处理工作条例》第六章第二十四条（三）规定：收文办理过程中，经初审不符合规定的公文，应当及时退回来文单位并说明理由。

56. 公文的印发传达范围需要变更的，应当经______批准。（　　）

A. 收文单位　　B. 上级机关　　C. 发文机关

答案　C

解析　《党政机关公文处理工作条例》第七章第三十一条规定：公文的印发传达范围应当按照发文机关的要求执行；需要变更的，应当经发文机关批准。

57. 收文办理承办过程中，阅知性公文应当根据公文______、要求和工作需要确定范围后分送。（　　）

A. 标题　　　B. 内容　　　C. 性质

答案　B

解析　《党政机关公文处理工作条例》第六章第二十四条（四）规定：收文办理承办过程中，阅知性公文应当根据公文内容、要求和工作需要确定范围后分送。

58. 复制、汇编______级、秘密级公文，应当符合有关规定并经本机关负责人批准。（　　）

A. 绝密　　　B. 机密　　　C. 一般

答案　B

解析　《党政机关公文处理工作条例》第七章第三十二条规定：复制、汇编机密级、秘密级公文，应当符合有关规定并经本机关负责人批准。

59. 收文办理承办过程中，阅知性公文应当根据公文内容、______和工作需要确定范围后分送。（　　）

A. 要求　　　B. 标题　　　C. 时限

答案　A

解析　《党政机关公文处理工作条例》第六章第二十四条（四）规定：收文办理承办过程中，阅知性公文应当根据公文内容、要求和工作需要确定范围后分送。

60. 收文办理承办过程中，阅知性公文应当根据公文内容、要求和______确定范围后分送。（　　）

A. 办理时限　　　B. 承办部门　　　C. 工作需求

答案　C

解析　《党政机关公文处理工作条例》第六章第二十四条（四）规定：收文办理承办过程中，阅知性公文应当根据公文内容、要求和工作需要确定范围后分送。

61. ______指通过电子办公系统形成的具有规范格式的公文的电子数据。（　　）

A. 数据公文　　　B. 电子公文　　　C. 信息文件

答案　B

解析　《交通运输部海事局公文处理办法》第四十八条规定。

62. 收文办理承办过程中，______公文应当提出拟办意见报本机关负责人批示或者转有关部门办理。（　　）

A. 批办性　　　B. 阅知性　　　C. 一般性

答案　A

解析　《党政机关公文处理工作条例》第六章第二十四条（四）规定：收文办理承办过程中，批办性公文应当提出拟办意见报本机关负责人批示或者转有关部门办理。

63. 公文被废止的，视为自废止之日起______。（　　）

A. 暂停实施　　　B. 失效　　　C. 无效

答案　B

解析　《党政机关公文处理工作条例》第七章第三十三条规定：公文被废止的，视为自废止之日起失效。

64. 复制、汇编的涉密公文视同______管理。（ ）

A. 一般文件　　B. 原件　　C. 降低密级

答案 B

解析 《党政机关公文处理工作条例》第七章第三十二条规定：复制、汇编的涉密公文视同原件管理。

65. 绝密级公文一般不得复制、______，确有工作需要的，应当经发文机关或者其上级机关批准。（ ）

A. 汇编　　B. 编纂　　C. 编纂和汇编

答案 A

解析 《党政机关公文处理工作条例》第七章第三十二条规定：绝密级公文一般不得复制、汇编，确有工作需要的，应当经发文机关或者其上级机关批准。

66. 收文办理承办过程中，紧急公文应当明确______。（ ）

A. 办理人员　　B. 办理时限　　C. 办理效果

答案 B

解析 《党政机关公文处理工作条例》第六章第二十四条（四）规定：收文办理承办过程中，紧急公文应当明确办理时限。

67. 绝密级公文一般不得______、汇编，确有工作需要的，应当经发文机关或者其上级机关批准。（ ）

A. 传阅　　B. 复制　　C. 抄写

答案 B

解析 《党政机关公文处理工作条例》第七章第三十二条规定：绝密级公文一般不得复制、汇编，确有工作需要的，应当经发文机关或者其上级机关批准。

68. 收文办理承办过程中，承办部门对交办的公文应当及时办理，有明确办理时限要求的应当在规定时限内办理完毕。确有困难的，应当及时向来文单位说明，______。（ ）

A. 自定办理时限　　B. 协商办理时限　　C. 更改办理时限

答案 B

解析 《交通运输部公文处理办法》第八章第四十条（四）规定：承办部门对交办的公文应当及时办理，有明确办理时限要求的应当在规定时限内办理完毕。确有困难的，应当及时向来文单位说明，协商办理时限。

69. 涉密文件的翻印件应当注明翻印的______、日期。（ ）

A. 翻印份数　　B. 机关名称　　C. 翻印场所

答案 B

解析 《党政机关公文处理工作条例》第七章第三十二条规定：涉密文件的翻印件应当注明翻印的机关名称、日期。

70. 涉密文件的翻印件应当注明翻印的______。（ ）

A. 机关名称、翻印份数　　B. 机关名称、日期

C. 翻印份数、日期　　D. 机关名称、翻印份数

答案 C

解析 《党政机关公文处理工作条例》第七章第三十二条规定：涉密文件的翻印件应当注明翻印的机关名称、日期。

71. 收文办理______过程中，根据领导批示和工作需要将公文及时送传阅对象阅知或者批示。（ ）

A. 流转　　B. 传阅　　C. 批示

答案 B

解析 《党政机关公文处理工作条例》第六章第二十四条（五）规定：收文办理传阅过程中，根据领导批示和工作需要将公文及时送传阅对象阅知或者批示。

72. 工作人员离岗离职时，所在机关应当督促其将暂存、借用的公文按照有关规定______。（　　）

A. 移交、清退　　B. 移交、封存

C. 归档、清退　　D. 移交、归档

答案 A

解析 《党政机关公文处理工作条例》第七章第三十六条规定：工作人员离岗离职时，所在机关应当督促其将暂存、借用的公文按照有关规定移交、清退。

73. 收文办理传阅过程中，办理公文传阅应当随时掌握______，不得漏传、误传、延误。（　　）

A. 流转情况　　B. 办理进度　　C. 公文去向

答案 C

解析 《党政机关公文处理工作条例》第六章第二十四条（五）规定：收文办理传阅过程中，办理公文传阅应当随时掌握公文去向，不得漏传、误传、延误。

74. 收文办理传阅过程中，根据______和工作实际将公文及时送传阅对象阅知或者批示。（　　）

A. 上级指示　　B. 领导批示　　C. 文件性质

答案 B

解析 《党政机关公文处理工作条例》第六章第二十四条（五）规定：收文办理传阅过程中，根据领导批示和工作需要将公文及时送传阅对象阅知或者批示。

75. 收文办理传阅过程中，办理公文传阅应当随时掌握公文去向，不得漏传、______、延误。（　　）

A. 贻误　　B. 误传　　C. 错传

答案 B

解析 《党政机关公文处理工作条例》第六章第二十四条（五）规定：收文办理传阅过程中，办理公文传阅应当随时掌握公文去向，不得漏传、误传、延误。

76. 收文办理催办过程中，及时了解掌握公文的______情况，督促承办部门按期办结。（　　）

A. 办理进展　　B. 完成进展　　C. 流转进展

答案 A

解析 《党政机关公文处理工作条例》第六章第二十四条（六）规定：收文办理催办过程中，及时了解掌握公文的办理进展情况，督促承办部门按期办结。

77. 收文办理催办过程中，及时了解掌握公文的办理进展情况，督促______按期办结。（　　）

A. 催办部门　　B. 传阅部门　　C. 承办部门

答案 C

解析 《党政机关公文处理工作条例》第六章第二十四条（六）规定：收文办理催办过程中，及时了解掌握公文的办理进展情况，督促承办部门按期办结。紧急公文或者重要公文应当由专人负责催办。

78. 收文办理催办过程中，______公文或者重要公文应当由专人负责催办。（　　）

A. 紧要　　B. 紧急　　C. 机要

答案 B

解析 《党政机关公文处理工作条例》第六章第二十四条（六）规定：收文办理催办过程中，及时了解掌握公文的办理进展情况，督促承办部门按期办结。紧急公文或者重要公文应当由专人负责催办。

79. 个人不得______、留存涉密公文。（ ）

A. 流转　　B. 私自销毁　　C. 阅览

答案 B

解析 《党政机关公文处理工作条例》第七章第三十五条规定：个人不得私自销毁、留存涉密公文。

80. 部海事局文件一般以印制纸质文件形式寄送，函件一般以______形式送达。（ ）

A. 邮寄　　B. 传真　　C. 电子邮件

答案 B

解析 《交通运输部海事局公文处理办法》第十章第四十七条规定。

81. 机关合并时，全部公文应当随之______。（ ）

A. 整理归档　　B. 合并管理　　C. 统一上交　　D. 移交档案管理机关

答案 B

解析 《党政机关公文处理工作条例》第七章第三十六条规定：机关合并时，全部公文应当随之合并管理。

82. 收文办理催办过程中，______公文应当由专人负责催办。（ ）

A. 重要　　B. 紧急　　C. 以上均正确

答案 C

解析 《党政机关公文处理工作条例》第六章第二十四条规定：收文办理催办过程中，紧急公文或者重要公文应当由专人负责催办。

83. 电子公文传输指电子公文的______、发送、______过程。（ ）

A. 生成　下载　　B. 制作　接收　　C. 生成　接收

答案 C

解析 《交通运输部海事局公文处理办法》第十章第四十九条规定：电子公文传输指电子公文的生成、发送、接收过程。

84. 送负责人批示或者交有关部门办理的公文，______要负责催办，做到紧急公文跟踪催办，重要公文重点催办，一般公文定期催办。（ ）

A. 批示人　　B. 责任人　　C. 办公厅

答案 C

解析 《交通运输部公文处理办法》第八章第四十条（六）规定：送负责人批示或者交有关部门办理的公文，办公厅要负责催办，做到紧急公文跟踪催办，重要公文重点催办，一般公文定期催办。

85. 不具备______和保存价值的公文，经批准后可以销毁。（ ）

A. 回收　　B. 归档　　C. 留存

答案 B

解析 《党政机关公文处理工作条例》第七章第三十五条规定：不具备归档和保存价值的公文，经批准后可以销毁。

86. 《交通运输部公文处理办法》规定，送负责人批示或者交有关部门办理的公文，办公厅要负责催办，做到紧急公文______催办，重要公文______催办，一般公文______催办。（　）

A. 跟踪　重点　定期　　B. 紧急　重点　随时

C. 随时　重点　定期　　D. 紧急　重点　定期

答案　A

解析　《交通运输部公文处理办法》第八章第四十条（六）规定：送负责人批示或者交有关部门办理的公文，办公厅要负责催办，做到紧急公文跟踪催办，重要公文重点催办，一般公文定期催办。

87. 收文办理过程中，公文的办理结果应当及时答复______，并根据需要告知相关单位。（　）

A. 来文单位　　B. 催办单位　　C. 上级单位

答案　A

解析　《党政机关公文处理工作条例》第六章第二十四条（七）规定：收文办理过程中，公文的办理结果应当及时答复来文单位，并根据需要告知相关单位。

88. 电子公文______指电子公文的生成、发送、接收过程。（　）

A. 办理　　B. 流转　　C. 传输

答案　C

解析　《交通运输部海事局公文处理办法》第十章第四十九条规定：电子公文传输指电子公文的生成、发送、接收过程。

89. 发文办理的第一个环节是______、登记、印制、核发。（　）

A. 登记　　B. 复核　　C. 印制　　D. 核发

答案　B

解析　《党政机关公文处理工作条例》第六章第二十五条规定：发文办理主要程序是复核、登记、印制、核发。

90. 涉密文件的复制件应当______。（　）

A. 做好登记　　B. 加盖复制机关戳记　　C. 销毁

答案　B

解析　《党政机关公文处理工作条例》第七章第三十二条规定：涉密文件的复制件应当加盖复制机关戳记。

91. 主送或者抄送海事系统各单位的公文（涉密公文及敏感信息除外），应当同时在海事系统内网公布，海事系统各单位应当______。（　）

A. 认真学习　　B. 及时查阅　　C. 及时签收

答案　B

解析　《交通运输部海事局公文处理办法》第十章第四十七条规定。

92. 公文的______和废止，由发文机关、上级机关或者权力机关根据职权范围和有关法律法规决定。（　）

A. 无效　　B. 撤销　　C. 撤回　　D. 确定密级

答案　B

解析　《党政机关公文处理工作条例》第七章第三十三条规定：公文的撤销和废止，由发文机关、上级机关或者权力机关根据职权范围和有关法律法规决定。

93. 收文办理主要程序是签收、登记、初审、______、传阅、催办、答复。（　）

A. 主办　　B. 承办　　C. 协办

答案 B

解析 《党政机关公文处理工作条例》第六章第二十四条规定：收文办理主要程序是签收、登记、初审、承办、传阅、催办、答复。

94. 发文办理主要程序是：复核、登记、______、核发。（　）

A. 印发　　B. 付印　　C. 印制

答案 C

解析 《党政机关公文处理工作条例》第六章第二十五条规定：发文办理主要程序是复核、登记、印制、核发。

95. ______级公文一般不得复制、汇编，确有工作需要的，应当经发文机关或者其上级机关批准。（　）

A. 秘密　　B. 机密　　C. 绝密

答案 C

解析 《党政机关公文处理工作条例》第七章第三十二条规定：绝密级公文一般不得复制、汇编，确有工作需要的，应当经发文机关或者其上级机关批准。

96. 下列不属于发文办理主要程序的是：______。（　）

A. 归档　　B. 复核　　C. 印制

答案 A

解析 《党政机关公文处理工作条例》第六章第二十五条规定：发文办理主要程序是复核、登记、印制、核发。

97. 电子公文应当存放于指定的服务器，指定______严格管理，未经公文主管部门同意，不得修改和删除。（　）

A. 文书　　B. 专人　　C. 网络安全管理人员　　D. 涉密管理人员

答案 B

解析 《交通运输部海事局公文处理办法》第七章第四十八条规定。

98. 发文办理过程中，已经发文机关负责人签批的公文，印发前应当对公文的审批手续、内容、文种、格式等进行______。（　）

A. 复核　　B. 复审　　C. 审核

答案 A

解析 《党政机关公文处理工作条例》第六章第二十五条（一）规定：已经发文机关负责人签批的公文，印发前应当对公文的审批手续、内容、文种、格式等进行复核；需作实质性修改的，应当报原签批人复审。

99. 发文办理过程中，已经发文机关负责人签批的公文，______应当对公文的审批手续、内容、文种、格式等进行复核。（　）

A. 印发前　　B. 印发后　　C. 审核前

答案 A

解析 《党政机关公文处理工作条例》第六章第二十五条（一）规定：已经发文机关负责人签批的公文，印发前应当对公文的审批手续、内容、文种、格式等进行复核；需作实质性修改的，应当报原签批人复审。

100. 发文办理过程中，已经发文机关负责人签批的公文，印发前应当对公文的审批手续、______、文种、格式等进行复核。（　　）

A. 主题　　B. 内容　　C. 主体

答案　B

解析　《党政机关公文处理工作条例》第六章第二十五条（一）规定：已经发文机关负责人签批的公文，印发前应当对公文的审批手续、内容、文种、格式等进行复核；需作实质性修改的，应当报原签批人复审。

101. 电子公文传输指电子公文的生成、______、接收过程。（　　）

A. 发布　　B. 发送　　C. 通报

答案　B

解析　《交通运输部海事局公文处理办法》第十章第四十九条规定。

102. 复制、汇编机密级、秘密级公文，应当符合有关规定并经______。（　　）

A. 本机关负责人批准　　B. 本机关保密主管领导核准

C. 本机关保密人员同意　　D. 本机关负责人阅知

答案　A

解析　《党政机关公文处理工作条例》第七章第三十二条规定：复制、汇编机密级、秘密级公文，应当符合有关规定并经本机关负责人批准。

103. 发文办理过程中，已经发文机关负责人签批的公文，印发前应当对公文的审批手续、内容、______、格式等进行复核。（　　）

A. 文种　　B. 种类　　C. 标题

答案　A

解析　《党政机关公文处理工作条例》第六章第二十五条（一）规定：已经发文机关负责人签批的公文，印发前应当对公文的审批手续、内容、文种、格式等进行复核；需作实质性修改的，应当报原签批人复审。

104. 发文办理过程中，已经发文机关负责人签批的公文，印发前应当对公文的审批手续、内容、______等进行复核。（　　）

A. 标题、格式　　B. 文种、格式　　C. 标题、种类

答案　B

解析　《党政机关公文处理工作条例》第六章第二十五条（一）规定：已经发文机关负责人签批的公文，印发前应当对公文的审批手续、内容、文种、格式等进行复核；需作实质性修改的，应当报原签批人复审。

105. 部海事局文件一般以印制______文件形式寄送，函件一般以______形式送达。（　　）

A. 电子　传真　　B. 纸质　邮件　　C. 纸质　传真

答案　C

解析　《交通运输部海事局公文处理办法》第四十七条规定。

106. 发文办理过程中，已经发文机关负责人签批的公文，需作______修改的，应当报原签批人复审。（　　）

A. 一般性　　B. 实质性　　C. 特殊性

答案 B

解析 《党政机关公文处理工作条例》第六章第二十五条（一）规定：已经发文机关负责人签批的公文，印发前应当对公文的审批手续、内容、文种、格式等进行复核；需作实质性修改的，应当报原签批人复审。

107. 主送或者抄送海事系统各单位的______（涉密公文及敏感信息除外），应当同时在海事系统内网公布，海事系统各单位应当及时查阅。（　　）

A. 函件　　B. 通知　　C. 公文

答案 C

解析 《交通运输部海事局公文处理办法》第十章第四十七条规定。

108. 发文办理过程中，已经发文机关负责人签批的公文，需作实质性修改的，应当报______复审。（　　）

A. 原签批人　　B. 核稿人　　C. 审核人

答案 A

解析 《党政机关公文处理工作条例》第六章第二十五条（一）规定：已经发文机关负责人签批的公文，印发前应当对公文的审批手续、内容、文种、格式等进行复核；需作实质性修改的，应当报原签批人复审。

109. 发文办理登记过程中，对复核后的公文，应当确定______、分送范围和印制份数并详细记载。（　　）

A. 发文编号　　B. 发文字号　　C. 发文序号

答案 B

解析 《党政机关公文处理工作条例》第六章第二十五条（二）规定：发文办理登记过程中，对复核后的公文，应当确定发文字号、分送范围和印制份数并详细记载。

110. 发文办理登记过程中，对复核后的公文，应当确定发文字号、______和印制份数并详细记载。（　　）

A. 分送范围　　B. 发文范围　　C. 收文单位

答案 A

解析 《党政机关公文处理工作条例》第六章第二十五条（二）规定：发文办理登记过程中，对复核后的公文，应当确定发文字号、分送范围和印制份数并详细记载。

111. 发文办理过程中，已经发文机关负责人签批的公文，印发前应当对公文的审批手续、______格式等进行复核。（　　）

A. 主题、文种　　B. 内容、标题　　C. 内容、文种

答案 C

解析 《党政机关公文处理工作条例》第六章第二十五条（一）规定：已经发文机关负责人签批的公文，印发前应当对公文的审批手续、内容、文种、格式等进行复核；需作实质性修改的，应当报原签批人复审。

112. 公文印制必须确保______和时效。（　　）

A. 质量　　B. 准确　　C. 严谨

答案 A

解析 《党政机关公文处理工作条例》第六章第二十五条（三）规定：公文印制必须确保质量和时效。

113. 机关撤销时，需要归档的公文经整理后按照有关规定______。（　　）

A. 移交档案管理部门　　B. 移交机关上级部门　　C. 销毁

答案 A

解析 《党政机关公文处理工作条例》第七章第三十六条规定：机关撤销时，需要归档的公文经整理后按照有关规定移交档案管理部门。

114. 收文办理主要程序是签收、登记、初审、承办、传阅、催办、______。（　　）

A. 归档　　B. 答复　　C. 回复

答案 B

解析 《党政机关公文处理工作条例》第六章第二十四条规定：收文办理主要程序是签收、登记、初审、承办、传阅、催办、答复。

115. 公文印制必须确保质量和______。（　　）

A. 高效　　B. 效力　　C. 时效

答案 C

解析 《党政机关公文处理工作条例》第六章第二十五条（三）规定：公文印制必须确保质量和时效。

116. 涉密公文应当在______印制。（　　）

A. 办公室

B. 符合保密要求的场所

C. 机要室

答案 B

解析 《党政机关公文处理工作条例》第六章第二十五条（三）规定：涉密公文应当在符合保密要求的场所印制。

117. 公文印制完毕，应当对公文的文字、格式和印刷质量进行检查后分发，此过程叫作______。（　　）

A. 审核　　B. 印发　　C. 核发

答案 C

解析 《党政机关公文处理工作条例》第六章第二十五条（四）规定：核发是指公文印制完毕，应当对公文的文字、格式和印刷质量进行检查后分发。

118. 《交通运输部海事局公文处理办法》规定，部海事局文件应当由______按照有关规定送交通运输部文印室印制。（　　）

A. 主办处室　　B. 办公室　　C. 相关部门

答案 A

解析 《交通运输部海事局公文处理办法》第八章第三十五条规定。

119. 部海事局文件应当由主办处室按照有关规定送______印制。（　　）

A. 部海事局文印室　　B. 交通运输部文印室　　C. 部海事局办公室

答案 B

解析 《交通运输部海事局公文处理办法》第八章第三十五条规定。

120. 收文办理签收过程中，对收到的公文应当逐件清点，核对无误后______，并注明签收时间。（　　）

A. 盖章　　B. 签字　　C. 签字或者盖章

答案 C

解析 《党政机关公文处理工作条例》第六章第二十四条（一）规定：收文办理签收过程中，对收到的公文应当逐件清点，核对无误后签字或者盖章，并注明签收时间。

121. 用于电子公文传输的计算机及其相关设备应当指定专人______，严禁与互联网连接。（   ）

A. 定期检查　　B. 管理和维护　　C. 定期清理

答案　B

解析　《交通运输部海事局公文处理办法》第十章第四十九条规定。

122. ______应当通过机要交通、邮政机要通信、城市机要文件交换站或者收发件机关机要收发人员进行传递，通过密码电报或者符合国家保密规定的计算机信息系统进行传输。（   ）

A. 机要文件　　B. 涉密文件　　C. 重要文件

答案　B

解析　《党政机关公文处理工作条例》第六章第二十六条规定：涉密公文应当通过机要交通、邮政机要通信、城市机要文件交换站或者收发件机关机要收发人员进行传递，通过密码电报或者符合国家保密规定的计算机信息系统进行传输。

123. 公文办理包括收文办理、______和______。（   ）

A. 发文办理　整理归档

B. 文件催办　发文办理

C. 文件签发　整理归档

答案　A

解析　《党政机关公文处理工作条例》第六章第二十三条规定：公文办理包括收文办理、发文办理和整理归档。

124. 涉密文件应当通过机要交通、邮政机要通信、______或者收发件机关机要收发人员进行传递。（   ）

A. 文件交换站　　B. 文件收发室　　C. 城市机要文件交换站

答案　C

解析　《党政机关公文处理工作条例》第六章第二十六条规定：涉密公文应当通过机要交通、邮政机要通信、城市机要文件交换站或者收发件机关机要收发人员进行传递，通过密码电报或者符合国家保密规定的计算机信息系统进行传输。

125. 在公文的形成、办理、平时管理和整理归档的各个阶段都应当注重的是______。（   ）

A. 政治性　　B. 机要性

C. 时限性　　D. 规范性

答案　D

解析　本题考查公文处理工作的特点中的规范性，公文处理工作的规范性是指公文在形成、办理、管理和整理归档的过程中，必须遵循统一的规范。

126. 涉密文件应当通过______或者符合国家保密规定的计算机信息系统进行传输。（   ）

A. 机要电报　　B. 电报　　C. 密码电报

答案　C

解析　《党政机关公文处理工作条例》第六章第二十六条规定：涉密公文应当通过机要交通、邮政机要通信、城市机要文件交换站或者收发件机关机要收发人员进行传递，通过密码电报或者符合国家保密规定的计算机信息系统进行传输。

127. 需要归档的公文及有关材料，应当根据有关档案法律法规以及机关档案管理规定，及时______。（　　）

A. 整理归档　　B. 收集齐全　　C. 收集齐全、整理归档

答案　C

解析　《党政机关公文处理工作条例》第六章第二十七条规定：需要归档的公文及有关材料，应当根据有关档案法律法规以及机关档案管理规定，及时收集齐全、整理归档。

128. 两个以上机关联合办理的公文，原件由______归档，相关机关保存复制件。（　　）

A. 协办机关　　B. 主办机关　　C. 相关机关

答案　B

解析　《党政机关公文处理工作条例》第六章第二十七条规定：两个以上机关联合办理的公文，原件由主办机关归档，相关机关保存复制件。

129. 两个以上机关联合办理的公文，原件由主办机关归档，相关机关保存______。（　　）

A. 附件　　B. 影印件　　C. 复制件

答案　C

解析　《党政机关公文处理工作条例》第六章第二十七条规定：两个以上机关联合办理的公文，原件由主办机关归档，相关机关保存复制件。

130. 两个以上机关联合办理的公文，原件由主办机关归档，______保存复制件。（　　）

A. 相关机关　　B. 协办机关　　C. 主办机关

答案　A

解析　《党政机关公文处理工作条例》第六章第二十七条规定：两个以上机关联合办理的公文，原件由主办机关归档，相关机关保存复制件。

131. 电子公文指通过电子办公系统形成的具有规范格式的公文的电子数据。电子公文与纸质公文具有______法定效力。（　　）

A. 同等　　B. 更高　　C. 较低

答案　A

解析　《交通运输部海事局公文处理办法》第十章第四十八条规定。

132. 机关负责人兼任其他机关职务的，在履行所兼职务过程中形成的公文，由其______归档。（　　）

A. 所在机关　　B. 兼职机关　　C. 其他机关

答案　B

解析　《党政机关公文处理工作条例》第六章第二十七条规定：机关负责人兼任其他机关职务的，在履行所兼职务过程中形成的公文，由其兼职机关归档。

133. ______应当建立健全本机关公文管理制度，确保管理严格规范，充分发挥公文效用。（　　）

A. 各级政府　　B. 各级党政机关　　C. 各级党委

答案　B

解析　《党政机关公文处理工作条例》第七章第二十八条规定：各级党政机关应当建立健全本机关公文管理制度，确保管理严格规范，充分发挥公文效用。

134. 收文登记信息不包括：______。（ ）

A. 收文编号　B. 来文机关　C. 收件人

答案 C

解析 《交通运输部公文处理办法》第九章第四十条规定。

135. 各级党政机关应当建立健全本机关______制度，确保管理严格规范，充分发挥公文效用。（ ）

A. 收发文管理　B. 公文管理　C. 档案管理

答案 B

解析 《党政机关公文处理工作条例》第七章第二十八条规定：各级党政机关应当建立健全本机关公文管理制度，确保管理严格规范，充分发挥公文效用。

136. 各直属海事局应当建立健全公文管理制度，应当设有专门的______岗位，岗位人员必须为本单位在编正式职工。（ ）

A. 发文　B. 收文　C. 收发文

答案 C

解析 《交通运输部海事局公文处理办法》第九章第三十七条规定。

137. 海事局应当建立健全公文管理制度，应当设有______，按照相关规定配备公文管理人员所需的设备。（ ）

A. 文书室　B. 档案室　C. 机要保密室　D. 机要阅览室

答案 C

解析 《交通运输部海事局公文处理办法》第九章第三十七条规定。

138. 各直属海事局应当建立健全公文管理制度，应当设有机要保密室，按照相关规定配备公文管理人员所需的______。（ ）

A. 场所　B. 设备　C. 计算机

答案 B

解析 《交通运输部海事局公文处理办法》第九章第三十七条规定。

139. 《交通运输部海事局公文处理办法》规定，除______外，部海事局公文均须通过办公自动化系统办理。（ ）

A. 敏感信息　B. 涉密公文　C. 以上均正确

答案 C

解析 《交通运输部海事局公文处理办法》第九章第三十八条规定。

140. 除涉密公文及______外，部海事局公文均须通过办公自动化系统办理。（ ）

A. 涉密信息　B. 敏感信息　C. 内部文件

答案 B

解析 《交通运输部海事局公文处理办法》第九章第三十八条规定。

141. 除涉密公文及敏感信息外，部海事局公文均须通过______办理。（ ）

A. 电子邮件　B. 办公自动化系统　C. 万维网

答案 B

解析 《交通运输部海事局公文处理办法》第九章第三十八条规定。

142. 党政机关公文由______或者专人统一管理。（ ）

A. 发文部门　　B. 业务部门　　C. 文秘部门

答案 C

解析 《党政机关公文处理工作条例》第七章第二十九条规定：党政机关公文由文秘部门或者专人统一管理。

143. 发文办理过程中，已经发文机关负责人签批的公文，印发前应当对公文的______、内容、文种、格式等进行复核。（ ）

A. 审批流程　　B. 审批程序　　C. 审批手续

答案 C

解析 《党政机关公文处理工作条例》第六章第二十五条（一）规定：已经发文机关负责人签批的公文，印发前应当对公文的审批手续、内容、文种、格式等进行复核；需作实质性修改的，应当报原签批人复审。

144. 党政机关公文由文秘部门或者______统一管理。（ ）

A. 秘书　　B. 专人　　C. 文书

答案 B

解析 《党政机关公文处理工作条例》第七章第二十九条规定：党政机关公文由文秘部门或者专人统一管理。

145. 党政机关公文由文秘部门或者专人______。（ ）

A. 统一管理　　B. 统筹管理　　C. 按照承办部门管理

答案 A

解析 《党政机关公文处理工作条例》第七章第二十九条规定：党政机关公文由文秘部门或者专人统一管理。

146. 设立党委（党组）的______单位应当建立机要保密室和机要阅文室，并按照有关保密规定配备工作人员和必要的安全保密设施设备。（ ）

A. 县级以上　　B. 市级以上　　C. 省级以上

答案 A

解析 《党政机关公文处理工作条例》第七章第二十九条规定：设立党委（党组）的县级以上单位应当建立机要保密室和机要阅文室，并按照有关保密规定配备工作人员和必要的安全保密设施设备。

147. 设立党委（党组）的县级以上单位应当建立______和机要阅文室，并按照有关保密规定配备工作人员和必要的安全保密设施设备。（ ）

A. 文书室　　B. 机要保密室　　C. 办公室

答案 B

解析 《党政机关公文处理工作条例》第七章第二十九条规定：设立党委（党组）的县级以上单位应当建立机要保密室和机要阅文室，并按照有关保密规定配备工作人员和必要的安全保密设施设备。

148. 收文办理登记过程中，对公文的______和办理情况应当详细记载。（ ）

A. 文件标题　　B. 基本信息　　C. 主要信息

答案 C

解析 《党政机关公文处理工作条例》第六章第二十四条（二）规定：收文办理登记过程中，对公文的主要信息和办理情况应当详细记载。

149. 设立党委（党组）的县级以上单位应当建立机要保密室和机要阅文室，并按照有关保密规定配备______和必要的安全保密设施设备。（　　）

A. 文书　　B. 工作人员　　C. 秘书

答案 B

解析 《党政机关公文处理工作条例》第七章第二十九条规定：设立党委（党组）的县级以上单位应当建立机要保密室和机要阅文室，并按照有关保密规定配备工作人员和必要的安全保密设施设备。

150. 公文办理包括______。（　　）

A. 收文管理、发文管理和留存归档

B. 收文流转、文件签发和文件催办

C. 收文办理、发文办理和整理归档

答案 C

解析 《党政机关公文处理工作条例》第六章第二十三条规定：公文办理包括收文办理、发文办理和整理归档。

151. 公文确定密级前，应当按照拟定的密级先行采取______。（　　）

A. 保密措施　　B. 秘密措施　　C. 存放措施

答案 A

解析 《党政机关公文处理工作条例》第七章第三十条规定：公文确定密级前，应当按照拟定的密级先行采取保密措施。

152. 公文确定密级前，应当按照______的密级先行采取保密措施。（　　）

A. 一般　　B. 预计　　C. 拟定

答案 C

解析 《党政机关公文处理工作条例》第七章第三十条规定：公文确定密级前，应当按照拟定的密级先行采取保密措施。

153. 公文确定（密级）后，应当按照所定______严格管理，______公文应当由专人管理。（　　）

A. 密级　机密及以上　　B. 密级　绝密级　　C. 文种　绝密级　　D. 文种　机密及以上

答案 B

解析 《党政机关公文处理工作条例》第七章第三十条规定：公文确定密级后，应当按照所定密级严格管理。绝密级公文应当由专人管理。

154. 公文的______需要变更或者解除的，由原确定密级的机关或者其上级机关决定。（　　）

A. 内容　　B. 密级　　C. 发送范围

答案 B

解析 《党政机关公文处理工作条例》第七章第三十条规定：公文的密级需要变更或者解除的，由原确定密级的机关或者其上级机关决定。

155. 公文的密级需要______的，由原确定密级的机关或者其上级机关决定。（　　）

A. 解除　　B. 变更　　C. 变更或者解除　　D. 撤销

答案 C

解析 《党政机关公文处理工作条例》第七章第三十条规定：公文的密级需要变更或者解除的，由原确定密级的机关或者其上级机关决定。

156. 收文办理过程中，初审的重点是：是否应当由本机关办理，是否符合行文规则，文种、格式是否符合要求，涉及其他地区或者部门职权范围内的事项是否已经______，是否符合公文起草的其他要求。（ ）

A. 签署意见　　B. 协商、会签　　C. 传达

答案 B

解析 《党政机关公文处理工作条例》第六章第二十四条（三）规定：收文办理过程中，初审的重点是是否应当由本机关办理，是否符合行文规则，文种、格式是否符合要求，涉及其他地区或者部门职权范围内的事项是否已经协商、会签，是否符合公文起草的其他要求。

157. 公文的密级需要变更或者解除的，由______决定。（ ）

A. 收文机关或者其上级机关

B. 发文机关或者其上级机关

C. 原确定密级的机关或者其上级机关

D. 收文机关所在地机要管理部门

答案 C

解析 《党政机关公文处理工作条例》第七章第三十条规定：公文的密级需要变更或者解除的，由原确定密级的机关或者其上级机关决定。

158. 公文的______应当按照发文机关的要求执行；需要变更的，应当经发文机关批准。（ ）

A. 印发数量　　B. 印发传达范围　　C. 印制规范

答案 B

解析 《党政机关公文处理工作条例》第七章第三十一条规定：公文的印发传达范围应当按照发文机关的要求执行；需要变更的，应当经发文机关批准。

159. 下列不属于收文办理主要程序的是：______。（ ）

A. 催办　　B. 登记　　C. 复审

答案 C

解析 《党政机关公文处理工作条例》第六章第二十四条规定：收文办理主要程序是签收、登记、初审、承办、传阅、催办、答复。

160. 收文登记信息包括：来文机关、______、标题、来文日期、收文编号等。（ ）

A. 发文单位　　B. 文号　　C. 发文时间

答案 B

解析 《交通运输部公文处理办法》第八章第四十条规定：收文登记信息包括来文机关、文号、标题、来文日期、收文编号等。

161. ______公文公开发布前应当履行解密程序。（ ）

A. 一般　　B. 涉密　　C. 所有

答案 B

解析 《党政机关公文处理工作条例》第七章第三十一条规定：涉密公文公开发布前应当履行解密程序。公开发布的时间、形式和渠道，由发文机关确定。

162. 收文办理主要程序是签收、登记、______、承办、传阅、催办、答复。（　　）

A. 预审　　B. 初办　　C. 初审

答案 C

解析 《党政机关公文处理工作条例》第六章第二十四条规定：收文办理主要程序是签收、登记、初审、承办、传阅、催办、答复。

163. 收文办理传阅过程中，办理公文传阅应当随时掌握公文去向，不得漏传、误传、______。（　　）

A. 贻误　　B. 延误　　C. 错传

答案 B

解析 《党政机关公文处理工作条例》第六章第二十四条（五）规定：收文办理传阅过程中，根据领导批示和工作需要将公文及时送传阅对象阅知或者批示。办理公文传阅应当随时掌握公文去向，不得漏传、误传、延误。

164. 涉密公文______前应当履行解密程序。（　　）

A. 公开发布　　B. 印发　　C. 传达

答案 A

解析 《党政机关公文处理工作条例》第七章第三十一条规定：涉密公文公开发布前应当履行解密程序。公开发布的时间、形式和渠道，由发文机关确定。

165. 涉密公文公开发布前应当履行解密程序。公开发布的______、形式和渠道，由发文机关确定。（　　）

A. 日期　　B. 时间　　C. 范围

答案 B

解析 《党政机关公文处理工作条例》第七章第三十一条规定：涉密公文公开发布前应当履行解密程序。公开发布的时间、形式和渠道，由发文机关确定。

166. 涉密公文公开发布前应当履行解密程序。公开发布的时间、______和渠道，由发文机关确定。（　　）

A. 形式　　B. 范围　　C. 日期

答案 A

解析 《党政机关公文处理工作条例》第七章第三十一条规定：涉密公文公开发布前应当履行解密程序。公开发布的时间、形式和渠道，由发文机关确定。

167. 机关工作活动中形成的文件，办理完毕之后，其中部分需转化为______保存。（　　）

A. 结论　　B. 档案

C. 条文　　D. 正式文件

答案 B

解析 机关工作活动中形成的文件，办理完毕之后，其中部分对日后工作还有查考作用，需转化为档案保存。

168. 涉密公文公开发布前应当履行解密程序。公开发布的时间、形式和______，由发文机关确定。（　　）

A. 渠道　　B. 范围　　C. 日期

答案 A

解析 《党政机关公文处理工作条例》第七章第三十一条规定：涉密公文公开发布前应当履行解密程序。公开发布的时间、形式和渠道，由发文机关确定。

169. 涉密公文公开发布前应当履行解密程序。公开发布的时间、形式和渠道，由______确定。（ ）

A. 收文机关　　B. 上级机关　　C. 发文机关

答案 C

解析 《党政机关公文处理工作条例》第七章第三十一条规定：涉密公文公开发布前应当履行解密程序。公开发布的时间、形式和渠道，由发文机关确定。

170. 涉密公文公开发布前应当履行解密程序。公开发布的______，由发文机关确定。（ ）

A. 时间、形式和渠道

B. 时间、形式和范围

C. 日期、形式和渠道

D. 发布方、形式和渠道

答案 A

解析 《党政机关公文处理工作条例》第七章第三十一条规定：涉密公文公开发布前应当履行解密程序。公开发布的时间、形式和渠道，由发文机关确定。

171. 下列不属于收文办理主要程序的是：______。（ ）

A. 签收　　B. 审签　　C. 登记

答案 B

解析 《党政机关公文处理工作条例》第六章第二十四条规定：收文办理主要程序是签收、登记、初审、承办、传阅、催办、答复。

172. 经批准公开发布的公文，同______正式印发的公文具有同等效力。（ ）

A. 发文机关和收文机关

B. 发文机关

C. 收文机关

答案 B

解析 《党政机关公文处理工作条例》第七章第三十一条规定：经批准公开发布的公文，同发文机关正式印发的公文具有同等效力。

173. 公文确定密级后，应当按照所定密级严格管理。绝密级公文应当由______管理。（ ）

A. 秘书　　B. 专人　　C. 文书

答案 B

解析 《党政机关公文处理工作条例》第七章第三十条规定：公文确定密级后，应当按照所定密级严格管理。绝密级公文应当由专人管理。

174. 经批准公开发布的公文，同发文机关______的公文具有同等效力。（ ）

A. 下发　　B. 正式印发　　C. 转发

答案 B

解析　《党政机关公文处理工作条例》第七章第三十一条规定：经批准公开发布的公文，同发文机关正式印发的公文具有同等效力。

175. 档案能反映一个机关的历史面貌，其来源是______。（　　）

A. 修改稿　　B. 草稿　　C. 文书　　D. 电子文件

答案　C

解析　档案的来源是文书。它能反映一个机关的历史面貌，对于总结经验教训，查考办事依据，研究发展规律，编写历史著作都是大有用途的。

176. 按照国家保密法规规定，涉密公文的传送应当遵守______的原则。（　　）

A. 保密　　B. 密来密往　　C. 秘密

答案　B

解析　按照国家保密法规规定，涉密公文的传送应当遵守"密来密往"的原则。

177. 按照国家保密法规规定，涉密公文的______应当遵守密来密往的原则。（　　）

A. 处理　　B. 印发　　C. 传送　　D. 传阅

答案　C

解析　按照国家保密法规规定，涉密公文的传送应当遵守"密来密往"的原则。

178. 各直属海事局应当设有专门的收、发文岗位，岗位人员必须为本单位______。（　　）

A. 在编职工　　B. 在编正式职工　　C. 具备职务在编正式职工

答案　B

解析　《交通运输部海事局公文处理办法》第九章第三十七条（一）规定：应当设有专门的收、发文岗位，岗位人员必须为本单位在编正式职工。

179. 收文办理承办过程中，批办性公文应当提出拟办意见报本机关负责人批示或者转有关部门办理；需要两个以上部门办理的，应当明确______。（　　）

A. 办理部门　　B. 责任部门　　C. 主办部门

答案　C

解析　《党政机关公文处理工作条例》第六章第二十四条（四）规定：收文办理承办过程中，阅知性公文应当根据公文内容、要求和工作需要确定范围后分送。批办性公文应当提出拟办意见报本机关负责人批示或者转有关部门办理；需要两个以上部门办理的，应当明确主办部门。

180. 属于主动公开的公文，应当按照政府信息公开的有关规定，自______之日起20个工作日内公开。（　　）

A. 公文形成　　B. 公文印发　　C. 公文拟稿

答案　A

解析　《交通运输部公文处理办法》第四十七条规定：属于主动公开的公文，应当按照政府信息公开的有关规定，自公文形成之日起20个工作日内公开。

181. 属于主动公开的公文，应当按照政府信息公开的有关规定，自公文形成之日起______个工作日内公开。（　　）

A. 15　　B. 10　　C. 20　　D. 30

答案　C

解析　《交通运输部公文处理办法》第九章第四十七条规定：属于主动公开的公文，应当按照政府信息公开的有关规定，自公文形成之日起20个工作日内公开。

182. 公文办理包括收文办理、______和整理归档。（　　）

A. 文件签发　　B. 发文办理　　C. 文件审核

答案　B

解析　《党政机关公文处理工作条例》第六章第二十三条规定：公文办理包括收文办理、发文办理和整理归档。

183. ______、汇编机密级、秘密级公文，应当符合有关规定并经本机关负责人批准。（　　）

A. 印发　　B. 复制　　C. 留存

答案　B

解析　《党政机关公文处理工作条例》第七章第三十二条规定：复制、汇编机密级、秘密级公文，应当符合有关规定并经本机关负责人批准。

184. 收文办理过程中，初审的重点是：是否应当由本机关办理，______，文种、格式是否符合要求，涉及其他地区或者部门职权范围内的事项是否已经协商、会签，是否符合公文起草的其他要求。（　　）

A. 是否符合行文规则

B. 是否符合行文准则

C. 是否符合行文规范

答案　A

解析　《党政机关公文处理工作条例》第六章第二十四条（三）规定：收文办理过程中，初审的重点是是否应当由本机关办理，是否符合行文规则，文种、格式是否符合要求，涉及其他地区或者部门职权范围内的事项是否已经协商、会签，是否符合公文起草的其他要求。

185. 公文印制必须确保______。（　　）

A. 质量和效力　　B. 质量和时效　　C. 准确和时效

答案　B

解析　《党政机关公文处理工作条例》第六章第二十五条（三）规定：公文印制必须确保质量和时效。

186. 下列不属于发文办理主要程序的是：______。（　　）

A. 核发　　B. 登记　　C. 印发

答案　C

解析　《党政机关公文处理工作条例》第六章第二十五条规定：发文办理主要程序是复核、登记、印制、核发。

187. 复制、______机密级、秘密级公文，应当符合有关规定并经本机关负责人批准。（　　）

A. 编纂和汇编　　B. 编纂　　C. 汇编

答案　C

解析　《党政机关公文处理工作条例》第七章第三十二条规定：复制、汇编机密级、秘密级公文，应当符合有关规定并经本机关负责人批准。

188. 两个以上机关联合办理的公文，______由主办机关归档，相关机关保存复制件。（　　）

A. 附件　　B. 影印件　　C. 原件

答案　C

解析　《党政机关公文处理工作条例》第六章第二十七条规定：两个以上机关联合办理的公文，原件由主办机关归档，相关机关保存复制件。

189. 收文办理签收过程中，对收到的公文应当______，核对无误后签字或者盖章，并注明签收时间。（　　）

A. 逐件整理　　B. 逐件清点　　C. 清点整理

答案　B

解析　《党政机关公文处理工作条例》第六章第二十四条（一）规定：收文办理签收过程中，对收到的公文应当逐件清点，核对无误后签字或者盖章，并注明签收时间。

190. 复制、汇编机密级、秘密级公文，应当符合有关规定并经______负责人批准。（　　）

A. 本机关　　B. 保密机关　　C. 上级机关

答案　A

解析　《党政机关公文处理工作条例》第七章第三十二条规定：复制、汇编机密级、秘密级公文，应当符合有关规定并经本机关负责人批准。

191. 公文的印发传达范围应当按照______的要求执行。（　　）

A. 发文机关　　B. 上级有关　　C. 收文单位

答案　A

解析　《党政机关公文处理工作条例》第七章第三十一条规定：公文的印发传达范围应当按照发文机关的要求执行；需要变更的，应当经发文机关批准。

192. 绝密级公文一般不得______，确有工作需要的，应当经发文机关或者其上级机关批准。（　　）

A. 传阅、汇编　　B. 复制、传阅　　C. 复制、汇编

答案　C

解析　《党政机关公文处理工作条例》第七章第三十二条规定：绝密级公文一般不得复制、汇编，确有工作需要的，应当经发文机关或者其上级机关批准。

193. 收文办理签收过程中，对收到的公文应当逐件清点，______签字或者盖章，并注明签收时间。（　　）

A. 核对无误后　　B. 准确核对后　　C. 校对无误后

答案　A

解析　《党政机关公文处理工作条例》第六章第二十四条（一）规定：收文办理签收过程中，对收到的公文应当逐件清点，核对无误后签字或者盖章，并注明签收时间。

194. 在公文处理工作组织形式的选择方面，小机关和基层单位应选择______。（　　）

A. 分工形式　　B. 集中形式

C. 混合形式　　D. 分散形式

答案　B

解析　公文处理的工作的组织形式有集中形式和分工形式两种类型。其中，集中形式是指在一个机关内，除了文

件的承办外，公文处理的各个基本环节都集中在机关的中心机构，亦即办公室来进行。集中形式比较适用于小机关和基层单位，而分工形式一般由大的机关采用。

195. 绝密级公文一般不得复制、汇编，确有工作需要的，应当经发文机关或者______批准。（　　）

A. 收文机关　　B. 保密机关　　C. 其上级机关

答案　C

解析　《党政机关公文处理工作条例》第七章第三十二条规定：绝密级公文一般不得复制、汇编，确有工作需要的，应当经发文机关或者其上级机关批准。

196. 经批准公开发布的公文，同发文机关正式印发的______具有同等效力。（　　）

A. 公文　　B. 草稿　　C. 意见征求稿

答案　A

解析　《党政机关公文处理工作条例》第七章第三十一条规定：经批准公开发布的公文，同发文机关正式印发的公文具有同等效力。

197. 绝密级公文一般不得复制、汇编，确有工作需要的，应当经发文机关或者其上级机关______。（　　）

A. 批准　　B. 备案　　C. 审核

答案　A

解析　《党政机关公文处理工作条例》第七章第三十二条规定：绝密级公文一般不得复制、汇编，确有工作需要的，应当经发文机关或者其上级机关批准。

198. 收文办理催办过程中，紧急公文或者______公文应当由专人负责催办。（　　）

A. 紧要　　B. 重要　　C. 机要

答案　B

解析　《党政机关公文处理工作条例》第六章第二十四条（六）规定：收文办理催办过程中，及时了解掌握公文的办理进展情况，督促承办部门按期办结。紧急公文或者重要公文应当由专人负责催办。

199. 公文办理不包括：______。（　　）

A. 整理归档　　B. 来文流转　　C. 发文办理

答案　B

解析　《党政机关公文处理工作条例》第六章第二十三条规定：公文办理包括收文办理、发文办理和整理归档。

200. 发文办理登记过程中，对复核后的公文，应当确定发文字号、分送范围和______并详细记载。（　　）

A. 印制张数　　B. 印制款式　　C. 印制份数

答案　C

解析　《党政机关公文处理工作条例》第六章第二十五条（二）规定：发文办理登记过程中，对复核后的公文，应当确定发文字号、分送范围和印制份数并详细记载。

201. ______的涉密公文视同原件管理。（　　）

A. 汇编　　B. 复制　　C. 复制、汇编

答案　C

解析　《党政机关公文处理工作条例》第七章第三十二条规定：复制、汇编的涉密公文视同原件管理。

202. 下列不属于收文办理主要程序的是：______。（   ）

A. 承办　　B. 初审　　C. 会商

答案　C

解析　《党政机关公文处理工作条例》第六章第二十四条规定：收文办理主要程序是签收、登记、初审、承办、传阅、催办、答复。

203. 涉密文件的复制件应当加盖______戳记。（   ）

A. 复制机关　　B. 发文机关　　C. 收文机关

答案　A

解析　《党政机关公文处理工作条例》第七章第三十二条规定：涉密文件的复制件应当加盖复制机关戳记。

204. 下列不属于发文办理主要程序的是：______。（   ）

A. 登记　　B. 复审　　C. 核发

答案　B

解析　《党政机关公文处理工作条例》第六章第二十五条规定：发文办理主要程序是复核、登记、印制、核发。

205. 涉密文件的复制件应当加盖复制机关______。（   ）

A. 公章　　B. 戳记　　C. 印章

答案　B

解析　《党政机关公文处理工作条例》第七章第三十二条规定：涉密文件的复制件应当加盖复制机关戳记。

206. 收文办理最后一个程序是______。（   ）

A. 传阅　　B. 签收　　C. 催办　　D. 答复

答案　D

解析　《党政机关公文处理工作条例》第六章第二十四条规定：收文办理主要程序是签收、登记、初审、承办、传阅、催办、答复。

207. 收文办理传阅过程中，办理公文传阅应当随时掌握公文去向，不得______、误传、延误。（   ）

A. 多传　　B. 漏传　　C. 错传

答案　B

解析　《党政机关公文处理工作条例》第六章第二十四条（五）规定：收文办理传阅过程中，根据领导批示和工作需要将公文及时送传阅对象阅知或者批示。办理公文传阅应当随时掌握公文去向，不得漏传、误传、延误。

208. 发文办理过程中，已经发文机关负责人签批的公文，印发前应当对公文的审批手续、内容、文种、______等进行复核。（   ）

A. 标题　　B. 类型　　C. 格式

答案　C

解析　《党政机关公文处理工作条例》第六章第二十五条（一）规定：已经发文机关负责人签批的公文，印发前应当对公文的审批手续、内容、文种、格式等进行复核；需作实质性修改的，应当报原签批人复审。

209. 涉密文件的翻印件应当注明翻印的机关名称、______。（   ）

A. 日期　　B. 详细时间　　C. 翻印份数

答案 A

解析 《党政机关公文处理工作条例》第七章第三十二条规定：涉密文件的翻印件应当注明翻印的机关名称、日期。

210. ______的翻印件应当注明翻印的机关名称、日期。（ ）

A. 仅秘密文件　　B. 全部涉密文件

C. 机密及以上密级文件　　D. 仅绝密文件

答案 B

解析 《党政机关公文处理工作条例》第七章第三十二条规定：涉密文件的翻印件应当注明翻印的机关名称、日期。

211. 涉密文件汇编本的密级按照编入公文的______标注。（ ）

A. 最高密级　　B. 最低密级　　C. 一般密级

答案 A

解析 《党政机关公文处理工作条例》第七章第三十二条规定：涉密文件汇编本的密级按照编入公文的最高密级标注。

212. 收文登记信息包括：来文机关、文号、标题、______、收文编号等。（ ）

A. 来文日期　　B. 发文日期　　C. 承办日期

答案 A

解析 《交通运输部公文处理办法》第八章第四十条规定：收文登记信息包括来文机关、文号、标题、来文日期、收文编号等。

213. 公文的______，由发文机关、上级机关或者权力机关根据职权范围和有关法律法规决定。（ ）

A. 废止　　B. 撤销　　C. 撤销、废止

答案 C

解析 《党政机关公文处理工作条例》第七章第三十三条规定：公文的撤销和废止，由发文机关、上级机关或者权力机关根据职权范围和有关法律法规决定。

214. 公文办理不包括：______。（ ）

A. 整理归档　　B. 收文办理　　C. 承办办理

答案 C

解析 《党政机关公文处理工作条例》第六章第二十三条规定：公文办理包括收文办理、发文办理和整理归档。

215. 公文的撤销和______，由发文机关、上级机关或者权力机关根据职权范围和有关法律法规决定。（ ）

A. 废除　　B. 撤回　　C. 废止　　D. 公开

答案 C

解析 《党政机关公文处理工作条例》第七章第三十三条规定：公文的撤销和废止，由发文机关、上级机关或者权力机关根据职权范围和有关法律法规决定。

216. 收文办理过程中，经初审不符合规定的公文，应当及时退回来文单位并______。（ ）

A. 告知理由　　B. 通报原因　　C. 修改文件

答案 A

解析　《党政机关公文处理工作条例》第六章第二十四条（三）规定：收文办理过程中，经初审不符合规定的公文，应当及时退回来文单位并说明理由。

217. 公文的撤销和废止，由______根据职权范围和有关法律法规决定。（　　）

A. 收文机关、发文机关或者权力机关

B. 收文机关、上级机关或者权力机关

C. 发文机关、上级机关或者权力机关

答案　C

解析　《党政机关公文处理工作条例》第七章第三十三条规定：公文的撤销和废止，由发文机关、上级机关或者权力机关根据职权范围和有关法律法规决定。

218. 设立党委（党组）的县级以上单位应当建立机要保密室和机要阅文室，并按照有关保密规定配备工作人员和必要的______设施设备。（　　）

A. 安全保密　　B. 防火防盗　　C. 信息安全

答案　A

解析　《党政机关公文处理工作条例》第七章第二十九条规定：设立党委（党组）的县级以上单位应当建立机要保密室和机要阅文室，并按照有关保密规定配备工作人员和必要的安全保密设施设备。

219. 公文被______的，视为自始无效。（　　）

A. 废止　　B. 撤销　　C. 撤回

答案　B

解析　《党政机关公文处理工作条例》第七章第三十三条规定：公文被撤销的，视为自始无效。

220. 收文办理传阅过程中，根据______将公文及时送传阅对象阅知或者批示。（　　）

A. 工作需要　　B. 领导批示　　C. 领导批示和工作需要　D. 工作需求

答案　C

解析　《党政机关公文处理工作条例》第六章第二十四条（五）规定：收文办理传阅过程中，根据领导批示和工作需要将公文及时送传阅对象阅知或者批示。办理公文传阅应当随时掌握公文去向，不得漏传、误传、延误。

221. 公文被______的，视为自______起失效。（　　）

A. 废止　废止之日　　B. 撤销　撤销之日　　C. 撤回　撤回之日

答案　A

解析　《党政机关公文处理工作条例》第七章第三十三条规定：公文被废止的，视为自废止之日起失效。

222. ______应当按照发文机关的要求和有关规定进行清退或者销毁。（　　）

A. 非涉密公文　　B. 所有公文　　C. 涉密公文　　D. 紧要公文

答案　C

解析　《党政机关公文处理工作条例》第七章第三十四条规定：涉密公文应当按照发文机关的要求和有关规定进行清退或者销毁。

223. 涉密公文应当按照______的要求和有关规定进行清退或者销毁。（　　）

A. 收文机关　　B. 发文机关　　C. 发文上级机关　　D. 收文上级机关

答案　B

解析　《党政机关公文处理工作条例》第七章第三十四条规定：涉密公文应当按照发文机关的要求和有关规定进行清退或者销毁。

224. 涉密公文应当按照发文机关的要求和有关规定进行______或者销毁。（　　）

A. 清理　　B. 退文　　C. 清退

答案　C

解析　《党政机关公文处理工作条例》第七章第三十四条规定：涉密公文应当按照发文机关的要求和有关规定进行清退或者销毁。

225. 公文办理包括______、发文办理和______。（　　）

A. 收文办理　整理归档

B. 收文流转　整理归档

C. 文件签发　文件收存

答案　A

解析　《党政机关公文处理工作条例》第六章第二十三条规定：公文办理包括收文办理、发文办理和整理归档。

226. 收文办理传阅过程中，根据领导批示和______将公文及时送传阅对象阅知或者批示。（　　）

A. 工作需要　　B. 工作实际　　C. 文件性质

答案　A

解析　《党政机关公文处理工作条例》第六章第二十四条（五）规定：收文办理传阅过程中，根据领导批示和工作需要将公文及时送传阅对象阅知或者批示。办理公文传阅应当随时掌握公文去向，不得漏传、误传、延误。

227. 涉密公文应当按照发文机关的要求和有关规定进行______。（　　）

A. 清退或者归档　　B. 销毁或者归档　　C. 清退或者销毁

答案　C

解析　《党政机关公文处理工作条例》第七章第三十四条规定：涉密公文应当按照发文机关的要求和有关规定进行清退或者销毁。

228. 不具备归档和______价值的公文，经批准后可以销毁。（　　）

A. 参考　　B. 受控　　C. 保存

答案　C

解析　《党政机关公文处理工作条例》第七章第三十五条规定：不具备归档和保存价值的公文，经批准后可以销毁。

229. 不具备______价值的公文，经批准后可以销毁。（　　）

A. 保存和参考　　B. 归档和参考　　C. 归档和保存

答案　C

解析　《党政机关公文处理工作条例》第七章第三十五条规定：不具备归档和保存价值的公文，经批准后可以销毁。

230. 不具备归档和保存价值的公文，经批准后可以______。（　　）

A. 自行处理　　B. 回收利用　　C. 销毁

答案　C

解析　《党政机关公文处理工作条例》第七章第三十五条规定：不具备归档和保存价值的公文，经批准后可以销毁。

231. 销毁涉密公文必须严格按照有关规定履行______手续，确保不丢失、不漏销。（　）

A. 审核　　B. 审批登记　　C. 注册　　D. 备案

答案　B

解析　《党政机关公文处理工作条例》第七章第三十五条规定：销毁涉密公文必须严格按照有关规定履行审批登记手续，确保不丢失、不漏销。

232. 机关公文处理工作要求做到准确周密是为了______。（　）

A. 确保质量　　B. 注重实效　　C. 安全保密　　D. 加强管理

答案　B

解析　公文处理工作要求做到准确周密是为了确保质量。

233. 公文的密级需要变更或者解除的，由______机关或者其上级机关决定。（　）

A. 发文　　B. 原确定密级　　C. 收文

答案　B

解析　《党政机关公文处理工作条例》第七章第三十条规定：公文的密级需要变更或者解除的，由原确定密级的机关或者其上级机关决定。

234. 销毁涉密公文必须严格按照有关规定履行审批登记手续，确保______。（　）

A. 不漏销　　B. 不丢失　　C. 不丢失、不漏销

答案　C

解析　《党政机关公文处理工作条例》第七章第三十五条规定：销毁涉密公文必须严格按照有关规定履行审批登记手续，确保不丢失、不漏销。

235. 个人不得私自销毁、______涉密公文。（　）

A. 处理　　B. 留存　　C. 办理

答案　B

解析　《党政机关公文处理工作条例》第七章第三十五条规定：个人不得私自销毁、留存涉密公文。

236. 经批准公开发布的公文，同发文机关正式印发的公文具有______效力。（　）

A. 一般　　B. 同等　　C. 更高

答案　B

解析　《党政机关公文处理工作条例》第七章第三十一条规定：经批准公开发布的公文，同发文机关正式印发的公文具有同等效力。

237. ______时，需要归档的公文经整理后按照有关规定移交档案管理部门。（　）

A. 机关撤销　　B. 机关合并　　C. 机关变更

答案　A

解析　《党政机关公文处理工作条例》第七章第三十六条规定：机关撤销时，需要归档的公文经整理后按照有关规定移交档案管理部门。

238. 公文的印发传达范围应当按照发文机关的要求执行；需要______的，应当经发文机关批准。（　）

A. 变更　　B. 撤销　　C. 改变

答案　A

解析 《党政机关公文处理工作条例》第七章第三十一条规定：公文的印发传达范围应当按照发文机关的要求执行；需要变更的，应当经发文机关批准。

239. ______离岗离职时，所在机关应当督促其将暂存、借用的公文按照有关规定移交、清退。（ ）

A. 审核人员　　B. 文书人员　　C. 工作人员

答案 C

解析 《党政机关公文处理工作条例》第七章第三十六条规定：工作人员离岗离职时，所在机关应当督促其将暂存、借用的公文按照有关规定移交、清退。

240. 工作人员______时，所在机关应当督促其将暂存、借用的公文按照有关规定移交、清退。（ ）

A. 兼任职务　　B. 离岗离职　　C. 请休假

答案 B

解析 《党政机关公文处理工作条例》第七章第三十六条规定：工作人员离岗离职时，所在机关应当督促其将暂存、借用的公文按照有关规定移交、清退。

241. 工作人员离岗离职时，所在机关应当督促其将______、借用的公文按照有关规定移交、清退。（ ）

A. 收存　　B. 暂存　　C. 归档

答案 B

解析 《党政机关公文处理工作条例》第七章第三十六条规定：工作人员离岗离职时，所在机关应当督促其将暂存、借用的公文按照有关规定移交、清退。

242. 涉密文件应当通过机要交通、______、城市机要文件交换站或者收发件机关机要收发人员进行传递。（ ）

A. 邮政机要通信　　B. 邮政通信　　C. 机要通信

答案 A

解析 《党政机关公文处理工作条例》第六章第二十六条规定：涉密公文应当通过机要交通、邮政机要通信、城市机要文件交换站或者收发件机关机要收发人员进行传递，通过密码电报或者符合国家保密规定的计算机信息系统进行传输。

243. 工作人员离岗离职时，所在机关应当督促其将暂存、______的公文按照有关规定移交、清退。（ ）

A. 处理　　B. 归档　　C. 借用

答案 C

解析 《党政机关公文处理工作条例》第七章第三十六条规定：工作人员离岗离职时，所在机关应当督促其将暂存、借用的公文按照有关规定移交、清退。

244. 工作人员离岗离职时，所在机关应当督促其将暂存、借用的公文按照有关规定移交、______。（ ）

A. 清退　　B. 退还　　C. 归档　　D. 封存

答案 A

解析 《党政机关公文处理工作条例》第七章第三十六条规定：工作人员离岗离职时，所在机关应当督促其将暂存、借用的公文按照有关规定移交、清退。

245. ______的机关应当向本级党委、政府的办公厅（室）提出发文立户申请。（ ）

A. 名称变更　　B. 新设立　　C. 机构合并

答案 B

解析 《党政机关公文处理工作条例》第七章第三十七条规定：新设立的机关应当向本级党委、政府的办公厅（室）提出发文立户申请。

246. 设立党委（党组）的县级以上单位应当建立机要保密室和______，并按照有关保密规定配备工作人员和必要的安全保密设施设备。（　　）

A. 文书室　　B. 办公室　　C. 机要阅文室

答案 C

解析 《党政机关公文处理工作条例》第七章第二十九条规定：设立党委（党组）的县级以上单位应当建立机要保密室和机要阅文室，并按照有关保密规定配备工作人员和必要的安全保密设施设备。

247. 新设立的机关应当向______的办公厅（室）提出发文立户申请。（　　）

A. 本级党委、政府　　B. 上级党委、政府

C. 本级党委　　D. 上级党委

答案 A

解析 《党政机关公文处理工作条例》第七章第三十七条规定：新设立的机关应当向本级党委、政府的办公厅（室）提出发文立户申请。

248. 新设立的机关应当向本级党委、政府的办公厅（室）提出______申请。（　　）

A. 收发文　　B. 发文立户　　C. 立户　　D. 政务服务

答案 B

解析 《党政机关公文处理工作条例》第七章第三十七条规定：新设立的机关应当向本级党委、政府的办公厅（室）提出发文立户申请。

249. 新设立的机关应当向本级党委、政府的办公厅（室）提出发文立户申请。经审查符合条件的，列为______，机关合并或者撤销时，相应进行调整。（　　）

A. 发文单位　　B. 立户单位　　C. 正式单位

答案 A

解析 《党政机关公文处理工作条例》第七章第三十七条规定：新设立的机关应当向本级党委、政府的办公厅（室）提出发文立户申请。经审查符合条件的，列为发文单位，机关合并或者撤销时，相应进行调整。

250. 新设立的机关应当向本级党委、政府的办公厅（室）提出发文立户申请。经审查符合条件的，列为发文单位，机关______时，相应进行调整。（　　）

A. 撤销　　B. 合并　　C. 合并、撤销

答案 C

解析 《党政机关公文处理工作条例》第七章第三十七条规定：新设立的机关应当向本级党委、政府的办公厅（室）提出发文立户申请。经审查符合条件的，列为发文单位，机关合并或者撤销时，相应进行调整。

251. 按照《交通运输部公文处理办法》规定，交通运输部新设立的机构应当向______提出发文立户申请。（　　）

A. 交通运输部　　B. 部办公厅　　C. 部党组

答案 B

解析 《交通运输部公文处理办法》第九章第五十三条规定：新设立的机构应当向交通运输部办公厅提出发文立户申请。

252. 部海事局文件一般以______形式寄送，函件一般以______形式送达。（　　）

A. 印制纸质文件　传真

B. 传真　邮件

C. 印制纸质文件　邮件

答案 A

解析 《交通运输部海事局公文处理办法》第十章第四十七条规定。

253. 按照《交通运输部公文处理办法》要求，交通运输部及办公厅的收文，由办公厅负责______。（　　）

A. 签收　　B. 承办　　C. 受理

答案 A

解析 《交通运输部公文处理办法》第八章第四十条（一）规定：交通运输部及办公厅的收文，由办公厅负责签收。部机关司局的收文，由其办公室负责签收。

254. 收文办理第一个程序是______。（　　）

A. 登记　　B. 签收

C. 初审　　D. 承办

答案 B

解析 《党政机关公文处理工作条例》第六章第二十四条规定：收文办理主要程序是签收、登记、初审、承办、传阅、催办、答复。

255. 部海事局文件一般以印制______文件形式寄送，函件一般以传真形式送达。（　　）

A. 电子　　B. 纸质　　C. 多媒体

答案 B

解析 《交通运输部海事局公文处理办法》第十章第四十七条规定。

256. 收文登记信息不包括：______。（　　）

A. 文号　　B. 来文机关　　C. 承办处室

答案 C

解析 《交通运输部公文处理办法》第八章第四十条（二）规定：收文登记信息包括来文机关、文号、标题、来文日期、收文编号等。

257. 涉密文件应当通过______、邮政机要通信、城市机要文件交换站或者收发件机关机要收发人员进行传递。（　　）

A. 保密交通　　B. 机要交通　　C. 机要通信

答案 B

解析 《党政机关公文处理工作条例》第六章第二十六条规定：涉密公文应当通过机要交通、邮政机要通信、城市机要文件交换站或者收发件机关机要收发人员进行传递，通过密码电报或者符合国家保密规定的计算机信息系统进行传输。

258. ______海事系统各单位的公文（涉密公文及敏感信息除外），应当同时在海事系统内网公布，海事系统各单位应当及时查阅。（　　）

A. 抄送　　B. 主送　　C. 主送或抄送

答案　C

解析　《交通运输部海事局公文处理办法》第十章第四十七条规定。

259. 主送或者______海事系统各单位的公文（涉密公文及敏感信息除外），应当同时在海事系统内网公布，海事系统各单位应当及时查阅。（　　）

A. 抄报　　B. 抄送　　C. 转送　　D. 分送

答案　B

解析　《交通运输部海事局公文处理办法》第十章第四十七条规定。

260. 复制、汇编______公文，应当符合有关规定并经本机关负责人批准。（　　）

A. 秘密级、绝密级　　B. 机密级、绝密级　　C. 机密级、秘密级

答案　C

解析　《党政机关公文处理工作条例》第七章第三十二条规定：复制、汇编机密级、秘密级公文，应当符合有关规定并经本机关负责人批准。

261. 主送或者抄送海事系统各单位的公文（涉密公文及敏感信息除外），应当______在海事系统内网公布，海事系统各单位应当及时查阅。（　　）

A. 随后　　B. 同时　　C. 定期

答案　B

解析　《交通运输部海事局公文处理办法》第十章第四十七条规定。

262. 复制、______的涉密公文视同原件管理。（　　）

A. 汇编　　B. 编纂　　C. 汇总

答案　A

解析　《党政机关公文处理工作条例》第七章第三十二条规定：复制、汇编的涉密公文视同原件管理。

263. 公文办理包括收文办理、发文办理和______。（　　）

A. 整理归档　　B. 文件收存　　C. 文件存档

答案　A

解析　《党政机关公文处理工作条例》第六章第二十三条规定：公文办理包括收文办理、发文办理和整理归档。

264. 主送或者抄送海事系统各单位的公文（涉密公文及敏感信息除外），应当同时在______公布，海事系统各单位应当及时查阅。（　　）

A. 海事外网网站　　B. 海事系统内网　　C. 海事系统内网和海事外网网站

答案　B

解析　《交通运输部海事局公文处理办法》第十章第四十七条规定。

265. 下列不属于收文办理主要程序的是：______。（　　）

A. 签收　　B. 督办　　C. 答复

答案 B

解析 《党政机关公文处理工作条例》第六章第二十四条规定：收文办理主要程序是签收、登记、初审、承办、传阅、催办、答复。

266. 主送或者抄送海事系统各单位的公文（涉密公文及敏感信息除外），应当同时在海事系统内网公布，海事系统各单位应当及时查阅。其他公文传输方式根据公文______建设要求另行规定。（ ）

A. 制度化　　B. 规范化

C. 信息化　　D. 规范化、信息化

答案 C

解析 《交通运输部海事局公文处理办法》第十章第四十七条规定。

267. 涉密公文公开发布前应当履行______程序。公开发布的时间、形式和渠道，由发文机关确定。（ ）

A. 传达　　B. 印发　　C. 解密

答案 C

解析 《党政机关公文处理工作条例》第七章第三十一条规定：涉密公文公开发布前应当履行解密程序。公开发布的时间、形式和渠道，由发文机关确定。

268. 电子公文指通过______形成的具有规范格式的公文的电子数据。（ ）

A. 外网网站　　B. 电子办公系统　　C. 电子邮件

答案 B

解析 《交通运输部海事局公文处理办法》第十章第四十八条规定。

269. 电子公文指通过电子办公系统形成的具有______的公文的电子数据。（ ）

A. 规范格式　　B. 固定格式　　C. 一定格式

答案 A

解析 《交通运输部海事局公文处理办法》第十章第四十八条规定。

270. 主送或者抄送海事系统各单位的公文（涉密公文及敏感信息除外），应当同时在海事系统内网______，海事系统各单位应当及时查阅。（ ）

A. 通报　　B. 公示　　C. 公布　　D. 公开

答案 C

解析 《交通运输部海事局公文处理办法》第十章第四十七条规定。

271. 电子公文指通过电子办公系统形成的具有规范格式的公文的______。（ ）

A. 网络信息　　B. 电子数据　　C. 电子邮件

答案 B

解析 《交通运输部海事局公文处理办法》第十章第四十八条规定。

272. 电子公文与纸质公文具有同等______。（ ）

A. 传达方式　　B. 文件层级　　C. 法定效力

答案 C

解析 《交通运输部海事局公文处理办法》第十章第四十八条规定。

273. 电子公文的处理应当______公文管理的有关规定。（　　）

A. 参照　　B. 符合　　C. 参考　　D. 自行拟定

答案　B

解析　《交通运输部海事局公文处理办法》第十章第四十八条规定。

274. 电子公文应当存放于______服务器，指定专人严格管理，未经公文主管部门同意，不得修改和删除。（　　）

A. 内网　　B. 互联网

C. 指定　　D. 互联网、内网

答案　C

解析　《交通运输部海事局公文处理办法》第十章第四十八条规定。

275. ______机密级、秘密级公文，应当符合有关规定并经本机关负责人批准。（　　）

A. 在非机要保密室处理

B. 公开发布

C. 复制、汇编

答案　C

解析　《党政机关公文处理工作条例》第七章第三十二条规定：复制、汇编机密级、秘密级公文，应当符合有关规定并经本机关负责人批准。

276. 对机关公文实行统一管理的是______。（　　）

A. 机关的各承办处室　　B. 机关的收发室

C. 机关的文秘部门　　D. 机关的档案管理部门

答案　C

解析　由机关的秘书长或者办公厅、办公室主任统一领导、组织和安排公文处理工作。

277. 复制、汇编机密级、秘密级公文，应当符合有关规定并经本机关______批准。（　　）

A. 涉密人员　　B. 负责人　　C. 文书　　D. 保密主管领导

答案　B

解析　《党政机关公文处理工作条例》第七章第三十二条规定：复制、汇编机密级、秘密级公文，应当符合有关规定并经本机关负责人批准。

278. 除______及敏感信息外，部海事局公文均须通过办公自动化系统办理。（　　）

A. 涉密公文　　B. 正式公文　　C. 内部文件

答案　A

解析　《交通运输部海事局公文处理办法》第九章第三十八条规定。

279. 电子公文应当存放于指定的服务器，指定专人严格管理，未经______同意，不得修改和删除。（　　）

A. 公文主办部门　　B. 公文主管部门

C. 公文承办部门　　D. 发文机关

答案　B

解析　《交通运输部海事局公文处理办法》第十章第四十八条规定。

280. 收文办理主要程序是签收、登记、初审、承办、传阅、______、答复。（　　）

A. 催问　　B. 落实　　C. 催办

答案　C

解析　《党政机关公文处理工作条例》第六章第二十四条规定：收文办理主要程序是签收、登记、初审、承办、传阅、催办、答复。

281. 电子公文传输指电子公文的______、发送、接收过程。（　　）

A. 制作　　B. 生成　　C. 印制

答案　B

解析　《交通运输部海事局公文处理办法》第十章第四十九条规定。

282. 下列不属于收文办理主要程序的是：______。（　　）

A. 审核　　B. 初审　　C. 承办

答案　A

解析　《党政机关公文处理工作条例》第六章第二十四条规定：收文办理主要程序是签收、登记、初审、承办、传阅、催办、答复。

283. 电子公文传输指电子公文的生成、发送、______过程。（　　）

A. 收取　　B. 接收　　C. 下载

答案　B

解析　《交通运输部海事局公文处理办法》第十章第四十九条规定。

284. 电子公文指通过电子办公系统形成的具有规范格式的______。（　　）

A. 公文的电子数据　　B. 文件的电子数据　　C. 函件的电子数据

答案　A

解析　《交通运输部海事局公文处理办法》第十章第四十八条规定。

285. 电子公文传输指电子公文的生成、______过程。（　　）

A. 发送、下载　　B. 发送、接收　　C. 发布、接收

答案　B

解析　《交通运输部海事局公文处理办法》第十章第四十九条规定。

286. 电子公文传输指电子公文的______接收过程。（　　）

A. 生成、发送　　B. 制作、发送　　C. 生成、发布

答案　A

解析　《交通运输部海事局公文处理办法》第十章第四十九条规定。

287. 用于______的计算机及其相关设备应当指定专人管理和维护，严禁与互联网连接。（　　）

A. 公文审核　　B. 公文拟制　　C. 电子公文传输

答案　C

解析　《交通运输部海事局公文处理办法》第十章第四十九条规定。

288. 用于电子公文传输的______及其相关设备应当指定专人管理和维护，严禁与互联网连接。（　　）

A. 网络系统　　B. 计算机　　C. 网络信息设备

答案　B

解析　《交通运输部海事局公文处理办法》第十章第四十九条规定。

289. 公文的撤销和废止，由______、上级机关或者权力机关根据职权范围和有关法律法规决定。（　　）

A. 收文机关　　B. 发文机关　　C. 审批机关

答案　B

解析　《党政机关公文处理工作条例》第七章第三十三条规定：公文的撤销和废止，由发文机关、上级机关或者权力机关根据职权范围和有关法律法规决定。

290. 用于电子公文传输的计算机及其相关设备应当指定专人管理和维护，______与互联网连接。（　　）

A. 按上级要求　　B. 应当　　C. 严禁　　D. 视情况

答案　C

解析　《交通运输部海事局公文处理办法》第十章第四十九条规定。

291. 用于电子公文传输的计算机及其相关设备应当指定专人管理和维护，严禁与______连接。（　　）

A. 内网　　B. 互联网　　C. 一切网络

答案　B

解析　《交通运输部海事局公文处理办法》第十章第四十九条规定。

292. 用于电子公文传输的计算机及其相关设备应当指定专人管理和维护，严禁______。（　　）

A. 与互联网连接　　B. 使用非国产系统

C. 与内网系统连接　　D. 未经涉密部门同意更换

答案　A

解析　《交通运输部海事局公文处理办法》第十章第四十九条规定。

293. 以下不符合收文办理先后顺序的是______。（　　）

A. 签收、初审、登记、承办、传阅、催办、答复

B. 登记、签收、初审、承办、传阅、催办、答复

C. 签收、登记、初审、承办、传阅、催办、答复

D. 签收、登记、初审、承办、催办、传阅、答复

答案　C

解析　《党政机关公文处理工作条例》第二十四条规定：收文办理主要程序是签收、登记、初审、承办、传阅、催办、答复。

多选题

第一部分　公文格式

第二部分　行文规则

第三部分　公文拟制、公文精简

第四部分　公文管理、公文办理

第一部分

公文格式

1. 公文写作之前要______。（ ）

A. 向领导请示写法　　B. 明确行文目的

C. 确定使用的文种　　D. 选择适当的语言

答案 BC

解析 公文写作之前要明确行文目的和确定使用的文种。

2. 禁止主送的同时抄送给下级机关的文件有______。（ ）

A. 主送给平级机关的商洽性函件　　B. 主送给上级机关的请求批准的请示

C. 主送给有关下级机关的政策性批复　　D. 主送给上级机关的请求指示的请示

答案 BD

解析 上行请示目的是请求上级批准某项工作或请求批准事项，其对象唯一，其结果如何还须等上级机关批复。所以，上行请示没有必要抄送下级机关。

3. 遵守行文规则是为了______。（ ）

A. 避免行文紊乱　　B. 确保公文迅速、准确传递

C. 控制发文数量　　D. 确定行文关系

答案 ABCD

解析 行文规则是国家有关部门为了确保公文迅速而准确地传递，避免行文紊乱而制定的控制行文数量及行文方向、行文方式的有关规定。

4. 具备法定效力的公文稿本有______。（ ）

A. 草稿　　B. 副本　　C. 定稿

D. 试行本　　E. 暂行本

答案 BCDE

解析 草稿不具备法定效力。

5. 应立卷的文件必须是______。（ ）

A. 有查考价值的　　B. 办理完毕的

C. 机关在工作中形成的　　D. 完全失去现行效用的

答案 ABC

解析 完全失去现行效用的文件无须立卷。

6. 可用来发布规章的文件有______。( )

A. 决定　B. 命令　C. 通知　D. 通告

答案 BC

解析 决定是作出安排，通告是周知的事项。

7. 下面属于公文必备的基本组成部分有______。( )

A. 正文　B 标题

C. 成文日期　D. 印章或签署

答案 ABCD

解析 公文的基本组成部分有：标题、正文、日期、印章或签署。

8. 规范性公文正本的特殊形式有______。( )

A. 试行本　B. 抄本　C. 暂行本　D. 修订本

答案 ACD

解析 试行本是规范性公文正本的一种特殊形式，即试验推行本，在规定的试验推行期间具有正式公文的法定效用；暂行本也是规范性公文正本的一种特殊形式，即暂时推行本，在规定的暂行期间具有正式公文的法定效用；副本是指再现公文正本内容及全部或部分外形特征的公文复制本或正本的复份，副本供存查、知照用；修订本是规范性公文正本的另外一种特殊形式，是已发布生效的公文，经实践检验予以修正补充后再发布的文本。

9. 下面说法正确的有______。( )

A. 草稿是原始的非正式文稿，不具备正式公文的效用

B. 不同文字稿本是同一内容用两种或两种以上文字撰写的文本

C. 副本是正本的复份，具备正式公文的法定效用

D. 试行本是试验推行本，不具备正式公文的法定效用

E. 定稿即正本

答案 ABC

解析 试行本同样具有法定效用，定稿是缮印正本的依据。

10. 在下行文中提出执行要求时，要使受文者不折不扣执行文件，应写作______。( )

A. 遵照执行　B. 参照执行　C. 参酌执行　D. 按照执行

答案 AD

解析 参照执行、参酌执行均没有强制力。

11. 撰拟规范性公文应遵循______要求。( )

A. 高度的严密性　B. 高度的一致性　C. 公文的稳定性

D. 公文的连续性　E. 公文的灵活性

答案 ABCD

解析 规范性公文不同于其他性质的文件，应当严格遵守四个原则：高度的一致性、严密性、稳定性和连续性。

12. 维护公文的稳定性时易出的问题是______。（　　）

A. 规定的表述过于绝对化　　B. 仓促制定文件，不合实际

C. 内容不全面　　D. 层次混合，割裂事项联系

E. 与其他法规性文件抵触

答案　AB

解析　维护公文的稳定性易出的问题是：（1）仓促制定文件，不合实际；（2）规定的表述过于绝对化。

13. 重要公文的签发者应是机关______。（　　）

A. 主持常务的副职领导　　B. 正职领导

C. 主持专项业务的副职领导　　D. 综合部门负责人

答案　AB

解析　重要公文是以行文机关的名义发出的，而只有正职领导或主持日常工作的常务副职领导才有对机关全面工作负总责的职责和权限。

14. 公文提纲的内容包括______。（　　）

A. 公文开头　　B. 公文标题

C. 表述层次及论点、论据、字数安排　　D. 结尾

答案　ABC

解析　公文提纲的内容无须结尾。

15. 公文写作的基本要求有______。（　　）

A. 一切从实际出发　　B. 符合党、国家的路线、方针、政策和法律法规

C. 用语庄严、简明、通顺　　D. 为使各方面了解情况，多印发文件

E. 格式不必强求一致

答案　ABC

解析　《党政机关公文处理工作条例》第十九条规定。

16. 选定公文种类主要的原则方法是______。（　　）

A. 考虑本单位的权限　　B. 考虑行文的具体需要

C. 考虑公文撰拟者的写作水平　　D. 考虑行文走向

答案　ABD

解析　公文撰拟者的写作水平不是选定公文种类主要的原则方法。

17. 公文使用的______按照有关国家标准和规定执行。（　　）

A. 数字　　B. 汉字　　C. 外文字符

D. 计量单位　　E. 标点符号

答案　ABCDE

解析　《党政机关公文处理工作条例》第三章第十一条规定：公文使用的汉字、数字、外文字符、计量单位和标点符号等，按照有关国家标准和规定执行。

18. 国家对公文的格式有具体的要求其特点有______。（　　）

A. 规范性　　B. 结构完整　　C. 相对确定性　　D. 灵活性

答案　ABC

解析　国家对公文的格式有具体的要求其特点有结构完整、规范性、相对确定性。

19. 规定公文的统一规范格式，其目的在于______。（　　）

A. 维护公文的有效性　　B. 维护公文的严肃性

C. 维护公文的权威性　　D. 维护公文的准确性

答案　BCD

解析　公文是具有规范体式的文书。规定公文的统一规范格式，其目的在于维护公文的严肃性、权威性和准确性。

20. 通报有以下特点______。（　　）

A. 让事实和数据说话，而不过多地阐发和论证道理

B. 具有较强的时效性

C. 具有教育性质，主要起宣传教育、沟通情况和交流经验的作用

D. 内容单纯，行文简便

答案　ABC

解析　选项 D 不属于通报的特点。

21. 通报的总体结构包括______。（　　）

A. 主送机关　　B. 标题　　C. 正文　　D. 发文机关与成文日期

答案　ABCD

解析　通报的结构包括以下四方面。（1）标题。一般是由发文机关、事由和文种组成，有的也可省去发文机关。（2）主送机关。行文对象有专指的，写明主送机关；普发性的通报，也可以不写主送机关。（3）正文。要写明有关表彰（批评）对象的基本情况，需要表彰（批评）的事实或需要引起重视的重要情况，组织结论给予表彰（或处理）的决定，提出希望与要求。如为情况通报，还要写明对策。（4）发文机关与成文日期。

22. 下列有关说法正确的是？（　　）

A. 请示这类公文要求上级回复，故应与工作报告相区别。

B. 各机关对于自己无权决定或难以处理的问题均应制发请示公文。

C. 某机关对于后勤的安排，因几位领导意见不一致，此时应该制发请示。

D. 请示不能使用议论的表达方式。

答案　ABD

解析　各机关对于自己无权决定或难以处理的问题均应制发请示公文。

23. 公文主题的基本要求是______。（　　）

A. 简明　　B. 突出　　C. 单一　　D. 生动

答案　AB

解析　公文主题的基本要求是突出、简明。

24. 下面几种说法中不正确的是？（　　）

A. 在公文中，完全句是主要的，只有在为使语言简洁且又不会对语义造成损伤的情况下才使用省略句。

B. 接受抄送的机关不可以向其他机关抄送。

C. 向上级机关请求批示或批准宜用“请示”而不用“报告”。

D. 主送机关必须是受文机关中级别层次高的机关，抄送机关则必须是其中级别层次低的机关。

答案　BD

解析　接受抄送的机关可以向其他机关抄送，主送是要办理这份文件的单位而抄送通常是些级别较高的部门。

25. 选用公文文种，主要依据______。（　　）

A. 工作关系　　B. 规范性

C. 职权　　D. 行文目的和要求

解析　选用公文文种，主要依据其规范性、工作关系、职权、行文目的和要求。

答案　ABCD

26. 请示的结构由以下选项的哪几部分组成______。（　　）

A. 主送机关

B. 标题，写明制发机关名称、事由与文种

C. 正文，包括请示理由、请示事项及请示的具体要求

D. 制发机关名称与成文日期

答案　ABCD

解析　请示的结构包括以下四方面。（1）标题。写明发文机关、事由与文种。（2）主送机关。（3）正文。请示的正文一般由这样几部分组成：行文的依据、原因；待解决的问题及初步方案，并提出倾向性意见及其理由；行文要求，即请示上级复文的要求，常用“当否，请批示”“当否，请批复”“请审核批复”“妥否，请鉴核批示”等结尾词语表达。（4）发文机关与成文日期。

27. 下列说法符合工作报告写作要求的是______。（　　）

A. 中心明确，重点突出

B. 适宜采用概括叙述的表达方式，避免描述事情的细枝末节或罗列数字

C. 报告内容应有新意

D. 点面结合，实事求是

答案　ABCD

28. 在撰写总结报告正文的开头部分时通常采用的方法是______。（　　）

A. 叙述占有的材料　　B. 介绍工作的成绩及工作进程

C. 概述基本情况　　D. 简要揭示总结的主题，为进一步展开叙述奠定基础

答案　CD

解析　总结报告正文的开头部分概述基本情况和简要揭示总结的主题，为进一步展开叙述奠定基础。

29. 在撰写总结报告正文的主体部分时通常采用的方法是？（　　）

A. 按时间的顺序安排层次。

B. 划分工作情况与经验体会两大部分。

C. 按总结内容的逻辑关系，分设若干问题，按问题介绍工作情况，写明经验（教训）。

D. 按工作发展阶段的先后顺序安排层次。

答案　ABCD

30. 下列总结报告正文的结尾部分写法正确的有______。（　　）

A. 从管理基础工作入手，搞好整顿　　B. 特此报告

C. 请审阅　　D. 特此报告，如有不当之处，请予指正

答案　BCD

解析　选项 A 是方法而不是结尾总结用语。

31. 在函正文的结尾处，下列哪些用语可以使用______。（　　）

A. 敬请予以大力支持　　B. 请尽快函复为盼　　C. 请即函复　　D. 特此函告

答案　ABCD

32. 下列哪些事项必须在纪要的正文部分给予记述______。（　　）

A. 会议的基本情况　　B. 会议的名称与文种

C. 会议的希望、要求或发出的号召　　D. 会议讨论与决定的问题

答案　AD

解析　选项 B 是在标题中的要素，选项 C 属于结尾部分。

33. 为了使纪要层次分明、条理清楚。下列撰写时可使用方法中错误的是______。（　　）

A. 使用序数表示　　B. 加注分标题

C. 使用惯用语"会议决定"　　D. 会议详细叙述

答案　BCD

解析　为了使纪要层次分明、条理清楚，撰写时可使用序数表示。

34. 以下说法正确的有？（　　）

A. 公文一般兼用说明、叙述、议论三种表达方式，应依公文性质与行文目的确定。

B. 公文的写作程序一般分为：准备、撰拟、审核、修改四个阶段。

C. 纪要写成后应提请会议主持人审核和签发，也必须经与会者讨论认可。

D. 会议简报用于报送重要会议的情况，属临时性简报。

答案　ABD

解析　为了保证纪要的真实性与准确性，纪要写成后应提请会议主持人审核与签发，重要会议的纪要，应经与会者讨论认可。

35. 公文结构除具有一般文章的结构特点外，还应遵循的原则是______。（　　）

A. 服从表现主旨的需要

B. 反映客观事物的规律

C. 适应不同的文种特点

D. 符合公务活动的思维逻辑

答案 ABCD

36. 下列哪些属于公文语言的基本要求______。（　　）

A. 简洁　　B. 准确　　C. 庄重　　D. 朴实

答案 ABCD

解析 公文语言的基本要求是准确、简洁、庄重、朴实。

37. 下列哪些属于公文起草的基本要求______。（　　）

A. 材料精当　　B. 观点明确　　C. 条理清楚　　D. 角度得体

答案 ABCD

38. 公文修改的内容有______。（　　）

A. 增删材料　　B. 订正观点　　C. 调整结构　　D. 推敲语言

答案 ABCD

解析 公文修改的内容包括修改主题、格式、材料、结构、语言。

39. 下列请示结尾，符合要求的有？（　　）

A. 可否，请批示。　　B. 妥否，请批示。

C. 以上如认为可行，请批转有关单位执行。　　D. 以上报告，当否，请批示。

答案 ABC

解析 选项 D 为报告结尾。

40. 下列表述正确的有？（　　）

A. 请示的行文对象必须是自己的上级机关。

B. 请示是党政机关中一个独立的文种。

C. 在需要的情况下，请示可以有两个主送机关。

D. 请示不论文字长短，其内在逻辑均是“为什么请示”和“请示什么问题”。

答案 ABD

解析 请示只能有一个主送机关。

41. 批复的正文，一般由下列哪些部分组成______。（　　）

A. 主体　　B. 引语　　C. 结尾　　D. 标题

答案 ABC

解析 标题不属于批复的正文部分。

42. 下列符合批复写作要领的有______。（　　）

A. 严格掌握行文对象　　B. 针对性要强

C. 灵活运用结构形式　　D. 坚持一文一事

答案　ABCD

43. 通报写作要领主要有______。（　　）

A. 以典型事例为题材　　B. 以具体事实为基础

C. 以教育指导为目的　　D. 以及时有效为要求

答案　ABCD

44. 下列符合答复函写法内容的有______。（　　）

A. 答复意见　　B. 告知情况　　C. 有争议的结果　　D. 结尾

答案　ABD

解析　复函的正文主要包括：指明所针对的来函（如标题、文号、时间等）答复询问，表明态度、立场和解决问题的办法，提出疑问，陈述有关理由、情况；提出希望、要求或致谢；有时以“特此复函”等结语作结；发文机关或成文日期。

45. 下面说法中，不正确的是？（　　）

A. 公文形成的具体时间，通常以会议通过时间或印发时间为准。

B. 公文的结构就是指公文的组织构造。

C. 发文就是指本机关制成发往外部的文件。

D. 公文是一种特殊的应用文。

答案　AC

解析　公文的成文时间又称为日期，指公文形成的具体时间，通常以领导者签发的时间为准。发文也可以指对内发文。

46. 用印时应加以注意的事项有？（　　）

A. 印章应盖在成文日期上方，并注意上不压正文，下不压日期。

B. 原则上以谁的名义制发公文，就用谁的印章。

C. 代章时应标明“代章”字样。

D. 须经批准的，不经规定领导者签发的公文一律不予用印。

答案　BCD

解析　用印需压日期。

47. 确立公文的基本要求是______。（　　）

A. 鲜明　　B. 正确　　C. 集中　　D. 深刻

答案　ABC

解析　确立公文的基本要求是正确、鲜明、集中。

48. 公文中的附件是指______。（　　）

A. 公文正文的补充　　B. 公文正文的说明

C. 公文正文的参考资料　　D. 公文正文不可缺少的部分

答案　ABC

解析　附件是公文正文的说明、补充或者参考资料。

49. 公文处理应当坚持的原则是______。（　　）

A. 准确规范　　　　B. 实事求是

C. 精简高效　　　　D. 安全保密

答案　ABCD

解析　《党政机关公文处理工作条例》第一章第五条规定：公文处理工作应当坚持实事求是、准确规范、精简高效、安全保密的原则。

50. 下列公文规定表述正确的有？（　　）

A. 公文标题中除法规、规章名称加书名号外，一般不用标点符号。

B. 公文如有附件，应当标明附件顺序和名称。

C. 有特定发文机关标志的普发性公文和电报可以不加盖印章。

D. 向下级机关或本系统的重要行文，应当同时抄送上级机关。

答案　ABCD

51. 公文正式印制前，文秘部门复核的重点是______。（　　）

A. 附件材料是否齐全　　　　B. 审批、签发手续是否完备

C. 格式是否统一、规范　　　　D. 字数是否符合规定

答案　ABC

解析　公文修改的内容包括修改主题、格式、材料、结构、语言。

52. 越级行文的条件是______。（　　）

A. 经多次请示直接上级机关而问题长期未予解决

B. 无明确要求

C. 需直接询问、答复或联系具体事项

D. 检举直接上级机关

答案　ACD

解析　越级行文条件是：（1）遇有特殊重大紧急情况，如战争、自然灾害等，如逐级上报，可能会延误时机，造成重大损失时；（2）经多次请示直接上级，长期未得到解决的重大问题；（3）上级领导或领导机关交办，并指定越级直接上报的事项；（4）对直接上级机关或领导进行检举、控告；（5）直接上下级机关有争议，而无法解决的重大问题；（6）询问、联系无须经过直接上级机关的一些工作问题等；（7）为使文件精神尽快与群众见面，以便更好地贯彻执行，采用电视、电脑、电话、广播、报刊等方式行文。

53. 应向直接上级机关抄送的文件包括______。（　　）

A. 受双重领导的机关向其中一个领导机关主送的请示

B. 向自己下级机关主送的重要文件

C. 向平级业务主管部门主送的请求批准的函件

D. 按规定越级向更高层级机关主送的文件

答案　ABD

解析　《党政机关公文处理工作条例》第四章第十四条规定：一般不得越级行文，特殊情况需要越级行文的，应

当同时抄送被越过的机关；第十五条规定：受双重领导的机关向上级机关行文，必要时抄送另一个上级机关；第十六条规定：向下级机关行文，重要行文应当同时抄送发文机关的直接上级机关。

54. 文件生效标识不包括______。（ ）

A. 成文时间　　B. 主送机关

C. 发文机关印章　　D. 附件

答案　ABD

解析　公文生效标识是指在正文或附件之后加盖发文机关印章或签署姓名。

55. 以下成文日期错误的是______。（ ）

A. 2021 年 01 月 01 日　　B. 2021.1.1

C. 2021 年 1 月 1 日　　D. 21 年 1 月 1 日

答案　ABD

56. 能够联合行文的机关应是______。（ ）

A. 政府各部门之间　　B. 同级政府之间

C. 上级党委和下级政府之间　　D. 政府部门和同级人民团体之间

E. 政府及其部门与同级党委

答案　ABD

解析　同级党政机关、党政机关与其他同级机关必要时可以联合行文。

57. 维护公文的简明性时易出的问题是______。（ ）

A. 语言含混、语义多歧　　B. 赘言泛滥、大量重复

C. 归类不准、文不对题　　D. 主题不明、离题万里

E. 内容不全、挂一漏万

答案　BE

解析　维护公文的简明性，要求叙事简明完备，说理精辟透彻，而不遗不缺，既不能累赘，又不能言不及义，反对赘言泛滥、大量重复和归类不全、挂一漏万。

58. 在下列文种的写作中，以叙事为基础的主要有______。（ ）

A. 报告　　B. 章程　　C. 会议纪要

D. 通报　　E. 总结

答案　ACDE

解析　章程主要用来规定事项，不用来叙事。

59. 公文运用语言应做到______。（ ）

A. 准确　　B. 详细　　C. 简明

D. 庄重　　E. 得体

答案　ACDE

解析　公文运用语言应做到准确、简明、庄重、得体。

60. 公文特定用语有______。（　　）

A. 惯用语、成语、综合用语　　B. 开端用语、引叙用语、经办用语、结尾用语

C. 称谓用语、期请用语、表态用语　　D. 谦敬用语、过渡用语、综合用语

答案 BCD

解析 选项B属于公文的常用语。

61. 在公文写作中，引用语的使用一般是指______。（　　）

A. 引用古书上的现成语句　　B. 引用名人名言

C. 引用地方语言　　D. 引用外来语

E. 引用党和国家领导机关重要文件中的语句

答案 ABE

解析 引用语一般有以下几种情况：一是引用名人名言；二是引用古书上的现成语句；三是引用党和国家领导机关重要文件中的语句。

62. 公文各要素划分为______。（　　）

A. 附件说明　　B. 版头　　C. 主送机关

D. 主体　　E. 版记

答案 BDE

解析 组成公文的各要素划分为版头、主体、版记三部分。

63. 在以下公文格式要素中，应标注在公文版头部分的是______。（　　）

A. 公文标题　　B. 发文机关标识　　C. 发文字号

D. 秘密等级　　E. 紧急程度

答案 BCDE

解析 公文标题在公文主体部分。

64. 紧急公文应根据紧急的程度分别标明______。（　　）

A. 特急　　B. 急　　C. 加急　　D. 急件

答案 AC

解析 紧急公文应当根据紧急程度分别标明“特急”“加急”。

65. 下列关于联合行文的表述，不正确的是______。（　　）

A. 可将正文放到第二页显示　　B. 同级别机关按党、政、军、群顺序排列

C. 主办机关印章应当居中　　D. 每个机关发文字号都要标出

答案 ACD

解析 正文必须在首页显示，联合行文时，主办机关印章应当居右侧，使用主办机关的发文字号。

66. 编制发文字号的作用是______。（　　）

A. 便于统计发文数量　　B. 可作公文的代号使用，便于查找和引用

C. 便于分清发文者的责任　　D. 便于公文的管理

E. 便于内、外收发的分工

答案 ABD

解析 发文字号的作用是可作公文的代号使用，便于查找和引用，便于统计发文数量，便于公文的管理。

67. 公文标题一般由作者加事由加文种构成，在一定条件下，公文标题可以______。（ ）

A. 省略事由 B. 省略公文机关名称 C. 省略文种

D. 省略公文机关名称和事由 E. 省略事由和文种

答案 ABD

解析 在一定条件下，公文标题可以省略公文机关名称和事由，不可以省略文种。

68. 上行公文一般只确定一个主送机关，是因为主送机关多了______。（ ）

A. 会影响团结 B. 会造成责任不明的现象

C. 会造成彼此推诿，互相扯皮的现象 D. 延误问题的及时处理

答案 ABCD

解析 上行公文在一般情况下只有一个主送机关。

69. 下列关于公文主送机关的表述，不正确的是？（ ）

A. 国务院的普发性文件，主送机关的统称是：各省、自治区、直辖市人民政府、国务院各部委、各直属机构、中央军事委员会。

B. 一般下行公文都有两个以上的主送机关。

C. 上行公文一般只有一个具体的主送机关，不要多头主送。

D. 上行公文一般可以将领导人作为主送机关。

E. 直接向社会发布的公文，没有必要再写主送机关。

答案 AD

解析 选项A应为各省、自治区、直辖市人民政府、国务院各部委、各直属机构；选项D不能将领导人作为主送机关。

70. 对公文附件的处理，下列说法中正确的有？（ ）

A. 注明所附文件材料名称及件数。

B. 附件说明位于正文的左下方，公文生效标识之上。

C. 正文的附件序号用阿拉伯数字，附件上使用汉字。

D. 正文之后标了有附件、附件中就不必再标有“附件”二字。

E. 附件与正文一起装订。

答案 ABE

解析 选项C，附件上也要使用阿拉伯数字；选项D，附件中仍标注附件二字。

71. 关于公文的成文时间，下列表述中不正确的有？（ ）

A. 规范性公文以会议通过的时间为准。 B. 一般情况下，以领导人签发时间为准。

C. 经会议讨论通过的公文，以印发时间为准。 D. 一般的日常事务性公文以批准时间为准。

E. 联合发文以最后一个签发机关的领导人的签发时间为准。

答案 ACD

解析 选项A，规范性公文以批准的时间为准；选项C，经会议讨论通过的公文，以会议通过的时间为准；选项D，

一般的日常事务性公文以印发时间为准。

72. 主送机关应当使用______。（　　）

A. 机关简称　　B. 机关全称　　C. 规范化简称　　D. 同类型机关统称

答案　BCD

解析　公文的主要受理机关，应当使用机关全称、规范化简称或者同类型机关统称。

73. 下列哪些文件的成文时间以批准时间为准？（　　）

A. 规章类文件　　B. 法规类文件　　C. 会议文件

D. 商请性文件　　E. 答复性文件

答案　AB

解析　规范性公文以批准时间为准。

74. 下列哪些文件以印发时间为准？（　　）

A. 规章类文件　　B. 法规类文件　　C. 简报

D. 函　　E. 通知

答案　CDE

解析　一般的日常事务性公文以印发时间为准。

75. 下列哪些文件以批准时间为成文时间？（　　）

A. 条例　　B. 法律　　C. 批复　　D. 请示

答案　AB

解析　规范性公文以批准时间为准。

76. 印发机关和印发说明包括______。（　　）

A. 文件制发单位名称　　B. 机关印章　　C. 印发日期　　D. 印制份数

答案　ACD

77. 公文的整体结构包括______。（　　）

A. 复式结构　　B. 单式结构　　C. 主件加附件

D. 版头、主体、版记　　E. 转发件加被转发件

答案　ABCE

解析　公文的整体结构包括单式结构和复式结构，复式结构包括主件加附件和转发件加被转发件。

78. 在公文的排版形式上，发文机关标识推荐使用______。（　　）

A. 小标宋体字　　B. 红色标识　　C. 2 号宋体字

D. 小标黑体字　　E. 2 号黑体字

答案　AB

解析　发文机关标识推荐使用小标宋体字，标识用红色。

79. 《党政机关公文格式》规定的公文排版规格是______。（　　）

A. 公文正文用 3 号隶书字体　　B. 公文正文用 3 号仿宋字体

C. 一般每面排 22 行文　　　　D. 每行排 28 个字

答案　BCD

80. 按照文稿的作用和形成特点，公文草稿可称为______。（　　）

A. 讨论稿　　B. 底稿　　C. 征求意见稿

D. 修改稿　　E. 送审稿

答案　ACDE

解析　草稿按照文稿的作用和形成特点，可称为讨论稿、征求意见稿、修改稿、送审稿。

81. 下列关于公文定稿的说法正确的是？（　　）

A. 履行了法定生效程序。

B. 有拟制和审核中的修改痕迹。

C. 有文件签发人的签发标记。

D. 有会议批准通过情况的记载。

答案　ACD

解析　定稿是最后定型文稿，不能有拟制和审核中的修改痕迹。

82. 重要的公文从草稿到定稿一般经过______。（　　）

A. 修改　　B. 审阅　　C. 会议讨论通过　　D. 签发

答案　ABCD

解析　重要的公文从草稿到定稿一般经过修改、审阅、会议讨论通过、签发。

83. 副本的作用是代替正本供______。（　　）

A. 传阅　　B. 保存　　C. 修订

D. 参考　　E. 备查

答案　ADE

解析　副本的作用主要是代替正本供传阅、参考和备查使用。

84. 公文处理工作应当坚持______的原则。（　　）

A. 准确规范　　B. 实事求是　　C. 精简高效　　D. 安全保密

答案　ABCD

解析　《党政机关公文处理工作条例》第一章第五条规定：公文处理工作应当坚持实事求是、准确规范、精简高效、安全保密的原则。

85. 各级党政机关应当由______负责公文处理工作。（　　）

A. 专人　　B. 设立文秘部门　　C. 任何人　　D. 单位负责人

答案　AB

解析　《党政机关公文处理工作条例》第一章第六条规定：各级党政机关应当高度重视公文处理工作，加强组织领导、强化队伍建设，设立文秘部门或者由专人负责公文处理工作。

86. 涉密公文应当根据涉密程度分别标注______。（　　）

A. 绝密　　B. 机密　　C. 秘密　　D. 保密期限

答案 ABCD

解析 《党政机关公文处理工作条例》第三章第九条（二）规定：涉密公文应当根据涉密程度分别标注“绝密”“机密”“秘密”和保密期限。

87. 根据紧急程度，紧急公文应当分别标注______。（　　）

A. 特急　　B. 急　　C. 加急　　D. 平急

答案 AC

解析 《党政机关公文处理工作条例》第三章第九条（三）规定：根据紧急程度，紧急公文应当分别标注“特急”“加急”。

88. 发文字号由______组成。（　　）

A. 发文机关代字　　B. 发文机关简称　　C. 年份　　D. 发文顺序号

答案 ACD

解析 发文字号由发文机关代字、年份、发文顺序号组成。

第二部分
行文规则

1. 公告的主要特点是______。（　　）

A. 郑重宣告的庄重性、严肃性　　B. 公布范围的广泛性

C. 法定作者的限定性　　D. 内容明确、具体

答案　ABC

解析　通告的特点有广泛性、庄严性、作者的限定性。

2. 公文写作之前要______。（　　）

A. 向领导请示写法　　B. 明确行文目的　　C. 确定使用的文种　　D. 选择适当的语言

答案　BC

解析　公文写作前要根据写作目的和行文单位确定使用文种。

3. 应向直接上级机关抄送的文件包括______。（　　）

A. 受双重领导的机关向其中一个领导机关主送的请示

B. 向自己下级机关主送的重要文件

C. 向平级业务主管部门主送的请求批准的函件

D. 按规定越级向更高层级机关主送的文件

答案　ABD

解析　向平级单位发文不须抄送上级机关。

4. 禁止主送的同时抄送给下级机关的文件有______。（　　）

A. 主送给平级机关的商洽性函件　　B. 主送给上级机关的请求批准的请示

C. 主送给有关下级机关的政策性批复　　D. 主送给上级机关的请求指示的请示

答案　BD

解析　向上级单位发出未得到回复的请示不得抄送下级机关。

5. 遵守行文规则是为了______。（　　）

A. 避免行文紊乱　　B. 确保公文迅速、准确传递

C. 保障公文旅行　　D. 确定行文关系

E. 控制发文数量

答案 ABDE

解析 遵守行文规则是为了行文快速、准确、捋顺行文关系、控制行文数量，以免公文旅行，影响行文效率。

6. 能够联合行文的机关应是______。（   ）

A. 政府各部门之间 B. 同级政府之间

C. 上级党委和下级政府之间 D. 政府部门和同级人民团体之间

E. 政府及其部门与同级党委

答案 ABD

解析 联合行文时要注意同级别单位联合行文。

7. 越级行文的条件是______。（   ）

A. 经多次请示直接上级机关而问题长期未予解决

B. 情况紧急

C. 需直接询问、答复或联系具体事项

D. 检举直接上级机关

答案 ACD

解析 经多次请示直接上级机关而问题长期未予解决、直接询问事项和检举直接上级机关时可以越级行文。

8. 工作报告在党的机关可用于______。（   ）

A. 提出建议 B. 请求批准 C. 答复上级询问 D. 反映情况

答案 ACD

解析 工作报告可用于提出建议、答复上级询问、反映情况，但不可夹带请示。

9. 可用来发布规章的文件有______。（   ）

A. 决定 B. 命令 C. 通知 D. 通告

答案 BC

解析 命令和通知可用来发布规章文件。

10. 转发的对象包括______。（   ）

A. 下级文件 B. 上级文件 C. 平级文件 D. 不相隶属机关的文件

答案 BCD

解析 行文中可以转发上级、平级和不相隶属机关的文件。

11. 需要在首页标注签发人的公文文种包括______。（   ）

A. 报告 B. 请示 C. 指示 D. 命令

答案 AB

解析 请示和报告为上行文，需要标注签发人。

12. 根据形成和作用的公务活动领域，公文可分为______。（   ）

A. 通用公文 B. 法定正式公文 C. 非法定正式公文

D. 专用公文　　　　E. 规范性文种

答案 AD

解析 根据形成和作用的公务活动领域，公文可分为通用、专用公文。

13. 我国法定的规范性文件包括______。（　　）

A. 规定　　　　B. 条例　　　　C. 通告

D. 办法　　　　E. 决定

答案 ABCDE

解析 我国法定规范性文件包括条例、规定、通告、办法和决定。

14. 根据发文机关的实际工作需要，上行文又可以分为______。（　　）

A. 两级上行文　　　　B. 逐级上行文　　　　C. 多级上行文

D. 越级上行文　　　　E. 平级上行文

答案 BCD

解析 上行文可以分为逐级上行文、多级上行文和越级上行文。

15. 公文的行文关系是根据机关的______确定的机关之间的文件授受关系。（　　）

A. 组织系统　　　　B. 人员素质　　　　C. 领导关系

D. 公文质量　　　　E. 职权范围

答案 ACE

解析 根据组织系统、领导关系和职权范围确定公文的行文关系。

16. 条例的制发权属于______。（　　）

A. 党的中央组织　　　　B. 国务院

C. 国务院所属各部委　　　　D. 各省、自治区、直辖市政府

答案 AB

解析 在我国，条例的执法权属于国务院和党的中央组织。

17. 我国法定的公布性文件包括______。（　　）

A. 通告　　　　B. 通知　　　　C. 通报

D. 公告　　　　E. 报告

答案 AD

解析 我国的法定公布性文件包括通告和公告。

18. 具备法定效力的公文稿本有______。（　　）

A. 草稿　　　　B. 副本　　　　C. 定稿

D. 试行本　　　　E. 暂行本

答案 BCDE

解析 具备法定效力的公文稿本有副本、定稿、试行本和暂行本，草稿不具有法定效力。

19. 主送机关有以下几种______。（　　）

A. 下级机关　　　　B. 上级机关　　　　C. 平行机关　　　　D. 不相隶属机关

答案 ABC

解析 主送机关为上级、平级、下级机关，不相隶属机关说法太过宽泛。

20. 通报有以下特点？（　　）

A. 让事实和数据说话，而不过多地阐发和论证道理。

B. 具有较强的时效性。

C. 具有教育性质，主要起宣传教育、沟通情况和交流经验的作用。

D. 内容单纯，行文简便。

答案 ABC

解析 通报时效较强、用事实说话，具有教育警示作用。

21. 通报按其内容性质划分，可分为______。（　　）

A. 批评性通报　　B. 表彰性通报　　C. 指示性通报　　D. 情况通报

答案 ABD

解析 不存在指示性通报这一通报类型。

22. 通报的总体结构包括______。（　　）

A. 主送机关　　B. 标题　　C. 正文　　D. 通报的日期

答案 BC

解析 通报的总体结构包括标题和正文。

23. 通报与通知的区别是？（　　）

A. 通报的事例典型，情况重要，具有较大影响。

B. 通报用来传达重要精神或情况。

C. 通报的目的是引起读者的广泛注意和从中受到教育，而不着重要求予以具体办理和执行。

D. 通知有主送机关，通报没有主送机关。

答案 AC

解析 通报相较通知影响较大，具有警示教育作用。

24. 批复具有以下特点______。（　　）

A. 针对性　　B. 权威性　　C. 被动性　　D. 公开性

答案 ABC

解析 批复指针对提交请示的下级机关不具有公开性。

25. 下列有关说法，能用来说明批复有明确针对性的是？（　　）

A. 批复的内容只答复请示的具体事项。

B. 批复只印发给申报请示的单位及有关单位。

C. 批复的内容应予认真遵守与执行。

D. 批复的开头和结尾要与请示的标题与发文字号相互照应。

答案 AB

解析 批复针对具体单位、具体事项，体现了批复的针对性。

26. 下列各具体事项可以使用请示这一文种的有______。（　　）

A. 请求审核批准或批转本机关制定的法规、规章或决定、报告

B. 请求协调与帮助解决本机关无法解决的困难与问题

C. 请求协调与解决本机关内部的困难和问题

D. 根据规定必须履行审批程序的事项

答案　ABD

解析　请示可用于本级无法解决的困难、审核本机关制定法规和必须履行审批程序的事项。

27. 请示的主送对象可以是______。（　　）

A. 需请求其批准的不相隶属机关　　B. 有商洽必要的平行机关

C. 直属的上级领导机关　　D. 上级业务主管部门

答案　CD

解析　请示主送直属的上级领导机关和上级业务主管部门。

28. 下列有关说法正确的是？（　　）

A. 请示这类公文要求上级回复，故应与工作报告相区别。

B. 各机关对于自己无权决定或难以处理的问题均应制发请示公文。

C. 某机关对于后勤的安排，因几位领导意见不一致，此时应该制发请示。

D. 请示不能使用议论的表达方式。

答案　ABD

解析　对于机关内部事务且在职权之内应在机关内部解决，故不选择选项 C。

29. 选用公文文种，主要依据______。（　　）

A. 工作关系　　B. 规范性　　C. 职权　　D. 行文目的和要求

答案　ABCD

解析　公文制发中根据公文的规范性、工作关系、职权以及行文目的和要求选用文种。

30. 关于请示的特点，说法正确的是______。（　　）

A. 使用范围广泛

B. 请示的内容必须是属于本机关职权范围内无权或确实难以处理的问题与事项

C. 具有执行性

D. 有较强的时效性，强调及时快捷

答案　AB

解析　请示内容必须是属于本机关职权范围内无权或确实难以处理的问题与事项，且使用情况广泛。

31. 下列陈述呈请性公文不得夹带请示事项的有______。（　　）

A. 请示　　B. 工作报告　　C. 答复询问的报告　　D. 批复

答案　BC

解析　报告中不可夹带请示事项。

32. 按照通知的内容和作用来分，通知主要有______。（　　）

A. 转文性通知　　B. 指示性通知　　C. 事务性通知　　D. 任免通知

答案　ABCD

解析　通知根据作用可分为指示性、转文性、事务性和任免通知。

33. 下级机关向上级机关提出请示时必须做到______。（　　）

A. 请示必须一文一事，且主送机关只能有一个

B. 凡属职权范围内的一般问题不随意请示

C. 请示必须在事前

D. 上级机关收到请求后应认真研究，及时予以批复

答案　ABC

解析　请示要请示职权范围内难以解决事项、一文一事且事前请示。

34. 下列表述正确的有？（　　）

A. 请示的行文对象必须是自己的上级机关。

B. 请示是党政机关中一个独立的文种。

C. 在需要的情况下，请示可以有两个主送机关。

D. 请示不论文字长短，其内在逻辑均是“为什么请示”和“请示什么问题”两大层次组成。

答案　ABD

解析　请示一文一事，且只能主送一个上级机关。

35. 批复具有以下几种特点______。（　　）

A. 指示性　　B. 专一性　　C. 政策性　　D. 端庄严谨

答案　ABC

解析　批复具有专一性、指示性、政策性的特点。

36. 下列事项适用通报的有______。（　　）

A. 批评错误　　B. 表彰先进　　C. 任免干部　　D. 传达重要精神或情况

答案　ABD

解析　通报适用于表彰先进、批评错误、传达重要精神和告知重要情况。

37. 下列事项，哪些适用报告______。（　　）

A. 向上级反映情况　　B. 向上级汇报工作　　C. 向上级请求购买车辆　D. 答复上级机关的询问

答案　ABD

解析　报告适用于向上级机关汇报工作、反映情况，回复上级机关的询问。

38. 下面哪种情况可以联合行文？（　　）

A. 政府及其部门与同级党委之间　　B. 同级政府之间

C. 上级政府部门与下一级政府之间　　D. 政府部门与同级人民团体之间

答案　ABCD

解析　同级别政府机关可以联合行文。

39. 以下不属于通知的特点有______。（   ）

A. 应用广泛，使用频率高　　B. 具体法定权威性与执行性

C. 具有较强的时效性　　D. 内容单纯，行文简便

答案　BC

解析　通知适用于发布、传达要求下级机关执行和有关单位周知或者执行的事项，批转、转发公文。

40. 决定的重要类型有______。（   ）

A. 部署指挥型　　B. 方针政策型　　C. 决策知照型

D. 表彰处分型　　E. 特别个案型

答案　ABCD

解析　决定的类型有方针政策型、部署指挥型、决策知照型和表彰处分型四个类型。

41. 公告的特点主要有______。（   ）

A. 发布事项的重要性　　B. 制发机关的限制性

C. 发布范围的广泛性　　D. 发布方式的单一性

答案　ABCD

解析　公告具有制发机关的限制性、发布事项的重要性、发布范围的广泛性和发布方式的单一性的四个特点。

42. 一份公文的文种要与该份公文的主送机关相互呼应，主送机关是直属下级机关的，其行文可使用______。（   ）

A. 指示　　B. 通知　　C. 决定

D. 报告　　E. 批复

答案　ABCE

解析　下行文包括通知、指示、决定、批复。

43. 公文的主送机关是直接上级机关的，可选用的文种有______。（   ）

A. 请示　　B. 报告　　C. 决定

D. 通报　　E. 函

答案　AB

解析　上行文包括报告和请示。

44. 规范性公文正本的特殊形式有______。（   ）

A. 试行本　　B. 抄本　　C. 暂行本　　D. 修订本

答案　ACD

解析　规范性公文的特殊形式包括：试行本、暂行本、修订本。

45. 按照公文的来源划分机关公文的类别，公文可分为______。（   ）

A. 指挥性文件　　B. 对外文件　　C. 情报性文件

D. 收来文件　　E. 内部文件

答案　BDE

解析　根据文件来源公文可以分为对外、收来和内部文件。

46. 下列机关文件往来时应使用平行文的是______。（　　）

A. 某大学与某市公安局

B. 甲省民政厅与乙省人事厅

C. 某省新闻出版局与国家新闻出版总署

D. 甲省财政厅与乙市园林局

E. 教育部与某省教育厅

答案　ABD

解析　平行文用于平级机关或者不相隶属机关之间的文件往来。

47. 下列属于通用公文的有______。（　　）

A. 报告、请示、批复　　B. 决定、通知、通报

C. 意见、函　　D. 会议纪要

答案　ABCD

解析　通用公文是各级各类机关、团体、单位都共同使用的公文，使用范围较为普遍。包括以上全部选项。

48. 按照规范性和颁发程序的规范程度、行政约束力的强弱划分，可划分为______。（　　）

A. 非规范性公文　　B. 规范性公文　　C. 通用公文　　D. 专用公文

答案　AB

解析　按照规范程度划分，公文可以分为规范性公文和非规范性公文。

49. 适用于向上级机关递交的公文有______。（　　）

A. 请示　　B. 命令　　C. 报告　　D. 批复

答案　AC

解析　请示、报告为上行文。

50. 下面文件中属专用公文的有______。（　　）

A. 天津市人民政府向中央人民政府的请示和报告

B. 外交文件

C. 军事文件

D. 司法文件

答案　BCD

解析　专用公文是指某个业务部门、某一行业根据专门工作的特殊需要而使用的，具有该业务部门或该行业特定内容和规定格式的公文。外交、军事、司法文件均为专用公文。

51. 调查报告作为研究结果的书面材料，它必须______。（　　）

A. 以授人知识、信息为目的　　B. 以科学分析为手段

C. 以叙述、描写为主　　D. 以客观事实为基础

答案　BCD

解析 调查报告具有科学分析、叙述为主、以事实为基础的特点。

52. 公文与一般应用文相比，具有特殊属性是______。（　　）

A. 全面真实　　B. 以白话文为符号系统

C. 直接应用　　D. 兼用说明、叙述、议论三种表达方式

答案 BD

解析 与一般应用文相比，公文具有以白话文为符号系统，兼用说明、叙述、议论三种表达方式的特点。

53. 议案的正文部分在陈述提出议案的根据时，一般包括______。（　　）

A. 法规依据　　B. 政策依据　　C. 事实依据　　D. 历史依据

答案 ABC

解析 议案提出根据包括政策、法规和事实依据。

54. 计划类文书的特点有______。（　　）

A. 目标的前瞻性　　B. 内容的规范性　　C. 执行的强制性

D. 操作的预想性　　E. 制定的程序性

答案 AD

解析 计划类文书有目标的前瞻性和操作的预想性这两大特点。

55. 呈请性文件有______。（　　）

A. 议案　　B. 通知　　C. 调查报告　　D. 办法

答案 AC

解析 议案、调查报告都为呈请性文件。

56. 决定的主要特点是______。（　　）

A. 针对性强　　B. 内容重要　　C. 政策性强

D. 有约束力　　E. 原则性强

答案 BCD

解析 内容重要、政策性强和有约束力是决定的主要特点。

57. 公文的行文方式有______。（　　）

A. 越级行文　　B. 逐级行文　　C. 多级行文　　D. 直接行文

答案 ABCD

解析 逐级行文、越级行文、多级行文和直接行文都是公文的行文方式。

58. 报告按照行文目的的不同，可分为______。（　　）

A. 调查报告　　B. 综合报告　　C. 呈转性报告

D. 呈报性报告　　E. 专题报告

答案 CD

解析 按照行文目的不同，报告可分为呈转性报告和呈报性报告。

59. 命令（令）的使用范围是______。（　　）

A. 宣布施行重大强制性行政措施　　B. 依照有关法律规定发布行政法规和规章

C. 奖惩有关人员　　D. 撤销下级机关不适当的决定

答案 ABC

解析 命令（令）适用于公布行政法规和规章、宣布施行重大强制性措施、批准授予和晋升衔级、嘉奖有关单位和人员。

60. 下列文种属通用公文的是______。（　　）

A. 国际条约　　B. 报告　　C. 函　　D. 判决书

答案 BC

解析 通用公文是各级各类机关、团体、单位都共同使用的公文，使用范围较为普遍。

61. 规范的公文体式是用以维护公文的______。（　　）

A. 权威性　　B. 强制性　　C. 准确性　　D. 有效性

答案 ACD

解析 规范的公文体式用以维护公文的权威性、准确性和有效性。

62. 能够以其名义制发公文的是______。（　　）

A. 社会团体　　B. 国家机关

C. 机关法定代表人　　D. 自然人

答案 ABC

解析 自然人不能够以其名义制发公文。

63. 下列文种的结构构成中均有主送机关的有______。（　　）

A. 通知　　B. 指示　　C. 通报　　D. 批复

答案 ABCD

解析 指示、通知、通报、批复均有主送机关。

64. 规章类文书的文种包括______。（　　）

A. 守则　　B. 纲要　　C. 计划

D. 实施细则　　E. 制度

答案 ADE

解析 守则、实施细则和制度为纲要类文书。

65. 下列属行政公文的有______。（　　）

A. 外交文件　　B. 请示　　C. 命令　　D. 商洽性文件

答案 BCD

解析 行政类公文即通用公文，包括请示、命令、商洽性文件等。

66. 简报按照发送方向划分，可以分为______。（　　）

A. 上送简报　　B. 定期简报　　C. 综合性简报

D. 平行交流简报　　E. 下发简报

答案 ADE

解析 按照发送方向划分，简报可分上送、下发和平行交流三种。

67. 公文处理在工作中有重要作用，体现在______。（　　）

A. 行为规范作用　　B. 领导指导作用　　C. 助手作用

D. 纽带作用　　E. 查考作用

答案　CDE

解析　公文在工作中的重要作用主要体现为助手作用、纽带作用和查考作用。

68. 行文关系的类型有______。（　　）

A. 隶属关系　　B. 共管关系　　C. 业务指导关系

D. 平行关系　　E. 不相隶属关系

答案　ACDE

解析　行文关系的类型有隶属关系、业务指导关系、平行关系和不相隶属关系四种关系。

69. 送报公文时，要做到______。（　　）

A. 团体对个人　　B. 机关对机关　　C. 个人对团体　　D. 个人对个人

答案　BD

解析　一般情况下行文时要做到机关个人不交叉行文，机关对机关，个人对个人。

70. 具有隶属或者业务指导关系的机关互相行文时，要做到______。（　　）

A. 下行文主送一个机关　　B. 上行文主送一个机关

C. 请示一文一事　　D. 报告中不要夹带请示

E. 政府部门未经授权不得向下级政府正式行文

答案　BCDE

解析　未规定下行文只可以有一个主送机关。

71. 下列说法正确的是______。（　　）

A. 公文是应用文的是一种　　B. 公文即应用文

C. 公文是实用文体　　D. 公文不属于应用文

答案　AC

解析　公文属于应用文的一种，且是实用文体。

72. 除______等情况外，交通运输部各司局间原则上不相互行文。（　　）

A. 业务指导　　B. 人事任免　　C. 奖惩

D. 调动　　E. 重大事项

答案　BCD

解析　除人事任免、奖惩、调动等事项外，交通运输部各司局间原则上不相互行文。

73. 公文区别于其他文章和图书资料的主要特点是______。（　　）

A. 有规范体式　　B. 有法定效力　　C. 有信息传递作用

D. 有记载作用　　E. 宣传教育功能

答案　AB

解析　有法定效力、规范体式为公文区别于其他资料的显著特点。

74. 调查报告的主要特点是______。（　　）

A. 理论性　　B. 政策性　　C. 实践性

D. 针对性　　E. 及时性

答案　DE

解析　针对性强、讲求及时性是调查报告的主要特点。

75. 公文的法定作者可以是______。（　　）

A. 天津市政府　　B. 全国人大　　C. 北京市政协

D. 重庆市工会　　E. 海南海事局

答案　ABCDE

解析　我国党政机关、企事业单位、社会团体都可以制发公文。

76. 下列文种属于呈请性文件是______。（　　）

A. 报告　　B. 函　　C. 调查报告　　D. 议案

答案　ACD

解析　报告、调查报告、议案都为呈请性文件。

77. 调查报告根据性质和作用可以分为______。（　　）

A. 经济性调查报告　　B. 社会性调查报告　　C. 政务性调查报告

D. 新闻性调查报告　　E. 个案性调查报告

答案　CDE

解析　调查报告根据性质和作用可以分为新闻性、政务性和个案性三种。

78. 公文格式所具有的特点是______。（　　）

A. 统一性　　B. 相对稳定性　　C. 规范性　　D. 权威性

答案　BC

解析　公文格式具有相对稳定性和规范性的特点。

79. 下列说法符合公文发文机关规定有的？（　　）

A. 可在公文落款处标明发文机关全称或规范化简称。

B. 发文机关全称或规范化简称加“文件”二字可标识发文机关。

C. 以领导人名义制发的公文，须标明领导人职务。

D. 几个机关联合行文时，应将主办机关排列在前。

答案　ABCD

解析　以上四项均符合机关发文规定。

80. 公文的特点包括______。（　　）

A. 法定的权威　　B. 法定的作者　　C. 特定的效用

D. 规范的体式　　E. 规定的处理程序

答案　ABCDE

解析　以上几项均为公文的特点。

81. 下列哪些机关可以被选择作为抄送机关______。（　　）

A. 向上级请示时抄报下级机关

B. 向下级机关的重要发文应同时抄报直接上级机关

C. 上级机关向受双重领导的下级机关行文，抄送给另一上级机关

D. 将所接受的抄送公文抄送给下属机关

答案 BC

解析 向下级机关的重要发文应同时抄报直接上级机关，上级机关向受双重领导的下级机关行文，抄送给另一上级机关。发生这两种情况时，按要求需要进行抄送。

82. 制发公文应履行的法定手续是______。（　　）

A. 审核　　B. 会签　　C. 审批　　D. 承办

答案 ABC

解析 制发公文应履行审核、会签、审批手续。

83. 公文必须具备的基本数据项目包括______。（　　）

A. 印章或签署　　B. 发文符号　　C. 主送机关　　D. 成文日期

答案 AD

解析 公文必须具备的基本数据项目包括印章或签署和成文日期。

84. 份号适用______公文。（　　）

A. 机密公文　　B. 秘密公文　　C. 绝密公文　　D. 内部使用公文

答案 AC

解析 份号适用于机密公文和绝密公文。

85. 机关正式制发公文设计的版头，作用有以下哪几个方面？（　　）

A. 表明公文作者的归属。

B. 表明作者单位的意图。

C. 显示该公文的权威性与郑重性。

D. 表明该公文的性质或行文方向。

答案 ABCD

解析 版头的作用有表明意图、归属，显示权威性以及性质和行文方向。

86. 公文的特点有______。（　　）

A. 其制发与履行必须执行法定程序　　B. 由法定的作者制发并具有法定的权威性

C. 具有法定的现实执行效用　　D. 规范的体式

答案 ABCD

87. 工作报告在党的机关可用于______。（　　）

A. 提出建议　　B. 请求批准　　C. 答复上级询问　　D. 反映情况

答案 ACD

解析　工作报告可用于提出建议、答复询问和反映情况。

88. 议案的内容必须具有______。（　　）

A. 政策性　B. 单一性　C. 可行性

D. 权威性　E. 指导性

答案　BC

解析　议案内容必须单一，一案一事，且事项合理可行。

89. 按照公文内容性质和作用划分机关公文的类别，公文可分为______。（　　）

A. 规范性公文　B. 指挥性公文　C. 报请性公文

D. 执照性公文　E. 记录性公文

答案　ABCDE

解析　以上五种皆为公文按照内容作用划分的类型。

90. 决议与决定的不同之处在于______。（　　）

A. 发布后的约束力不同　B. 文字表达风格不同

C. 形成的程序不同　D. 内容的范围不同

E. 发布的形式不同

答案　CDE

解析　形成的程序、内容的范围和发布的形式是决议和决定的主要不同之处。

91. 已具备正式公文法定效用的文稿有______。（　　）

A. 送审稿　B. 草案

C. 定稿　D. 所有文件

答案　CD

解析　文件的定稿和已经完成发文程序的所有文件都具有法律效用。

92. 下列有关公文主送机关的说法，正确的是？（　　）

A. 主送机关应在标题下靠左顶格标注。

B. 所有公文只能选择一个主送机关。

C. 除领导人直接交办之外，不应将公文直接转送领导者个人。

D. 主送机关是对公文负法定办理式答复的机关。

答案　ACD

解析　下行公文不一定只有一个主送机关。

93. 公报的主要特点有______。（　　）

A. 内容的针对性　B. 内容的公开性　C. 内容的重要性

D. 发布机关的权威性　E. 内容的原则性

答案　BCD

解析　公报的特点与公告相接近，都具有内容的公开性与重要性、发布机关的权威性这三个特点。

94. 大事记的特点包括______。（ ）

A. 准确　　B. 客观　　C. 及时

D. 系统　　E. 可信

答案 ABDE

解析 大事记是记录本单位重大公务活动的一种记录性文书，具有客观、准确、系统、可信的特点。

95. 调查报告的特点有______。（ ）

A. 趣味性强　　B. 针对性强　　C. 纪实性强

D. 政治性强　　E. 时代性强

答案 BC

解析 调查报告针对的是生活中较为重要的问题，做调查后，用调查材料写成的书面报告，具有针对性强、纪实性强的特点。

96. 下列机关之间可以使用平行文往来的是______。（ ）

A. 县政府与县交通局　　B. 国务院所属各部、委、办

C. 省人民政府各厅（局）　　D. 省教育厅与县民政局

E. 县人民政府与邻近县的乡政府

答案 BCDE

解析 非同一系统不相隶属单位和同一系统同级单位间使用平行文往来。

97. 根据发文的不同目的和要求，向下级机关行文可以选用以下行文方式______。（ ）

A. 多级下行　　B. 逐级下行　　C. 特指下行

D. 多头下行　　E. 直达基层群众和组织

答案 ABE

解析 下行文是上级机关对所属下级机关的一种行文，根据发文的不同目的和要求，可分为逐级下行、多级下行、和直达基层群众和组织的行文方式。

98. 决议的特点有______。（ ）

A. 周知性　　B. 陈述性　　C. 表达群体意志

D. 权威性　　E. 约束力

答案 CDE

解析 决议适用于会议讨论通过的重大决策事项。具有权威性、有约束力、表达群体意志的特点。

第三部分

公文拟制、公文精简

1. 《党政机关公文处理工作条例》由______负责解释。（　　）

A. 国务院　　B. 中共中央

C. 中共中央办公厅　　D. 国务院办公厅

答案　CD

解析　本条例由中共中央办公厅、国务院办公厅负责解释。

2. 根据《党政机关公文处理工作条例》，公文拟制包括公文的______等程序。（　　）

A. 会签　　B. 起草　　C. 审核　　D. 签发

答案　BCD

解析　《党政机关公文处理工作条例》第五章第十八条规定：公文拟制包括公文的起草、审核、签发等程序。

3. 根据《党政机关公文处理工作条例》，公文起草应当做到______。（　　）

A. 符合党的路线方针政策　　B. 符合国家法律法规

C. 完整准确体现发文机关意图　　D. 同现行有关公文相衔接

答案　ABCD

解析　公文起草应当符合国家法律法规和党的路线方针政策，完整准确体现发文机关意图，并同现行有关公文相衔接。

4. 根据《党政机关公文处理工作条例》，公文起草应当做到______。（　　）

A. 所提政策措施和办法切实可行

B. 一切从实际出发，分析问题实事求是

C. 完整准确体现发文机关意图

D. 同现行有关公文相衔接

答案　ABCD

解析　公文起草应当一切从实际出发，分析问题实事求是，所提政策措施和办法切实可行。

5. 根据《党政机关公文处理工作条例》，公文起草应当做到______。（　　）

A. 主题突出　　B. 内容严肃　　C. 观点鲜明　　D. 结构严谨

答案　ACD

解析 公文起草应当内容简洁，主题突出，观点鲜明，结构严谨，表述准确，文字精练。

6. 根据《党政机关公文处理工作条例》，公文起草应当做到______。（　　）

A. 格式规范　　B. 文种正确　　C. 角度得体　　D. 材料精当

答案 AB

解析 公文起草应当文种正确，格式规范。

7. 根据《党政机关公文处理工作条例》，公文起草应当做到______。（　　）

A. 充分进行论证　　B. 深入调查研究　　C. 广泛听取意见　　D. 认真总结提炼

答案 ABC

解析 公文起草应当深入调查研究，充分进行论证，广泛听取意见。

8. 根据《党政机关公文处理工作条例》，关于公文起草，下列说法正确的是？（　　）

A. 涉及其他地区或者部门职权范围内的事项，部门可保持独立意见。

B. 起草公文前应深入调查研究，充分进行论证，广泛听取意见。

C. 符合国家法律法规和党的路线方针政策。

D. 一切从实际出发，分析问题实事求是，所提政策措施和办法切实可行。

答案 BCD

解析 公文起草应当做到：（1）符合国家法律法规和党的路线方针政策，完整准确体现发文机关意图，并同现行有关公文相衔接；（2）一切从实际出发，分析问题实事求是，所提政策措施和办法切实可行；（3）内容简洁，主题突出，观点鲜明，结构严谨，表述准确，文字精练；（4）文种正确，格式规范；（5）深入调查研究，充分进行论证，广泛听取意见；（6）公文涉及其他地区或者部门职权范围内的事项，起草单位必须征求相关地区或者部门意见，力求达成一致；（7）机关负责人应当主持、指导重要公文起草工作。

9. 根据《党政机关公文处理工作条例》，关于公文起草，下列说法正确的是？（　　）

A. 完整准确体现发文机关意图，并同现行有关公文相衔接。

B. 内容简洁，主题突出，观点鲜明，结构严谨，表述准确，文字精练。

C. 文种正确，格式规范。

D. 机关负责人应当主持、指导重要公文起草工作。

答案 ABCD

10. 根据《党政机关公文处理工作条例》，关于公文文稿内容审核，下列说法正确的是？（　　）

A. 是否完整准确体现发文机关意图。

B. 内容是否符合国家法律法规和党的路线方针政策。

C. 是否同现行有关公文相衔接。

D. 所提政策措施和办法是否切实可行。

答案 ABCD

解析 公文文稿签发前，应当由发文机关办公厅（室）进行审核。审核的重点包括：内容是否符合国家法律法规和党的路线方针政策；是否完整准确体现发文机关意图；是否同现行有关公文相衔接；所提政策措施和办法是否切实可行。

11. 根据《党政机关公文处理工作条例》，公文文稿签发前，应当由发文机关办公厅（室）进行审核。审核的重点是______。（　　）

A. 行文依据是否准确　　B. 行文理由是否充分

C. 文种是否正确　　D. 格式是否规范

答案　ABCD

解析　《党政机关公文处理工作条例》第五章第二十条规定：发文机关办公厅（室）应该对“行文理由是否充分”“行文依据是否准确”“文种是否正确”“格式是否规范”等内容进行审核。

12. 根据《党政机关公文处理工作条例》，关于公文文稿内容审核，下列说法正确的是？（　　）

A. 人名、地名、时间、数字、段落顺序、引文等是否准确。

B. 文种是否正确，格式是否规范。

C. 文字、数字、计量单位和标点符号等用法是否规范。

D. 其他内容是否符合公文起草的有关要求。

答案　ABCD

解析　《党政机关公文处理工作条例》第五章第二十条规定。

13. 根据《党政机关公文处理工作条例》，关于公文拟制，下列说法正确的是？（　　）

A. 符合发文条件但内容需作进一步研究和修改的，由起草单位修改后重新报送。

B. 经审核不宜发文的公文文稿，应当退回起草单位并说明理由。

C. 公文应当经本机关负责人审批签发。

D. 重要公文和上行文由机关主要负责人签发。

答案　ABCD

解析　《党政机关公文处理工作条例》第五章第二十一条、第二十二条规定。

14. 根据《党政机关公文处理工作条例》，签发人签发公文，应当签署______。（　　）

A. 意见　　B. 姓名　　C. 完整日期　　D. 文号

答案　ABC

解析　签发人签发公文，应当签署意见、姓名和完整日期。

15. 根据《党政机关公文处理工作条例》，关于公文签发，下列说法正确的是？（　　）

A. 党委、政府的办公厅（室）根据党委、政府授权制发的公文，由受权机关主要负责人签发或者按照有关规定签发。

B. 公文应当经本机关负责人审批签发。重要公文和上行文由机关主要负责人签发。

C. 签发人签发公文，应当签署意见、姓名和完整日期；圈阅或者签名的，视为同意。

D. 联合发文由所有联署机关的负责人会签。

答案　ABCD

解析　公文应当经本机关负责人审批签发。重要公文和上行文由机关主要负责人签发。党委、政府的办公厅（室）根据党委、政府授权制发的公文，由受权机关主要负责人签发或者按照有关规定签发。签发人签发公文，应当签署意见、姓名和完整日期；圈阅或者签名的，视为同意。联合发文由所有联署机关的负责人会签。

16. 根据《交通运输部公文处理办法》，公文精简是指通过采取积极有效的措施严格控制公文的______。（　　）

A. 规格　　B. 数量　　C. 篇幅　　D. 印发范围

答案　ABCD

解析　公文精简是指通过采取积极有效的措施严格控制公文的数量、规格、篇幅和印发范围。

17. 根据《交通运输部公文处理办法》，公文精简需做到______。（　　）

A. 规格适用　　B. 数量适度　　C. 篇幅适当　　D. 印发范围适宜

答案　ABCD

解析　公文精简是指通过采取积极有效的措施严格控制公文的数量、规格、篇幅和印发范围，做到公文数量适度、规格适用、篇幅适当、印发范围适宜。

18. 根据《交通运输部公文处理办法》，严格控制公文数量，需？（　　）

A. 现行文件规定仍然适用的，不再印发公文。

B. 凡国家法律法规、党内法规、交通运输部门规章已作明确规定的，不再印发公文。

C. 对中共中央、国务院文件，要结合实际贯彻落实，不得直接转发。

D. 可以直接向地方党委和政府发布指令性公文或者在公文中提出指令性要求，要求地方党委和政府报文。

答案　ABC

解析　严格控制公文数量需：（1）凡国家法律法规、党内法规、交通运输部门规章已作明确规定的，不再印发公文。现行文件规定仍然适用的，不再印发公文。（2）对中共中央、国务院文件，要结合实际贯彻落实，不得直接转发。未经党中央、国务院批准，不得向地方党委和政府发布指令性公文或者在公文中提出指令性要求，不得要求地方党委和政府报文。

19. 根据《交通运输部公文处理办法》，严格控制公文数量，凡______已作明确规定的，不再印发公文。现行文件规定仍然适用的，不再印发公文。（　　）

A. 法律法规　　B. 规章制度　　C. 党内法规　　D. 交通运输部门

答案　ACD

解析　凡国家法律法规、党内法规、交通运输部门规章已作明确规定的，不再印发公文。现行文件规定仍然适用的，不再印发公文。

20. 根据《交通运输部公文处理办法》，属于交通运输部党组职权范围内的工作，以党组名义报送______；属于交通运输部职权范围内的工作，以部名义报______，不得多头报文。（　　）

A. 中央办公厅　　B. 党中央　　C. 国务院办公厅　　D. 国务院

答案　BD

解析　属于交通运输部党组职权范围内的工作，以党组名义报送党中央；属于交通运输部职权范围内的工作，以部名义报国务院，不得多头报文。

21. 根据《交通运输部公文处理办法》，严格控制公文规格需？（　　）

A. 以交通运输部办公厅名义发文能够解决的，不以交通运输部名义发文。

B. 由部门或部门联合发文能够解决的，不再上报中共中央、国务院（含中共中央办公厅、国务院办公厅）转发或印发。

C. 部领导的讲话，不宜向社会公布的，用“交通运输部内部情况通报”印发。

D. 部领导的讲话，可以向社会公布的，通过交通运输部政府网站等媒体公布。

答案 ABCD

解析 严格控制公文规格需：（1）由部门或部门联合发文能够解决的，不再上报中共中央、国务院（含中共中央办公厅、国务院办公厅）转发或印发。（2）以交通运输部办公厅名义发文能够解决的，不以交通运输部名义发文。（3）通过电话、传真、电子邮件、司局函等方式能够解决的，不正式发文。（4）部领导的讲话，不宜向社会公布的，用“交通运输部内部情况通报”印发；可以向社会公布的，通过交通运输部政府网站等媒体公布。

22. 根据《交通运输部公文处理办法》，严格控制公文规格，通过______等方式能够解决的，不正式发文。（　　）

A. 传真　　B. 电话　　C. 电子邮件　　D. 司局函

答案 ABCD

解析 通过电话、传真、电子邮件、司局函等方式能够解决的，不正式发文。

23. 根据《交通运输部公文处理办法》，严格控制公文篇幅。倡导清新简练的文风，不讲______。（　　）

A. 大话　　B. 空话　　C. 套话　　D. 虚话

答案 BCD

解析 严格控制公文篇幅。倡导清新简练的文风，不讲空话、套话、虚话。

24. 根据《交通运输部公文处理办法》，严格控制公文篇幅，起草公文要突出______。（　　）

A. 针对性　　B. 思想性　　C. 可操作性　　D. 时效性

答案 ABC

解析 严格控制公文篇幅。倡导清新简练的文风，不讲空话、套话、虚话。起草公文要突出思想性、针对性和可操作性。

25. 根据《交通运输部公文处理办法》，严格控制公文篇幅，做到______。（　　）

A. 条理清楚　　B. 可操作性强　　C. 文字精练　　D. 意尽文止

答案 ACD

解析 严格控制公文篇幅。起草公文要突出思想性、针对性和可操作性，做到条理清楚、文字精练，意尽文止。

26. 根据《交通运输部公文处理办法》，严格控制公文的印发______。（　　）

A. 份数　　B. 范围　　C. 密级

答案 AB

解析 严格控制公文的印发范围和印发份数。

27. 根据《交通运输部公文处理办法》，推进政府信息公开和______创新______办理方式。（　　）

A. 信息化建设　　B. 政务公开　　C. 行政许可事项　　D. 行政备案事项

答案 AC

解析 严格控制公文的印发范围和印发份数。推进政府信息公开和信息化建设，创新行政许可事项办理方式。

28. 根据《交通运输部公文处理办法》，下列说法正确的是？（　　）

A. 通过媒体公开发布的公文，不再下发纸质公文。

B. 推进政府信息公开和信息化建设，创新行政许可事项办理方式，可以向社会公开的事项应当通过交通运输部政府网站公布或网上办理。

C. 已标注公开发布的公文，不再翻印。

D. 严格控制公文的印发范围和印发份数。

答案 ABCD

解析 推进政府信息公开和信息化建设，创新行政许可事项办理方式，可以向社会公开的事项应当通过交通运输部政府网站公布或网上办理。通过媒体公开发布的公文，不再下发纸质公文。已标注公开发布的公文，不再翻印。

29. 根据《交通运输部公文处理办法》，公文起草应符合国家______和党的______，完整准确体现发文机关意图，并同现行有关公文相衔接。（　　）

A. 法律法规　　B. 有关规定

C. 部门规章　　D. 路线方针政策

答案 AD

解析 公文起草应当符合国家法律法规和党的路线方针政策，完整准确体现发文机关意图，并同现行有关公文相衔接。

30. 根据《交通运输部公文处理办法》，公文起草应做到______。（　　）

A. 分析问题实事求是　　B. 一切从实际出发

C. 所提政策措施切实可行　　D. 所提办法切实可行

答案 ABCD

解析 公文起草应当一切从实际出发，分析问题实事求是，所提政策措施和办法切实可行。

31. 根据《交通运输部公文处理办法》，公文起草应做到文种正确，格式规范。根据有关规定，确定公文______。（　　）

A. 公开属性　　B. 密级

C. 紧急程度　　D. 知悉范围

答案 ABC

解析 公文起草应当文种正确，格式规范。根据有关规定，确定公文密级、公开属性和紧急程度。

32. 根据《交通运输部公文处理办法》，公文起草应做到：深入______研究，充分进行______，广泛听取意见。（　　）

A. 讨论　　B. 分析　　C. 调查　　D. 论证

答案 CD

解析 公文起草应当深入调查研究，充分进行论证，广泛听取意见。

33. 根据《交通运输部公文处理办法》，公文起草应做到______，表述准确，文字精练。（　　）

A. 主题突出　　B. 内容简洁

C. 观点鲜明　　D. 结构严谨

答案 ABCD

解析 公文起草应当内容简洁，主题突出，观点鲜明，结构严谨，表述准确，文字精练。

34. 根据《交通运输部公文处理办法》，公文起草应当做到：公文涉及其他单位职权范围内的事项，主办单位必须征求______意见，力求达成______。（　　）

A. 相关单位　　B. 其他单位　　C. 一致　　D. 谅解

答案　AC

解析　公文涉及其他单位职权范围内的事项，主办单位必须征求相关单位意见，力求达成一致。涉及部外单位职能的，办理部外会签；涉及部内司局的，主办司局应当主动与有关司局协商，取得一致意见并办理部内会签。

35. 根据《交通运输部公文处理办法》，公文起草应当做到：涉及部外单位职能的，办理部外______。涉及部内司局的，主办司局应当主动与有关司局______，取得一致意见并办理部内会签。（　　）

A. 会签　　B. 协商　　C. 审签　　D. 商讨

答案　AB

解析　涉及部外单位职能的，办理部外会签。涉及部内司局的，主办司局应当主动与有关司局协商，取得一致意见并办理部内会签。

36. 根据《交通运输部公文处理办法》，起草公文内容涉及重大______，可能引发社会稳定问题的，应当进行社会稳定风险评估。（　　）

A. 公众权益　　B. 公共利益　　C. 敏感事项

答案　ABC

解析　公文内容涉及重大公共利益、公众权益和敏感事项，可能引发社会稳定问题的，应当进行社会稳定风险评估。

37. 根据《交通运输部公文处理办法》，起草涉密公文时，应当使用符合国家保密规定的______。（　　）

A. 计算机　　B. 通信设备　　C. 网络　　D. 移动存储介质

答案　ACD

解析　起草涉密公文时，应当使用符合国家保密规定的计算机、网络及移动存储介质。

38. 根据《交通运输部公文处理办法》，机关负责人应当______重要公文起草工作。（　　）

A. 主持　　B. 监督　　C. 指导　　D. 审核

答案　AC

解析　机关负责人应当主持、指导重要公文起草工作。

39. 根据《交通运输部公文处理办法》，公文文稿会签应注意？（　　）

A. 部内会签，由主办司局送转会签，有关司局如有不同意见，应当协商一致后报部领导。

B. 会签文稿均以会签单位负责人签字为有效。

C. 部内会签，如经充分协商仍不能取得一致意见，应当如实报部领导协调裁定。

D. 部外会签，由主办司局指定专人承办。部外单位对会签稿有重大修改，应当重新送部领导审签。

答案　ABCD

解析　公文文稿会签注意事项：（1）会签文稿均以会签单位负责人签字为有效。（2）部内会签，由主办司局送转会签。有关司局如有不同意见，应当协商一致后报部领导；如经充分协商仍不能取得一致意见，应当如实报部领导协调裁定。（3）部外会签，由主办司局指定专人承办。部外单位对会签稿有重大修改，应当重新送部领导审签。（4）部外单位送交通运输部会签的文稿，按职权范围由部内主办司局提出意见，然后按部发文程序办理。

40. 根据《交通运输部公文处理办法》，部内会签，由______司局送转会签。有关司局如有不同意见，应当协商一致后报部领导；如经充分协商仍不能取得一致意见，应当如实报部领导协调______。（　　）

A. 协办　　B. 主办　　C. 裁定　　D. 认定

答案　BC

解析　《交通运输部公文处理办法》第七章第三十四条（二）：部内会签，由主办司局送转会签。有关司局如有不同意见，应当协商一致后报部领导；如经充分协商仍不能取得一致意见，应当如实报部领导协调裁定。

41. 根据《交通运输部公文处理办法》，办理部外会签正确的是？（　　）

A. 由协办司局指定专人负责。

B. 由主办司局指定专人承办。

C. 部外单位对会签稿有重大修改，应当重新送部领导审签。

D. 部外单位对会签稿有重大修改，应当重新送主办司局审签。

答案　BC

解析　部外会签，由主办司局指定专人承办。部外单位对会签稿有重大修改，应当重新送部领导审签。

42. 根据《交通运输部公文处理办法》，上报的公文，如与部外单位意见不能一致，部内主办司局的主要负责人（必要时部领导）应当出面协调，仍不能取得一致时，须在文中列明各方理据，提出建设性意见，并经有关单位会签后，报请上级机关______或______。（　　）

A. 判断　　B. 协调　　C. 裁定　　D. 调解

答案　BC

解析　上报的公文，如与部外单位意见不能一致，部内主办司局的主要负责人（必要时部领导）应当出面协调，仍不能取得一致时，须在文中列明各方理据，提出建设性意见，并经有关单位会签后，报请上级机关协调或裁定。

43. 根据《交通运输部公文处理办法》，上报的公文，如与部外单位意见不能一致，部内主办司局的______（必要时部领导）应当出面协调，仍不能取得一致时，须在文中列明各方理据，提出建设性意见，并经有关单位会签后，报请______协调或裁定。（　　）

A. 相关负责人　　B. 主要负责人

C. 上级机关　　D. 国务院办公厅

答案　BC

解析　上报的公文，如与部外单位意见不能一致，部内主办司局的主要负责人（必要时部领导）应当出面协调，仍不能取得一致时，须在文中列明各方理据，提出建设性意见，并经有关单位会签后，报请上级机关协调或裁定。

44. 根据《交通运输部公文处理办法》，会签文必须严格按照规定的时限要求完成，下列说法正确的是？（　　）

A. 如情况特殊不能按期回复，应当主动与主办单位沟通并商定回复时限及方式。

B. 办理部外单位来文会签，除主办单位另有时限要求外，部内主办司局应当在 7 个工作日内予以回复。

C. 办理部内会签，除主办司局另有时限要求外，协办司局应当在 3 个工作日内予以回复，逾期不回复视为同意。

D. 如情况特殊不能按期回复，应当主动与主办司局沟通并商定回复时限及方式。

答案 ABCD

解析 会签文必须严格按照规定的时限要求完成。办理部外单位来文会签，除主办单位另有时限要求外，部内主办司局应当在7个工作日内予以回复。如情况特殊不能按期回复，应当主动与主办单位沟通并商定回复时限及方式。办理部内会签，除主办司局另有时限要求外，协办司局应当在3个工作日内予以回复，逾期不回复视为同意。如情况特殊不能按期回复，应当主动与主办司局沟通并商定回复时限及方式。

45. 根据《交通运输部公文处理办法》，办理______来文会签，除主办单位另有时限要求外，部内主办司局应当在______个工作日内予以回复。（　　）

A. 部内有关司局　　B. 部外单位　　C. 15　　D. 7

答案 BD

解析 办理部外单位来文会签，除主办单位另有时限要求外，部内主办司局应当在7个工作日内予以回复。

46. 根据《交通运输部公文处理办法》，办理部外单位来文会签，下列说法正确的是？（　　）

A. 除主办单位另有时限要求外，部内主办司局应当在5个工作日内予以回复。

B. 除主办单位另有时限要求外，部内主办司局应当在7个工作日内予以回复。

C. 如情况特殊不能按期回复，应当主动与主办单位沟通并商定回复时限及方式。

D. 如情况特殊不能按期回复，无须与主办单位沟通。

答案 BC

解析 办理部外单位来文会签，除主办单位另有时限要求外，部内主办司局应当在7个工作日内予以回复。如情况特殊不能按期回复，应当主动与主办单位沟通并商定回复时限及方式。

47. 根据《交通运输部公文处理办法》，办理部内会签，除主办司局另有时限要求外，协办司局应当在______个工作日内予以回复，逾期不回复视为______。（　　）

A. 7　　B. 3　　C. 同意　　D. 不同意

答案 BC

解析 办理部内会签，除主办司局另有时限要求外，协办司局应当在3个工作日内予以回复，逾期不回复视为同意。

48. 根据《交通运输部公文处理办法》，公文文稿签发前，下列说法正确的是：应当由______分别进行审核。规范性文件______进行合法性审查。（　　）

A. 主办司局或办公厅　　B. 主办司局和办公厅

C. 应当由法制机构　　D. 无须由法制机构

答案 BC

解析 文稿签发前，应当由主办司局和办公厅分别进行审核。规范性文件应当由法制机构进行合法性审查。

49. 根据《交通运输部公文处理办法》，公文文稿签发前，审核行文______是否______，行文______是否______。（　　）

A. 理由　充分　　B. 依据　准确　　C. 机构　正确　　D. 依据　合法

答案 AB

解析 公文文稿签发前，审核的重点包括：行文理由是否充分，行文依据是否准确。

50. 根据《交通运输部公文处理办法》，公文文稿签发前，关于内容审核，应该做到______。（ ）

A. 完整准确体现发文机关意图　　B. 符合国家法律法规和党的路线方针政策

C. 同现行有关公文相衔接　　D. 所提政策措施和办法切实可行

答案 ABCD

解析 公文文稿签发前，应审核：内容是否符合国家法律法规和党的路线方针政策；是否完整准确体现发文机关意图；是否同现行有关公文相衔接；所提政策措施和办法是否切实可行。

51. 根据《交通运输部公文处理办法》，公文文稿签发前，审核______是否完整准确体现发文机关意图；是否同现行有关______相衔接；所提______、______和办法是否切实可行。（ ）

A. 内容　　B. 公文　　C. 政策　　D. 措施

答案 ABCD

解析 公文文稿签发前，应审核：内容是否符合国家法律法规和党的路线方针政策；是否完整准确体现发文机关意图；是否同现行有关公文相衔接；所提政策措施和办法是否切实可行。

52. 根据《交通运输部公文处理办法》，公文文稿签发前，应审核______职权范围内的事项是否协商会签并达成一致意见。（ ）

A. 部外有关地区　　B. 部内其他司局　　C. 部外有关部门　　D. 上级有关部门

答案 ABC

解析 公文文稿签发前，审核的重点包括：涉及部内其他司局或者部外有关地区、部门职权范围内的事项是否协商会签并达成一致意见。

53. 根据《交通运输部公文处理办法》，公文文稿签发前，审核社会稳定风险评估、合法性审查是否符合程序，密级确定、公开属性标注是否符合规定，紧急程度是否恰当，______、______机关以及______是否合理。（ ）

A. 主送　　B. 抄送　　C. 签发　　D. 文件印数

答案 ABD

解析 公文文稿签发前，审核的重点包括：社会稳定风险评估、合法性审查是否符合程序，密级确定、公开属性标注是否符合规定，紧急程度是否恰当，主送、抄送机关以及文件印数是否合理。

54. 根据《交通运输部公文处理办法》，公文文稿签发前，审核文种是否正确，格式是否规范；人名、地名、时间、数字、段落顺序、引文等是否准确；______等用法是否规范。（ ）

A. 数字　　B. 文字　　C. 计量单位　　D. 标点符号

答案 ABCD

解析 公文文稿签发前，应审核：文种是否正确，格式是否规范；人名、地名、时间、数字、段落顺序、引文等是否准确；文字、数字、计量单位和标点符号等用法是否规范。

55. 根据《交通运输部公文处理办法》，公文文稿签发前，审核文种是否正确，格式是否规范；______等是否准确；文字、数字、计量单位和标点符号等用法是否规范。（ ）

A. 地名　　B. 人名　　C. 时间

D. 数字　　E. 段落顺序　　F. 引文

答案 ABCDEF

解析 公文文稿签发前，应审核：文种是否正确，格式是否规范；人名、地名、时间、数字、段落顺序、引文等是否准确；文字、数字、计量单位和标点符号等用法是否规范。

56. 根据《交通运输部公文处理办法》，下列说法正确的是？（ ）

A. 经审核不宜发文的公文文稿，应当退回起草单位不需要说明理由。

B. 经审核不宜发文的公文文稿，应当退回起草单位并说明理由。

C. 符合发文条件但内容需作进一步研究和修改的，由起草单位修改后重新报送。

D. 不符合发文条件，由起草单位修改后重新报送。

答案 BC

解析 经审核不宜发文的公文文稿，应当退回起草单位并说明理由；符合发文条件但内容需作进一步研究和修改的，由起草单位修改后重新报送。

57. 根据《交通运输部公文处理办法》，公文应当经______机关负责人审批签发。重要公文和上行文由机关______签发。（ ）

A. 发文　　B. 起草　　C. 负责人　　D. 主要负责人

答案 AD

解析 公文应当经发文机关负责人审批签发。重要公文和上行文由机关主要负责人签发。

58. 根据《交通运输部公文处理办法》，办公厅根据授权制发的公文，由办公厅______签发或者按照有关______签发。（ ）

A. 负责人　　B. 主要负责人　　C. 规定　　D. 制度

答案 BC

解析 交通运输部办公厅根据授权制发的公文，由办公厅主要负责人签发或者按照有关规定签发。

59. 根据《交通运输部公文处理办法》，签发人签发公文，应当签署______。（ ）

A. 意见　　B. 姓名　　C. 单位　　D. 完整日期

答案 ABD

解析 《交通运输部公文处理办法》第七章第三十七条规定。

60. 根据《交通运输部公文处理办法》，签发人______，视为同意。（ ）

A. 圈阅　　B. 签字　　C. 驳回　　D. 退回

答案 AB

解析 《交通运输部公文处理办法》第七章第三十七条规定。

61. 根据《交通运输部公文处理办法》，交通运输部办公厅发文程序：主办司局拟稿——司局办公室______——司局领导______——办公厅审核签发（重要公文由部领导审阅签发）——公文登记、复核、印制、核发。（ ）

A. 核稿　　B. 初核　　C. 核签　　D. 签字

答案 AC

解析 交通运输部发文程序：主办司局拟稿——司局办公室核稿——司局领导核签——办公厅审核签发（重要公文由部领导审阅签发）——公文登记、复核、印制、核发。

62. 根据《交通运输部公文处理办法》，纪要发文程序：会议主办部门拟稿——办公厅______——主持会议的领导______——公文登记、复核、印制、核发。（　　）

A. 审核　　B. 签发　　C. 核稿　　D. 核签

答案　AB

解析　纪要发文程序：会议主办部门拟稿——办公厅审核——主持会议的领导签发——公文登记、复核、印制、核发。

63. 根据《交通运输部海事局公文处理办法》，交通运输部发文程序包含______。（　　）

A. 主办司局拟稿　　B. 司局办公室（综合处，下同）核稿

C. 司局领导核签　　D. 办公厅审核

E. 部领导审阅签发　　F. 公文登记、复核、印制、核发

答案　ABCDEF

解析　交通运输部发文程序：主办司局拟稿——司局办公室（综合处，下同）核稿——司局领导核签——办公厅审核——部领导审阅签发——公文登记、复核、印制、核发。

64. 根据《党政机关公文处理工作条例》，公文起草应当做到______。（　　）

A. 表述准确　　B. 内容简洁　　C. 文字精练　　D. 条理清楚

答案　ABC

解析　公文起草应当做到：内容简洁，主题突出，观点鲜明，结构严谨，表述准确，文字精练。

65. 根据《交通运输部海事局公文处理办法》属于部海事局党组职权范围内的工作，以______名义报送______；属于部海事局职权范围内的工作，以______名义报______，不得多头报文。（　　）

A. 党组　交通运输部　　B. 党组　交通运输部党组

C. 部海事局　交通运输部　　D. 部海事局　交通运输部党组

答案　BC

解析　属于部海事局党组职权范围内的工作，以党组名义报送交通运输部党组；属于部海事局职权范围内的工作，以部海事局名义报交通运输部，不得多头报文。

66. 根据《交通运输部海事局公文处理办法》，交通运输部办公厅发文程序包含______。（　　）

A. 主办司局拟稿　　B. 司局办公室核稿

C. 司局领导核签　　D. 办公厅审核签发（重要公文由部领导审阅签发）

E. 公文登记、复核、印制、核发

答案　ABCDE

解析　交通运输部办公厅发文程序：主办司局拟稿——司局办公室核稿——司局领导核签——办公厅审核签发（重要公文由部领导审阅签发）——公文登记、复核、印制、核发。

67. 根据《交通运输部海事局公文处理办法》，纪要的发文程序包含______。（　　）

A. 会议主办部门拟稿　　B. 办公厅审核

C. 主持会议的领导签发　　D. 公文登记、复核、印制、核发

答案　ABCD

解析　纪要发文程序：会议主办部门拟稿——办公厅审核——主持会议的领导签发——公文登记、复核、印制、核发。

68. 根据《交通运输部海事局公文处理办法》，直属海事局可以“函”形式向部海事局报送______。（　　）

A. 答复征求意见　　B. 参加会议（培训）人员名单

C. 请示报告　　D. 专项工作材料

答案　ABD

解析　直属海事局可以“函”形式向部海事局报送参加会议(培训)人员名单、答复征求意见、报送专项工作材料等。

69. 根据《交通运输部海事局公文处理办法》，严格控制公文数量包括？（　　）

A. 现行文件规定仍然适用的，不再印发公文。

B. 凡国家法律法规、党内法规、交通运输部门规章已作明确规定的，不再印发公文。

C. 对交通运输部文件，要结合实际贯彻落实，不得直接转发。

D. 对交通运输部文件，要结合实际贯彻落实，可以直接转发。

答案　ABC

解析　凡国家法律法规、党内法规、交通运输部门规章已作明确规定的，不再印发公文。现行文件规定仍然适用的，不再印发公文。对交通运输部文件，要结合实际贯彻落实，不得直接转发。

70. 根据《交通运输部海事局公文处理办法》，严格控制公文篇幅应做到______。（　　）

A. 倡导清新简练的文风

B. 起草公文做到条理清楚、文字精练，意尽文止

C. 不讲空话、套话、虚话

D. 起草公文要突出思想性、针对性和可操作性

答案　ABCD

解析　严格控制公文篇幅。倡导清新简练的文风，不讲空话、套话、虚话。起草公文要突出思想性、针对性和可操作性，做到条理清楚、文字精练，意尽文止。

71. 根据《交通运输部海事局公文处理办法》，下列说法正确的是______。（　　）

A. 严格控制公文的印发份数　　B. 严格控制公文的印发范围

C. 严格控制公文篇幅　　D. 严格控制公文数量

答案　ABCD

72. 根据《交通运输部海事局公文处理办法》，公文起草应当做到______。（　　）

A. 分析问题实事求是　　B. 一切从实际出发

C. 所提政策措施和办法切实可行　　D. 完整准确地体现收文机关的意图

答案　ABC

解析　公文起草应一切从实际出发，分析问题实事求是，所提政策措施和办法切实可行。

73. 根据《交通运输部海事局公文处理办法》，公文起草应当内容简洁，主题突出，______。（　　）

A. 表述准确　　B. 结构严谨　　C. 文字精练　　D. 观点鲜明

答案　ABCD

解析　公文起草应内容简洁，主题突出，观点鲜明，结构严谨，表述准确，文字精练。

74. 根据《交通运输部海事局公文处理办法》，公文涉及局内有关处室职权范围内的事项，______必须征求______意见，力求达成一致。涉及局外单位职能的，办理局外会签。（　　）

A. 主办处室　　B. 其他处室

C. 协办处室　　D. 相关处室

答案　AD

解析　公文涉及局内有关处室职权范围内的事项，主办处室必须征求相关处室意见，力求达成一致。涉及局外单位职能的，办理局外会签。

75. 根据《交通运输部海事局公文处理办法》，公文起草过程中，不正确的是？（　　）

A. 公文内容涉及重大公共利益、公众权益和敏感事项，可能引发社会稳定问题的，应当进行社会稳定风险评估。

B. 深入调查研究，充分进行论证，广泛听取意见。

C. 起草涉密公文时，无须使用符合国家保密规定的计算机、网络及移动存储介质。

D. 机关负责人应当亲自负责重要公文起草工作。

答案　CD

解析　起草涉密公文时，应当使用符合国家保密规定的计算机、网络及移动存储介质。机关负责人应当主持、指导重要公文起草工作。

76. 根据《交通运输部海事局公文处理办法》，公文精简，符合严格控制公文规格的有？（　　）

A. 通过局函或局办公室函等方式能够解决的，不以“文件”形式发文。

B. 通过电话、电子邮件等方式能够解决的，不正式发文。

C. 直属海事局可以“函”形式向部海事局报送参加会议（培训）人员名单、答复征求意见、报送专项工作材料及报告等。

D. 部海事局领导的讲话，用“公告”印发；可以向社会公布的，通过部海事局门户网站等媒体公布。

答案　AB

解析　《交通运输部海事局公文处理办法》第六章第二十二条规定。

77. 根据《交通运输部海事局公文处理办法》，以下哪些环节不是公文拟制的流程______。（　　）

A. 流转　　B. 起草　　C. 审议　　D. 签发

答案　AC

解析　《交通运输部海事局公文处理办法》第六章第二十五条规定。

78. 根据《交通运输部海事局公文处理办法》，文稿会签过程中不正确的是？（　　）

A. 会签文稿均以会签处室负责人签名为有效。

B. 会签文稿均以会签处室人员签名为有效。

C. 相关问题需要局内处室会签的，由主办处室送转会签。

D. 相关问题需要局内处室会签的，由协办处室送转会签。

答案　BD

解析　《交通运输部海事局公文处理办法》第七章第二十七条规定。

79. 根据《交通运输部海事局公文处理办法》，公文文稿会签需注意的事项有？（　　）

A. 制订内部管理规章制度，应会签局办公室和相关处室。

B. 制订海事规范性文件，应会签法规部门和相关处室。

C. 会签处室如有不同意见，应当协商一致后报局领导。

D. 如经充分协商仍不能取得一致意见，应当如实报局领导协调裁定。

答案　ABCD

解析　《交通运输部海事局公文处理办法》第七章第二十七条规定。

80. 根据《交通运输部海事局公文处理办法》，公文文稿会签注意事项中正确的是？（　　）

A. 会签单位对会签稿有重大修改，应当重新送局领导审签。

B. 相关问题需要交通运输部其他司局或部外单位会签的，由主办处室负责人承办。

C. 相关问题需要交通运输部其他司局或部外单位会签的，由主办处室指定专人承办。

D. 会签单位对会签稿有重大修改，不需重新送局领导审签。

答案　AC

解析　《交通运输部海事局公文处理办法》第七章第二十七条规定。

81. 根据《交通运输部海事局公文处理办法》，以下说法正确的是？（　　）

A. 会签文无须严格按照规定的时限要求完成。

B. 交通运输部其他司局或部外单位会签我局的文稿，按职权范围由局主办处室牵头提出意见，经局领导审核后完成会签。

C. 相关问题需要交通运输部其他司局或部外单位会签的，由主办处室指定专人承办。

D. 会签单位对会签稿有重大修改，应当重新送局领导审签。

答案　BCD

解析　《交通运输部海事局公文处理办法》第七章第二十七条规定。

82. 根据《交通运输部海事局公文处理办法》，办理会签的时限要求正确的是？（　　）。

A. 办理部外会签应当在 7 个工作日内予以回复。

B. 办理部外会签应当在 10 个工作日内予以回复。

C. 办理部内司局间会签应当在 7 个工作日内予以回复。

D. 办理部内司局间会签应当在 3 个工作日内予以回复。

答案　AD

解析　《交通运输部海事局公文处理办法》第七章第二十七条规定。

83. 根据《交通运输部海事局公文处理办法》办理会签的时限要求说法错误的是？（　　）

A. 办理局内会签应当在 1 个工作日内予以回复。

B. 办理局内会签应当在 3 个工作日内予以回复。

C. 逾期不回复视为不同意。

D. 如情况特殊不能按期回复，应当主动与主办部门沟通并商定回复时限及方式。

答案 BC

解析 《交通运输部海事局公文处理办法》第七章第二十七条规定。

84. 根据《交通运输部海事局公文处理办法》，公文文稿签发前，应当由______和______分别进行审核。（ ）

A. 主办处室　　B. 单位负责人

C. 办公室　　D. 协办部门

答案 AC

解析 《交通运输部海事局公文处理办法》第七章第二十八条规定。

85. 根据《交通运输部海事局公文处理办法》，公文文稿签发前规范性文件应当由法规部门进行合法性审查。审核的重点包括______。（ ）

A. 内容　　B. 行文理由

C. 行文依据　　D. 文种

答案 ABCD

解析 《交通运输部海事局公文处理办法》第七章第二十八条规定。

86. 根据《交通运输部海事局公文处理办法》，公文审核的说法不正确的是？（ ）

A. 规范性文件应当由法规部门进行合法性审查。

B. 公文文稿签发前，应当由主办处室和办公室分别进行审核。

C. 行文理由是否正确，行文依据是否充分。

D. 涉及部内其他处室或者局外有关单位职权范围内的事项是否协商会签并达成一致意见。

答案 CD

解析 《交通运输部海事局公文处理办法》第七章第二十八条规定。

87. 根据《交通运输部海事局公文处理办法》，公文审核正确的是？（ ）

A. 是否完整准确体现发文机关意图。

B. 内容是否符合国家法律法规和党的路线方针政策。

C. 是否同现行有关公文相衔接。

D. 所提政策措施和办法是否切实可行。

答案 ABCD

解析 《交通运输部海事局公文处理办法》第七章第二十八条规定。

88. 根据《交通运输部海事局公文处理办法》，公文审核所涉及的有？（ ）

A. 人名、地名、时间、数字、段落顺序、引文等是否准确。

B. 文种是否正确，格式是否规范。

C. 文字、数字、计量单位和标点符号等用法是否规范。

D. 其他内容是否符合公文起草的有关要求。

答案 ABCD

解析 《交通运输部海事局公文处理办法》第七章第二十八条规定。

89. 根据《交通运输部海事局公文处理办法》，说法错误的是？（　　）

A. 经审核不宜发文的公文文稿，应当退回主办处室并说明理由。

B. 经审核不宜发文的公文文稿，应当退回主办处室无须说明理由。

C. 符合发文条件但内容需作进一步研究和修改的，由主办处室修改后重新报送。

D. 符合发文条件但内容需作进一步研究和修改的，由协办处室修改后重新报送。

答案 BD

解析 《交通运输部海事局公文处理办法》第七章第二十九条规定。

90. 根据《交通运输部海事局公文处理办法》，以下说法正确的是？（　　）

A. 签发人圈阅或者签名的，视为同意。

B. 签发人签发公文，应当签署意见、姓名和完整日期。

C. 联合发文由所有联署机关的负责人会签。

D. 公文应当经发文机关负责人审核。

答案 ABC

解析 《交通运输部海事局公文处理办法》第七章第三十条规定。

91. 根据《交通运输部海事局公文处理办法》，公文签发说法正确的是？（　　）

A. 起草部文、部签报及其他重要公文须由办公室负责人核签。

B. 公文应当经发文机关负责人审批签发。

C. 办公室根据授权制发的办公室函，由办公室负责人签发。

D. 圈阅不能视为同意。

答案 BC

解析 《交通运输部海事局公文处理办法》第七章第三十条规定。

92. 根据《交通运输部海事局公文处理办法》，公文文稿签发前进行审核，以下说法正确的是？（　　）

A. 密级确定、公开属性标注是否符合规定。

B. 社会稳定风险评估、合法性审查是否符合程序。

C. 紧急程度是否恰当。

D. 主送、抄送机关以及文件印数是否合理。

答案 ABCD

解析 《交通运输部海事局公文处理办法》第七章第二十八条规定。

93. 根据《交通运输部海事局公文处理办法》，有关公文签发，说法错误的是？（　　）

A. 负责人签发后的定稿任何情况都不得改动。

B. 文稿一经签发即为定稿。

C. 特殊情况需作内容实质性修改的，须报原审核人批准。

D. 签发人签发公文，应当签署意见、姓名和完整日期。

答案 AC

解析 《交通运输部海事局公文处理办法》第七章第三十条规定。

94. 根据《交通运输部海事局公文处理办法》，公文文稿签发前，审核是否正确的有______。（ ）

A. 时间　　B. 人名　　C. 数字　　D. 引文

答案 ABCD

解析 《交通运输部海事局公文处理办法》第七章第二十八条规定。

95. 根据《交通运输部海事局公文处理办法》，公文签发公文应当经发文机关负责人审批签发。起草______及其他重要公文须由局主要领导核签。（ ）

A. 公告　　B. 通知　　C. 部文　　D. 部签报

答案 CD

解析 《交通运输部海事局公文处理办法》第七章第三十条规定。

96. 根据《交通运输部海事局公文处理办法》，公文精简说法不正确的是？（ ）

A. 现行文件规定仍然适用的，可以印发公文。

B. 现行文件规定仍然适用的，不再印发公文。

C. 对交通运输部文件，要结合实际贯彻落实，可以直接转发。

D. 对交通运输部文件，要结合实际贯彻落实，不得直接转发。

答案 AC

解析 《交通运输部海事局公文处理办法》第六章第二十一条规定。

第四部分
公文管理、公文办理

1. 公文办理包括哪些内容？（　　）

A. 发文办理　　B. 收文办理　　C. 整理归档　　D. 公文拟制

答案　ABC

解析　《党政机关公文处理工作条例》第六章第二十三条规定：公文办理包括收文办理、发文办理和整理归档。

2. 公文印制完毕，应当对下列哪些事项检查后分发？（　　）

A. 公文的格式　　B. 公文的文字　　C. 公文的印刷质量　　D. 公文的印制份数

答案　ABC

解析　《交通运输部公文处理办法》第八章第四十一条规定。

3. 以下哪些属于公文处理内容？（　　）

A. 发文办理　　B. 收文办理　　C. 公文拟制　　D. 公文文种确认

答案　AB

解析　《党政机关公文处理工作条例》第六章第二十三条规定：公文办理包括收文办理、发文办理和整理归档。

4. 需要两个以上部门办理的公文，哪个可以是主办部门？（　　）

A. 无明确处室，第一个处室

B. 已明确的主办部门

C. 无明确处室，办理部门协商确定

D. 无明确处室，共同负责公文处理

答案　AB

解析　《交通运输部海事局公文处理办法》第八章第三十四条规定。

5. 以下说法正确的是？（　　）

A. 公文确定密级前，应当按照拟定的密级先行采取保密措施。

B. 整理归档属于公文办理。

C. 紧急公文或者重要公文应当由专人负责催办。

D. 对收到的公文不需再次进行初审。

答案　ABC

解析 《党政机关公文处理工作条例》第六章第二十三条规定：公文办理包括收文办理、发文办理和整理归档。

6. 以下说法正确的是？（ ）

A. 批办性公文需要两个以上部门办理的，也可以不明确主办部门。

B. 批办性公文需要两个以上部门办理的，应当明确主办部门。

C. 对不属于本单位职权范围或者不宜由本单位办理的，直接存档即可。

D. 紧急公文或者重要公文需要由专人负责催办。

答案 BD

解析 《党政机关公文处理工作条例》第六章第二十四条规定：批办性公文需要两个以上部门办理的，应当明确主办部门。对不属于本单位职权范围或者不宜由本单位办理的，应当及时退回交办部门并说明理由。《交通运输部公文处理办法》第八章第四十条规定：紧急公文或者重要公文需要由专人负责催办。

7. 以下说法正确的是？（ ）

A. 经初审不符合规定的公文，应当及时退回来文单位并说明理由。

B. 对公文的主要信息和办理情况应当详细记载。

C. 两个以上机关联合办理的公文，原件由主办机关归档，相关机关保存复制件。

D. 属于主动公开的公文，主办处室应当按照政府信息公开的有关规定，自公文形成之日起 30 个工作日内公开。

答案 ABC

解析 《党政机关公文处理工作条例》第六章第二十四条规定：对公文的主要信息和办理情况应当详细记载，经初审不符合规定的公文，应当及时退回来文单位并说明理由；第二十七条规定：两个以上机关联合办理的公文，原件由主办机关归档，相关机关保存复制件。《交通运输部海事局公文处理办法》第九章第四十一条规定：属于主动公开的公文，主办处室应当按照政府信息公开的有关规定，自公文形成之日起 20 个工作日内公开。

8. 以下说法正确的是？（ ）

A. 机关撤销时，需要归档的公文经整理后按照有关规定移交档案管理部门。

B. 机关合并时，全部公文应当随之合并管理。

C. 机关撤销时，需要归档的公文经整理后按照有关规定移交原机关上级部门。

D. 工作人员离岗离职时，所在机关应当督促其将暂存、借用的公文按照有关规定移交、清退。

答案 ABD

解析 《党政机关公文处理工作条例》第七章第三十六条规定：机关合并时，全部公文应当随之合并管理；机关撤销时，需要归档的公文经整理后按照有关规定移交档案管理部门。工作人员离岗离职时，所在机关应当督促其将暂存、借用的公文按照有关规定移交、清退。

9. 以下说法正确的是？（ ）

A. 用于电子公文传输的计算机及其相关设备应当指定专人管理和维护，严禁与互联网连接。

B. 电子公文与纸质公文具有同等法定效力。

C. 电子公文与纸质公文法定效力不一致，若有冲突，以纸质公文为准。

D. 电子公文的处理与纸质公文处理要求不一致。

答案 AB

解析 电子公文与纸质公文具有同等法定效力。用于电子公文传输的计算机及其相关设备应当指定专人管理和维护，严禁与互联网连接。

10. 以下说法正确的是？（ ）

A. 涉密公文公开发布时间、形式和渠道，由发文机关确定。

B. 涉密公文公开发布前应当履行解密程序。

C. 经批准公开发布的公文，同发文机关正式印发的公文具有同等效力。

D. 涉密公文公开发布前不需履行解密程序。

答案 ABC

解析 《党政机关公文处理工作条例》第七章第三十一条规定：涉密公文公开发布前应当履行解密程序。公开发布的时间、形式和渠道，由发文机关确定。经批准公开发布的公文，同发文机关正式印发的公文具有同等效力。

11. 以下说法正确的是？（ ）

A. 阅知性公文应当直接进行传阅，保证传阅效率。

B. 对公文的主要信息和办理情况应当详细记载。

C. 批办性公文需要两个以上部门办理的，未明确主办部门，则无主办部门。

D. 紧急公文应当明确办理时限。

答案 BD

解析 《党政机关公文处理工作条例》第六章第二十四条规定：对公文的主要信息和办理情况应当详细记载；阅知性公文应当根据公文内容、要求和工作需要确定范围后分送；紧急公文应当明确办理时限。《交通运输部海事公文处理办法》第八章第三十四条规定：需多个处室办理的，应当明确主办处室；如无明确，一般以第一个处室为主办处室。

12. 以下说法正确的是？（ ）

A. 已经发文机关负责人签批的公文，印发前应当对公文的审批手续、内容、文种、格式等进行复核。

B. 已经发文机关负责人签批的公文，需作实质性修改的，应当报原签批人复审。

C. 对复核后的公文，应当确定发文字号、分送范围和印制份数并详细记载。

D. 涉密公文传递方式与其他公文一致。

答案 ABC

解析 《党政机关公文处理工作条例》第六章第二十五条规定：已经发文机关负责人签批的公文，需作实质性修改的，应当报原签批人复审；已经发文机关负责人签批的公文，印发前应当对公文的审批手续、内容、文种、格式等进行复核；对复核后的公文，应当确定发文字号、分送范围和印制份数并详细记载。第二十六条规定：涉密公文应当通过机要交通、邮政机要通信、城市机要文件交换站或者收发件机关机要收发人员进行传递，通过密码电报或者符合国家保密规定的计算机信息系统进行传输。

13. 以下说法正确的是？（ ）

A. 涉密公文公开发布前应当履行解密程序。

B. 涉密公文的传送应当遵守“密来密往”的原则。

C. 公文的印发传达范围变更应当由收文单位决定。

D. 设立党委（党组）的厅级以上单位应当建立机要保密室和机要阅文室，厅级以下单位可视情况设定。

答案 AB

解析 《交通运输部海事局公文处理办法》第九章第四十一条规定：涉密公文的传送应当遵守“密来密往”的原则。《党政机关公文处理工作条例》第七章第三十一条规定：涉密公文公开发布前应当履行解密程序，公文的印发传达范围应当按照发文机关的要求执行；第二十九条规定，设立党委（党组）的县级以上单位应当建立机要保密室和机要阅文室。

14. 以下说法正确的是？（　　）

A. 对不属于本单位职权范围或者不宜由本单位办理的，应当及时退回交办部门并说明理由。

B. 紧急公文应当明确办理时限。

C. 已经发文机关负责人签批的公文，需作实质性修改的，应当报文件起草人复审。

D. 两个以上机关联合办理的公文，由其中任意一方完成归档即可。

答案 AB

解析 《党政机关公文处理工作条例》第六章第二十四条规定：紧急公文应当明确办理时限；对不属于本单位职权范围或者不宜由本单位办理的，应当及时退回交办部门并说明理由。第二十七条规定：两个以上机关联合办理的公文，原件由主办机关归档，相关机关保存复制件。第二十五条规定：已经发文机关负责人签批的公文，需作实质性修改的，应当报原签批人复审。

15. 以下说法正确的是？（　　）

A. 紧急公文或者重要公文应当由专人负责催办。

B. 机关负责人兼任其他机关职务的，在履行所兼职务过程中形成的公文，由其兼职机关归档。

C. 两个以上机关联合办理的公文，归档由主办机关完成。

D. 两个以上机关联合办理的公文，原件归档可由办理相关机关完成。

答案 AB

解析 《党政机关公文处理工作条例》第六章第二十七条规定：机关负责人兼任其他机关职务的，在履行所兼职务过程中形成的公文，由其兼职机关归档；两个以上机关联合办理的公文，原件由主办机关归档，相关机关保存复制件。《交通运输部公文处理办法》第八章第四十条规定：紧急公文或者重要公文应当由专人负责催办。

16. 以下说法正确的是？（　　）

A. 对收到的公文应当逐件清点，核对无误后签字或者盖章，并注明签收时间。

B. 公文办理包括收文办理、发文办理和整理归档。

C. 对公文的主要信息和办理情况应当详细记载。

D. 经初审不符合规定的公文，应当及时退回来文单位并说明理由。

答案 ABCD

解析 《党政机关公文处理工作条例》第六章第二十三条规定：公文办理包括收文办理、发文办理和整理归档。第二十四条规定：对收到的公文应当逐件清点，核对无误后签字或者盖章，并注明签收时间；对公文的主要信息和办理情况应当详细记载；经初审不符合规定的公文，应当及时退回来文单位并说明理由。

17. 以下说法正确的是？（　　）

A. 批办性公文需要两个以上部门办理的，应当明确主办部门。

B. 阅知性公文应当根据公文内容、要求和工作需要确定范围后分送。

C. 需多个处室办理的，应当明确主办处室；如无明确，一般以第一个处室为主办处室。

D. 紧急公文应当明确办理时限。

答案 ABCD

解析 《党政机关公文处理工作条例》第六章第二十四条规定：阅知性公文应当根据公文内容、要求和工作需要确定范围后分送；批办性公文需要两个以上部门办理的，应当明确主办部门；紧急公文应当明确办理时限。《交通运输部海事公文处理办法》第八章第三十四条规定：需多个处室办理的，应当明确主办处室；如无明确，一般以第一个处室为主办处室。

18. 以下说法正确的是？（　　）

A. 对不属于本单位职权范围或者不宜由本单位办理的，应当及时退回交办部门并说明理由。

B. 有明确办理时限要求的公文，完成确有困难的，应当及时向来文单位说明，协商办理时限。

C. 办理公文传阅应当随时掌握公文去向，不得漏传、误传、延误。

D. 要及时了解掌握公文的办理进展情况，督促承办部门按期办结。

答案 ABCD

解析 《党政机关公文处理工作条例》第六章第二十四条规定：有明确办理时限要求的公文，完成确有困难的，应当及时向来文单位说明，协商办理时限；对不属于本单位职权范围或者不宜由本单位办理的，应当及时退回交办部门并说明理由；办理公文传阅应当随时掌握公文去向，不得漏传、误传、延误；要及时了解掌握公文的办理进展情况，督促承办部门按期办结。

19. 以下说法正确的是？（　　）

A. 已经发文机关负责人签批的公文，需作实质性修改的，应当报原签批人复审。

B. 公文的办理结果应当及时答复来文单位，并根据需要告知相关单位。

C. 对复核后的公文，应当确定发文字号、分送范围和印制份数并详细记载。

D. 已经发文机关负责人签批的公文，需作实质性修改的，应当报文件起草人复审。

答案 ABC

解析 《党政机关公文处理工作条例》第六章第二十四条规定：公文的办理结果应当及时答复来文单位，并根据需要告知相关单位。第二十五条规定：已经发文机关负责人签批的公文，需作实质性修改的，应当报原签批人复审；对复核后的公文，应当确定发文字号、分送范围和印制份数并详细记载。

20. 以下说法正确的是？（　　）

A. 个人不得保存应当归档的公文。

B. 机关负责人兼任其他机关职务的，在履行所兼职务过程中形成的公文，由其兼职机关归档。

C. 应当设有专门的收、发文岗位，岗位人员必须为本单位在编正式职工。

D. 设立党委（党组）的县级以上单位应当建立机要保密室和机要阅文室。

答案 ABCD

解析 选项 A，《交通运输部公文处理办法》第八章第四十三条规定：个人不得保存应当归档的公文。选项 B，《党政机关公文处理工作条例》第六章第二十七条规定：机关负责人兼任其他机关职务的，在履行所兼职务过程中形成的公文，由其兼职机关归档。选项 C，《交通运输部海事局公文处理办法》第九章第三十七条规定：应当设有专门的收、发文岗位，岗位人员必须为本单位在编正式职工。选项D，《党政机关公文处理工作条例》第七章第二十九条规定：设立党委（党组）的县级以上单位应当建立机要保密室和机要阅文室。

21. 以下说法正确的是？（　　）

A. 公文的印发传达范围需要变更的，应当经发文机关批准。

B. 公文的印发传达范围应当按照发文机关的要求执行。

C. 公文主管部门应当加强对公文处理工作的督定期通报公文处理情况。

D. 电子公文与纸质公文具有同等法定效力。

答案　ABCD

解析　《党政机关公文处理工作条例》第七章第三十一条规定：公文的印发传达范围应当按照发文机关的要求执行；公文的印发传达范围需要变更的，应当经发文机关批准。《交通运输部海事局公文处理办法》第九章第三十九条规定：公文主管部门应当加强对公文处理工作的督定期通报公文处理情况；第十章第四十八条规定：电子公文与纸质公文具有同等法定效力。

22. 以下说法正确的是？（　　）

A. 公文的印发传达范围需要变更的，应当经发文机关批准。

B. 涉密公文的传送应当遵守“密来密往”的原则。

C. 涉密公文公开发布前应当履行解密程序。

D. 涉密公文公开发布时间、形式和渠道，由发文机关确定。

答案　ABCD

解析　《交通运输部海事局公文处理办法》第九章第四十一条规定：涉密公文的传送应当遵守“密来密往”的原则。《党政机关公文处理工作条例》第七章第三十一条规定：公文的印发传达范围应当按照发文机关的要求执行；公文的印发传达范围需要变更的，应当经发文机关批准；涉密公文公开发布前应当履行解密程序；公开发布的时间、形式和渠道，由发文机关确定。

23. 以下说法正确的是？（　　）

A. 公文确定密级前，应当按照拟定的密级先行采取保密措施。

B. 涉密文件汇编本的密级按照编入公文的最高密级标注。

C. 涉密公文应当按照发文机关的要求和有关规定进行清退或者销毁。

D. 秘密级公文按照涉密文件管理即可，不需由专人管理。

答案　ABCD

解析　选项A，《党政机关公文处理工作条例》第七章第三十条规定：绝密级公文应当由专人管理。选项B，《党政机关公文处理工作条例》第七章第三十二条规定：汇编本的密级按照编入公文的最高密级标注。选项C，《党政机关公文处理工作条例》第七章第三十条规定，公文确定密级前，应当按照拟定的密级先行采取保密措施。选项D，《党政机关公文处理工作条例》第七章第三十四条规定，涉密公文应当按照发文机关的要求和有关规定进行清退或者销毁。

24. 以下说法正确的是？（　　）

A. 用于电子公文传输的计算机及其相关设备应当指定专人管理和维护，严禁与互联网连接。

B. 电子公文传输指电子公文的生成、发送、接收过程。

C. 电子公文应当存放于指定的服务器，指定专人严格管理，未经公文主管部门同意，不得修改和删除。

D. 电子公文与纸质公文具有同等法定效力。

答案 ABCD

解析 《交通运输部海事局公文处理办法》第十章第四十九条规定：电子公文传输指电子公文的生成、发送、接收过程；用于电子公文传输的计算机及其相关设备应当指定专人管理和维护，严禁与互联网连接。第四十八条规定：电子公文与纸质公文具有同等法定效力；电子公文应当存放于指定的服务器，指定专人严格管理，未经公文主管部门同意，不得修改和删除。

25. 以下哪些不属于公文办理内容？（ ）

A. 公文的审核　B. 公文的起草　C. 公文的签发　D. 收文办理

答案 ABC

解析 《党政机关公文处理工作条例》第六章第二十三条规定：公文办理包括收文办理、发文办理和整理归档。

26. 下列哪种公文应当符合有关规定并经本机关负责人批准？（ ）

A. 汇编机密级公文　B. 复制机密级公文

C. 复制秘密级公文　D. 复制绝密级公文

答案 ABC

解析 《党政机关公文处理工作条例》第七章第三十二条规定：复制、汇编机密级、秘密级公文，应当符合有关规定并经本机关负责人批准。绝密级公文一般不得复制、汇编，确有工作需要的，应当经发文机关或者其上级机关批准。

27. 以下哪些属于收文办理的主要程序？（ ）

A. 传阅　B. 承办　C. 催办　D. 答复

答案 ABCD

解析 《党政机关公文处理工作条例》第六章第二十四条规定：收文办理主要程序是签收、登记、初审、承办、传阅、催办、答复。

28. 以下说法正确的是？（ ）

A. 公文的印发传达范围应当按照发文机关的要求执行。

B. 公文的密级需要变更或者解除的，由原确定密级的机关或者其上级机关决定。

C. 公文的印发传达范围需要变更的，应当经收文机关上级机关批准。

D. 不具备归档和保存价值的公文，也不可以销毁。

答案 AB

解析 《党政机关公文处理工作条例》第七章第三十条规定：公文的密级需要变更或者解除的，由原确定密级的机关或者其上级机关决定；第三十一条规定：公文的印发传达范围应当按照发文机关的要求执行；第三十五条规定：不具备归档和保存价值的公文，经批准后可以销毁。

29. 以下属于收文登记内容有______。（ ）

A. 文件页数　B. 文号　C. 来文日期　D. 送文人员信息

答案 BC

解析 《交通运输部公文处理办法》第八章第四十条规定：对公文的主要信息和办理情况应当详细记载。包括：来文机关、文号、标题、来文日期、收文编号等。

30. 收文签收需开展的工作有哪些？（ ）

A. 核对无误后签字或者盖章　　B. 逐件清点

C. 注明签收时间　　D. 对收到的公文进行初审

答案 ABC

解析 《党政机关公文处理工作条例》第六章第二十四条规定：对收到的公文应当逐件清点，核对无误后签字或者盖章，并注明签收时间。

31. 以下说法正确的是？（ ）

A. 对公文的主要信息和办理情况应当详细记载。

B. 文件签收需注明签收时间。

C. 收到的公文应当进行初审。

D. 所有公文都应当由专人负责催办。

答案 ABC

解析 《党政机关公文处理工作条例》第六章第二十四条规定：对收到的公文应当逐件清点，核对无误后签字或者盖章，并注明签收时间。收到的公文应当进行初审。对公文的主要信息和办理情况应当详细记载。紧急或重要公文应当由专人负责催办。

32. 以下说法正确的是？（ ）

A. 公文的办理结果应当及时答复来文单位。

B. 公文主管部门负责本单位收文工作。

C. 办理公文传阅应当随时掌握公文去向。

D. 公文主管部门应当及时了解掌握公文的办理进展情况。

答案 ABCD

解析 《党政机关公文处理工作条例》第六章第二十四条规定：公文的办理结果应当及时答复来文单位，并根据需要告知相关单位。《交通运输部海事局公文处理办法》第八章第三十四条规定：公文主管部门负责本单位收文工作。公文主管部门应当及时了解掌握公文的办理进展情况。

33. 收文登记需开展的工作有哪些？（ ）

A. 文号　　B. 来文机关

C. 标题　　D. 来文日期

答案 ABCD

解析 《交通运输部公文处理办法》第八章第四十条规定：对公文的主要信息和办理情况应当详细记载。包括：来文机关、文号、标题、来文日期、收文编号等。

34. 以下说法错误的是？（ ）

A. 属于主动公开的公文，主办处室应当按照政府信息公开的有关规定，自公文形成之日起 30 个工作日内公开。

B. 经批准公开发布的公文，与发文机关正式印发的公文法律效力不一致。

C. 属于主动公开的公文，主办处室应当按照政府信息公开的有关规定，自公文形成之日起 20 日内公开。

D. 经批准公开发布的公文，同发文机关正式印发的公文具有同等效力。

答案 ABC

解析 《党政机关公文处理工作条例》第七章第三十一条规定：经批准公开发布的公文，同发文机关正式印发的公文具有同等效力。《交通运输部海事局公文处理办法》第九章第四十一条规定：属于主动公开的公文，主办处室应当按照政府信息公开的有关规定，自公文形成之日起 20 个工作日内公开。

35. 以下不属于收文登记内容有______。（　　）

A. 文件页数　　B. 来文机关　　C. 标题　　D. 送文人员信息

答案 AD

解析 根据《交通运输部公文处理办法》第八章第四十条（二）规定：对公文的主要信息和办理情况应当详细记载。包括：来文机关、文号、标题、来文日期、收文编号等。

36. 以下不符合收文办理先后顺序的是______。（　　）

A. 登记、签收、初审、承办、传阅、催办、答复

B. 签收、登记、初审、传阅、承办、催办、答复

C. 初审、签收、登记、承办、传阅、催办、答复

D. 签收、登记、初审、承办、传阅、催办、答复

答案 ABC

解析 《党政机关公文处理工作条例》第六章第二十四条规定：收文办理主要程序是签收、登记、初审、承办、传阅、催办、答复。

37. 收文初审重点审核的内容有______。（　　）

A. 是否符合行文规则

B. 是否应当由本机关办理

C. 文种、格式是否符合要求

D. 涉及其他地区或者部门职权范围内的事项是否已经协商、会签

答案 ABCD

解析 根据《交通运输部公文处理办法》第八章第四十条（三）规定：对收到的公文应当进行初审。初审的重点是：是否应当由本机关办理，是否符合行文规则，文种、格式是否符合要求，涉及其他地区或者部门职权范围内的事项是否已经协商、会签，是否符合公文起草的其他要求。经初审不符合规定的公文，应当及时退回来文单位并说明理由。

38. 以下说法正确的是？（　　）

A. 阅知性公文应当根据公文内容、要求和工作需要确定范围后分送。

B. 承办部门对交办的公文应当及时办理，有明确办理时限要求的应当在规定时限内办理完毕。

C. 紧急公文或者重要公文应当由专人负责催办。

D. 公文的办理结果应当及时答复来文单位。

答案 ABCD

解析 《党政机关公文处理工作条例》第六章第二十四条规定：承办部门对交办的公文应当及时办理，有明确办理时限要求的应当在规定时限内办理完毕。阅知性公文应当根据公文内容、要求和工作需要确定范围后分送。紧急公文或者重要公文应当由专人负责催办。公文的办理结果应当及时答复来文单位。

39. 以下哪项不属于收文初审重点审核的内容？（　　）

A. 是否应当由本机关办理　　B. 来文机关

C. 收文编号　　D. 是否符合行文规则

答案 BC

解析 《党政机关公文处理工作条例》第六章第二十四条规定：是否应当由本机关办理，是否符合行文规则，文种、格式是否符合要求，涉及其他地区或者部门职权范围内的事项是否已经协商、会签，是否符合公文起草的其他要求。

40. 初审不符合规定的公文应如何处理？（　　）

A. 及时退回来文单位。

B. 说明退回理由。

C. 与来文单位沟通，更定来文错误后承办。

D. 与来文单位沟通，指出来文错误后承办。

答案 AB

解析 《党政机关公文处理工作条例》第六章第二十四条规定：经初审不符合规定的公文，应当及时退回来文单位并说明理由。

41. 阅知性公文根据哪些内容确认阅知范围？（　　）

A. 工作需要　　B. 公文内容　　C. 公文要求　　D. 公文文种

答案 ABC

解析 《党政机关公文处理工作条例》第六章第二十四条规定：阅知性公文应当根据公文内容、要求和工作需要确定范围后分送。

42. 以下说法正确的是？（　　）

A. 阅知性公文应当根据公文内容、要求和工作需要确定范围后分送。

B. 批办性公文应当提出拟办意见报本机关负责人批示或者转有关部门办理。

C. 承办部门对交办的公文应当及时办理，承办公文有明确办理时限要求的应当在规定时限内办理完毕。

D. 紧急公文不需明确办理时限。

答案 ABC

解析 《党政机关公文处理工作条例》第六章第二十四条规定：批办性公文应当提出拟办意见报本机关负责人批示或者转有关部门办理；需要两个以上部门办理的，应当明确主办部门。紧急公文应当明确办理时限。承办部门对交办的公文应当及时办理，有明确办理时限要求的应当在规定时限内办理完毕。

43. 按照公文处理方式可分哪几种？（　　）

A. 批办性公文　　B. 阅知性公文　　C. 流转性公文　　D. 涉密性公文

答案 AB

解析 《党政机关公文处理工作条例》第六章第二十四条规定。

44. 以下说法正确的是______。（　　）

A. 发文办理属于公文办理　　B. 收文办理属于公文办理

C. 公文拟制属于公文办理　　D. 公文文种确认属于公文办理

答案 AB

解析 《党政机关公文处理工作条例》第六章第二十三条规定：公文办理包括收文办理、发文办理和整理归档。

45. 需要两个以上部门办理的公文，主办部门如何确定？（　　）

A. 明确主办处室。

B. 无明确处室，一般以第一个处室为主办处室。

C. 无明确处室，一般以公文主管处室为主办处室。

D. 无明确处室，共同负责公文处理。

答案 AB

解析 《交通运输部海事局公文处理办法》第八章第三十四条规定。

46. 明确办理时限要求的公文处理要求______。（　　）

A. 在规定时限内办理完毕

B. 确有困难的，应当及时向来文单位说明，协商办理时限

C. 确有困难的，应当及时向公文主管处室说明，协商办理时限

D. 无法按期完成的，向公文主管处室备案

答案 AB

解析 《党政机关公文处理工作条例》第六章第二十四条规定：承办部门对交办的公文应当及时办理，有明确办理时限要求的应当在规定时限内办理完毕。确有困难的，应当及时向来文单位说明，协商办理时限。

47. 以下哪些属于公文传阅要求？（　　）

A. 办理公文传阅应当随时掌握公文去向。

B. 根据领导批示和工作需要将公文及时送传阅对象阅知或者批示。

C. 办理公文传阅不得漏传、误传、延误。

D. 办理公文传阅不得明确时限。

答案 ABC

解析 《党政机关公文处理工作条例》第六章第二十四条规定：承办部门对交办的公文应当及时办理，有明确办理时限要求的应当在规定时限内办理完毕。《交通运输部公文处理办法》第八章第四十条规定：根据领导批示和工作需要将公文及时送传阅对象阅知或者批示。办理公文传阅应当随时掌握公文去向。办理公文传阅不得漏传、误传、延误。

48. 哪些公文需由专人负责催办？（　　）

A. 重要公文　　B. 紧急公文

C. 上级单位公文　　D. 有办理时限要求公文

答案 AB

解析 《党政机关公文处理工作条例》第六章第二十四条规定：紧急公文或者重要公文应当由专人负责催办。

49. 公文答复有哪些要求？（ ）

A. 根据需要告知相关单位

B. 办理结果及时答复来文单位

C. 及时告知公文主管处室

答案 AB

解析 《党政机关公文处理工作条例》第六章第二十四条规定：公文的办理结果应当及时答复来文单位，并根据需要告知相关单位。

50. 以下说法正确的是？（ ）

A. 公文的办理结果要根据需要告知相关单位。

B. 公文的办理结果应当及时答复来文单位。

C. 公文的办理结果应当及时答复公文主管部门。

D. 公文的办理结果不需告知相关单位。

答案 AB

解析 《党政机关公文处理工作条例》第六章第二十四条规定：公文的办理结果应当及时答复来文单位，并根据需要告知相关单位。

51. 以下哪些属于发文办理主要程序______。（ ）

A. 复核　　B. 登记　　C. 印制　　D. 核发

答案 ABCD

解析 《党政机关公文处理工作条例》第六章第二十五条规定：收文办理主要程序是复核、登记、印制、核发。

52. 发文办理登记主要登记内容有______。（ ）

A. 分送范围　　B. 发文字号　　C. 印制份数　　D. 发文文种

答案 ABC

解析 《党政机关公文处理工作条例》第六章第二十五条规定：对复核后的公文，应当确定发文字号、分送范围和印制份数并详细记载。

53. 发文办理复核主要内容有______。（ ）

A. 公文内容　　B. 公文的审批和会签手续

C. 公文文种　　D. 公文格式　　E. 公文页数

答案 ABCD

解析 《党政机关公文处理工作条例》第六章第二十五条规定：已经发文机关负责人签批的公文，印发前应当对公文的审批手续、内容、文种、格式等进行复核。

54. 以下说法正确的是？（ ）

A. 公文复核后应进行公文登记。

B. 已经发文机关负责人签批的公文，印发前应复核。

C. 已经发文机关负责人签批的公文，即可印制。

D. 公文印制完毕，发文办理程序结束。

答案 AB

解析 《党政机关公文处理工作条例》第六章第二十五条规定：已经发文机关负责人签批的公文，印发前应当对公文的审批手续、内容、文种、格式等进行复核。收文办理主要程序是复核、登记、印制、核发。

55. 发文办理中印制最需确保事项为______。（　　）

A. 确保时效　　B. 确保质量

C. 涉密公文应符合保密场所要求　　D. 确保公文文种正确

答案 ABC

解析 《党政机关公文处理工作条例》第六章第二十五条规定：公文印制必须确保质量和时效。涉密公文应当在符合保密要求的场所印制。

56. 公文办理包括哪些内容？（　　）

A. 发文办理　　B. 整理归档　　C. 收文办理　　D. 公文文种确认

答案 ABC

解析 《党政机关公文处理工作条例》第六章第二十三条规定：公文办理包括收文办理、发文办理和整理归档。

57. 以下说法正确的是？（　　）

A. 公文印制完毕，应当检查后分发。

B. 公文印制必须确保质量和时效。

C. 已经发文机关负责人签批的公文，应当详细记载。

D. 涉密公文应当在符合保密要求的场所印制。

答案 ABCD

解析 《党政机关公文处理工作条例》第六章第二十五条规定：公文印制必须确保质量和时效。公文印制完毕，应当检查后分发。已经发文机关负责人签批的公文，应当详细记载。涉密公文应当在符合保密要求的场所印制。

58. 涉密公文的传输方式包含______。（　　）

A. 邮政机要通信　　B. 机要交通

C. 中央国家机关机要文件交换站　　D. 收发件机关机要收发人员

答案 ABCD

解析 《党政机关公文处理工作条例》第六章第二十六条规定：涉密公文应当通过机要交通、邮政机要通信、城市机要文件交换站或者收发件机关机要收发人员进行传递，通过密码电报或者符合国家保密规定的计算机信息系统进行传输。

59. 以下说法正确的是？（　　）

A. 涉密公文可通过邮政机要通信进行传递。

B. 涉密公文可通过机要交通人员进行传递。

C. 涉密公文不得通过密码电报方式传输。

D. 涉密公文可由符合国家保密规定的计算机信息系统进行传输。

答案 ABD

解析 《党政机关公文处理工作条例》第六章第二十六条规定：涉密公文应当通过机要交通、邮政机要通信、城市机要文件交换站或者收发件机关机要收发人员进行传递，通过密码电报或者符合国家保密规定的计算机信息系统进行传输。

60. 以下说法正确的是？（ ）

A. 个人不得保存应当归档的公文。

B. 需要归档的公文及有关材料，应及时归档。

C. 需要归档公文应当根据有关档案法律法规以及机关档案管理规定开展。

D. 两个以上机关联合办理的公文，共同存储文件原件。

答案 ABC

解析 《党政机关公文处理工作条例》第六章第二十七条规定：需要归档公文应当根据有关档案法律法规以及机关档案管理规定开展；两个以上机关联合办理的公文，原件由主办机关归档，相关机关保存复制件。《交通运输部公文处理办法》第八章第四十三条规定：个人不得保存应当归档的公文。

61. 两个以上机关联合办理的公文，不符合档案收存方式的是？（ ）

A. 原件由相关机关归档，主办机关保存复制件。

B. 原件由主办机关归档，相关机关保存复制件。

C. 主办、相关机关共同保存原件。

D. 主办、相关机关其一保存原件。

答案 ACD

解析 《党政机关公文处理工作条例》第六章第二十七条规定：两个以上机关联合办理的公文，原件由主办机关归档，相关机关保存复制件。

62. 以下说法正确的是？（ ）

A. 个人不得保存应当归档的公文。

B. 机关负责人兼任其他机关职务的，在履行所兼职务过程中形成的公文，由其兼职机关归档。

C. 机关负责人兼任其他机关职务的，在履行所兼职务过程中形成的公文，由其原机关归档。

D. 经审批，可由个人保存应归档的公文。

答案 AB

解析 《党政机关公文处理工作条例》第六章第二十七条规定：机关负责人兼任其他机关职务的，在履行所兼职务过程中形成的公文，由其兼职机关归档。《交通运输部公文处理办法》第八章第四十三条规定：个人不得保存应当归档的公文。

63. 以下说法正确的是？（ ）

A. 海事各级机关收、发文岗位可视情况设定。

B. 海事各级机关应当设有专门的收、发文岗位。

C. 收、发文岗位须为本单位在编正式职工。

D. 特殊情况，收、发文岗位可由非本单位在编正式职工担任。

答案 BC

解析 《交通运输部海事局公文处理办法》第九章第三十七条规定。

64. 以下关于机要保密室的说法正确的是？（ ）

A. 设立党委（党组）的县级以上单位应按照规定配备公文管理人员所需的设备。

B. 设立党委（党组）的县级以上单位应当建立机要保密室。

C. 若有特殊情况，设立党委（党组）的县级以上单位可不配备机要保密室。

D. 机要保密室设备与一般办公设备区别要求一致。

答案 AB

解析 《党政机关公文处理工作条例》第七章第二十九条规定：设立党委（党组）的县级以上单位应当建立机要保密室和机要阅文室，并按照有关保密规定配备工作人员和必要的安全保密设施设备。

65. 党政机关公文由______或______管理。（ ）

A. 专人统一 B. 文秘部门 C. 党务部门 D. 财务部门

答案 AB

解析 《党政机关公文处理工作条例》第七章第二十九条规定：党政机关公文由文秘部门或者专人统一管理。

66. 设立党委（党组）的县级以上单位应当建立______。（ ）

A. 机要阅文室 B. 机要保密室 C. 公文处理室 D. 公文流转室

答案 AB

解析 《党政机关公文处理工作条例》第七章第二十九条规定：设立党委（党组）的县级以上单位应当建立机要保密室和机要阅文室。

67. 涉密公文解密后公开发布的______由发文机关确定。（ ）

A. 形式 B. 时间 C. 渠道 D. 范围

答案 ABC

解析 《党政机关公文处理工作条例》第七章第三十一条规定：涉密公文公开发布前应当履行解密程序。公开发布的时间、形式和渠道，由发文机关确定。

68. 公文的密级需要变更或者解除的，由______决定。（ ）

A. 原确定密级的机关上级机关 B. 原确定密级的机关

C. 收文机关 D. 涉密管理机关

E. 收文机关上级机关

答案 AB

解析 《党政机关公文处理工作条例》第七章第三十条规定：公文的密级需要变更或者解除的，由原确定密级的机关或者其上级机关决定。

69. 以下哪些属于收文办理的主要程序______。（ ）

A. 登记 B. 签收 C. 催办 D. 印制

答案 ABC

解析 《党政机关公文处理工作条例》第六章第二十四条规定：收文办理主要程序是签收、登记、初审、承办、传阅、催办、答复

70. 绝密级公文一般不得复制、汇编，确有工作需要的，应当经______或者______批准。（　　）

A. 发文单位上级机关　　B. 发文机关

C. 收文机关上级机关　　D. 当地机要管理部门

答案　AB

解析　《党政机关公文处理工作条例》第七章第三十二条规定：绝密级公文一般不得复制、汇编，确有工作需要的，应当经发文机关或者其上级机关批准。

71. 涉密文件翻印件应当注明翻印的机关______。（　　）

A. 日期　　B. 机关名称　　C. 份数　　D. 翻印人

答案　AB

解析　《党政机关公文处理工作条例》第七章第三十二条规定：翻印件应当注明翻印的机关名称、日期。

72. 公文的撤销和废止，由______根据职权范围和有关法律法规决定。（　　）

A. 发文机关上级机关　　B. 发文机关　　C. 权力机关　　D. 地方政府主管单位

答案　ABC

解析　《党政机关公文处理工作条例》第七章第三十三条规定：公文的撤销和废止，由发文机关、上级机关或者权力机关根据职权范围和有关法律法规决定。

73. 以下公文效力说法正确的是？（　　）

A. 公文被撤销的，自撤销之日无效。

B. 公文被撤销的，视为自始无效。

C. 公文被废止的，视为自废止之日起失效。

D. 公文被废止的，视为自始无效。

答案　BC

解析　《党政机关公文处理工作条例》第七章第三十三条规定：公文被撤销的，视为自始无效；公文被废止的，视为自废止之日起失效。

74. 以下说法错误的是？（　　）

A. 阅知性公文应当直接进行传阅，保证传阅效率。

B. 对收到的公文不需再次进行初审。

C. 对公文的主要信息和办理情况应当详细记载。

D. 对收到的公文应当逐件清点，核对无误后签字或者盖章，并注明签收时间。

答案　AB

解析　《党政机关公文处理工作条例》第六章第二十四条规定：对收到的公文应当进行初审。阅知性公文应当根据公文内容、要求和工作需要确定范围后分送。对公文的主要信息和办理情况应当详细记载。对收到的公文应当逐件清点，核对无误后签字或者盖章，并注明签收时间。

75. 以下说法错误的是？（　　）

A. 对不属于本单位职权范围或者不宜由本单位办理的，直接存档即可。

B. 批办性公文需要两个以上部门办理的，未明确主办部门，则无主办部门。

C. 紧急公文或者重要公文不需要由专人负责催办。

D. 经初审不符合规定的公文，应当及时退回来文单位并说明理由。

答案 ABC

解析 《交通运输部海事公文处理办法》第八章第三十四条规定：需多个处室办理的，应当明确主办处室。如无明确，一般以第一个处室为主办处室。《交通运输部公文处理办法》第八章第四十条规定：紧急公文或者重要公文需要由专人负责催办。《党政机关公文处理工作条例》第六章第二十四条规定：对不属于本单位职权范围或者不宜由本单位办理的，应当及时退回交办部门并说明理由。

76. 以下说法错误的是？（　　）

A. 公文印制完毕，直接分发即可。

B. 已经发文机关负责人签批的公文，需作实质性修改的，应当报文件起草人复审。

C. 公文印制必须确保质量和时效。

D. 已经发文机关负责人签批的公文，需作实质性修改的，应当报原签批人复审。

答案 AB

解析 《党政机关公文处理工作条例》第六章第二十五条规定：已经发文机关负责人签批的公文，需作实质性修改的，应当报原签批人复审。公文印制完毕，应当对公文的文字、格式和印刷质量进行检查后分发。公文印制必须确保质量和时效。

77. 以下说法错误的是？（　　）

A. 两个以上机关联合办理的公文，归档由主办机关完成。

B. 两个以上机关联合办理的公文，由其中任意一方完成归档即可。

C. 两个以上机关联合办理的公文，原件归档可由办理相关机关完成。

D. 应当设有专门的收、发文岗位，岗位人员应为本单位在编正式职工，特殊情况可由编外人员担任。

答案 ABCD

解析 《党政机关公文处理工作条例》第六章第二十七条规定：两个以上机关联合办理的公文，原件由主办机关归档，相关机关保存复制件。《交通运输部海事局公文处理办法》第九章第三十七条规定：应当设有专门的收、发文岗位，岗位人员必须为本单位在编正式职工。

78. 以下说法错误的是？（　　）

A. 公文的印发传达范围变更应当由收文单位决定。

B. 设立党委（党组）的厅级以上单位应当建立机要保密室和机要阅文室，厅级以下单位可视情况设定。

C. 设立党委（党组）的县级以上单位应当建立机要保密室和机要阅文室。

D. 机关负责人兼任其他机关职务的，在履行所兼职务过程中形成的公文，由其兼职机关归档。

答案 AB

解析 《党政机关公文处理工作条例》第七章第二十九条规定：设立党委（党组）的县级以上单位应当建立机要保密室和机要阅文室；第七章第三十一条规定：公文的印发传达范围应当按照发文机关的要求执行；第六章第二十七条规定：机关负责人兼任其他机关职务的，在履行所兼职务过程中形成的公文，由其兼职机关归档。

79. 以下说法错误的是？（　　）

A. 涉密公文公开发布时间、形式和渠道，由收文机关上级单位确定。

B. 涉密公文公开发布前告知发文单位即可。

C. 涉密公文公开发布时间、形式和渠道，由发文机关确定。

D. 涉密公文的传送应当遵守“密来密往”的原则。

答案 AB

解析 《党政机关公文处理工作条例》第七章第三十一条规定：涉密公文公开发布前应当履行解密程序。公开发布的时间、形式和渠道，由发文机关确定。《交通运输部海事局公文处理办法》第九章第四十一条规定：涉密公文的传送应当遵守“密来密往”的原则。

80. 以下说法正确的是？（ ）

A. 收文登记需确认来文文号。 B. 收文登记需确认来文机关。

C. 收文登记需确认来文办理时限。 D. 收文登记需确认来文送件人信息。

答案 AB

解析 《交通运输部公文处理办法》第八章第四十条规定：对公文的主要信息和办理情况应当详细记载。包括：来文机关、文号、标题、来文日期、收文编号等。

81. 以下说法错误的是？（ ）

A. 公文确定密级前，保管措施与普通公文无差别。

B. 绝密级公文按照涉密文件管理即可，不需由专人管理。

C. 秘密级公文按照涉密文件管理即可，不需由专人管理。

D. 涉密文件汇编本的密级按照编入公文的最高密级标注。

答案 AB

解析 《党政机关公文处理工作条例》第七章第三十条规定：绝密级公文应当由专人管理；公文确定密级前，应当按照拟定的密级先行采取保密措施。第三十二条规定：汇编本的密级按照编入公文的最高密级标注。

82. 以下说法错误的是？（ ）

A. 不具备归档和保存价值的公文，也不可以销毁。

B. 公文的密级需要变更或者解除的，由收文单位机关或者其上级机关决定。

C. 公文的印发传达范围应当按照发文机关的要求执行。

D. 公文的印发传达范围需要变更的，应当经发文机关批准。

答案 AB

解析 《党政机关公文处理工作条例》第七章第三十条规定：公文的密级需要变更或者解除的，由原确定密级的机关或者其上级机关决定；第三十五条规定：不具备归档和保存价值的公文，经批准后可以销毁；第三十一条规定：公文的印发传达范围应当按照发文机关的要求执行。需要变更的，应当经发文机关批准。

83. 以下说法错误的是？（ ）

A. 公文的密级需要变更或者解除的，由收文单位机关或者其上级机关决定。

B. 机关合并时，全部公文应留原地保存。

C. 涉密公文应当按照发文机关的要求和有关规定进行清退或者销毁。

D. 公文主管部门应当加强对公文处理工作的督定期通报公文处理情况。

答案 AB

解析 《党政机关公文处理工作条例》第七章第三十六条规定：机关合并时，机关合并时，全部公文应当随之合并管理；第三十条规定：公文的密级需要变更或者解除的，由原确定密级的机关或者其上级机关决定；第三十四条规定：涉密公文应当按照发文机关的要求和有关规定进行清退或者销毁。《交通运输部海事局公文处理办法》第九章第三十九条规定：公文主管部门应当加强对公文处理工作的督定期通报公文处理情况。

84. 以下说法错误的是？（ ）

A. 经发文机关或者其上级机关同意复制、汇编的涉密文件，其复印件密级相应下降。

B. 经同意，涉密文件复印后，复印件需保持原样，不得加盖复制机关戳记。

C. 涉密文件复制件应当加盖复制机关戳记。

D. 不具备归档和保存价值的公文，经批准后可以销毁。

答案 AB

解析 《党政机关公文处理工作条例》第七章第三十二条规定：复制、汇编的公文视同原件管理；复制件应当加盖复制机关戳记；翻印件应当注明翻印的机关名称、日期；汇编本的密级按照编入公文的最高密级标注。第三十五条规定：不具备归档和保存价值的公文，经批准后可以销毁。

85. 以下说法错误的是？（ ）

A. 公文被撤销的，视为自始无效。

B. 公文被撤销的，视为自撤销之日起失效。

C. 公文被废止的，视为自废止之日起失效。

D. 公文被废止的，视为自始无效。

答案 BD

解析 《党政机关公文处理工作条例》第七章第三十三条规定：公文被撤销的，视为自始无效；公文被废止的，视为自废止之日起失效。

86. 以下说法错误的是？（ ）

A. 机关撤销时，需要归档的公文经整理后按照有关规定移交该机关上级单位。

B. 机关撤销时，需要归档的公文经整理后按照有关规定移交原机关上级部门。

C. 根据工作需要，公文主管部门应当不定期组织开展重要公文实施效果情况的后评估工作。

D. 工作人员离岗离职时，所在机关应当督促其将暂存、借用的公文按照有关规定移交、清退。

答案 AB

解析 《党政机关公文处理工作条例》第七章第三十六条规定：机关撤销时，需要归档的公文经整理后按照有关规定移交档案管理部门；工作人员离岗离职时，所在机关应当督促其将暂存、借用的公文按照有关规定移交、清退。《交通运输部海事局公文处理办法》第九章第四十六条规定：根据工作需要，公文主管部门应当不定期组织开展重要公文实施效果情况的后评估工作。

87. 以下说法错误的是？（ ）

A. 电子公文的处理与纸质公文处理要求不一致。

B. 电子公文与纸质公文法定效力不一致，若有冲突，以纸质公文为准。

C. 电子公文的处理与纸质公文处理要求一致。

D. 电子公文与纸质公文法定效力一致。

答案 AB

解析 《交通运输部海事局公文处理办法》第十章第四十八条规定。

88. 以下说法错误的是？（ ）

A. 电子公文的处理与纸质公文处理要求不一致。

B. 电子公文不需归档，需在法定存储介质上存储。

C. 用于电子公文传输的计算机及其相关设备应当指定专人管理和维护，严禁与互联网连接。

D. 电子公文与纸质公文具有同等法定效力。

答案 AB

解析 《交通运输部海事局公文处理办法》第十章第四十八条规定。

89. 以下说法错误的是？（ ）

A. 公文的印发传达范围变更应当由收文单位决定。

B. 属于主动公开的公文，按照政府信息公开的有关规定执行，对发布日期无要求。

C. 公文印制完毕，直接分发即可。

D. 涉密公文传递方式与其他公文一致。

答案 ABCD

解析 《交通运输部海事局公文处理办法》第九章第四十一条规定。

90. 以下说法正确的是？（ ）

A. 公文被废止的，视为自废止之日起失效。

B. 机关合并时，全部公文应当随之合并管理。

C. 经发文机关或者其上级机关同意复制、汇编的涉密文件，其复印件密级相应下降。

D. 绝密级公文应当由专人管理。

答案 ABD

解析 《党政机关公文处理工作条例》第七章第三十三条规定：公文被撤销的，视为自始无效；公文被废止的，视为自废止之日起失效。第三十六条规定：机关合并时，机关合并时，全部公文应当随之合并管理。第三十条规定：绝密级公文应当由专人管理。第三十二条规定：复制、汇编的公文视同原件管理。

91. 以下说法正确的是？（ ）

A. 批办性公文需要两个以上部门办理的，应当明确主办部门。

B. 经初审不符合规定的公文，应当及时退回来文单位并说明理由。

C. 绝密级公文应当由专人管理。

D. 紧急公文应当明确办理时限。

答案 ABCD

解析 《党政机关公文处理工作条例》第六章第二十四条、《交通运输部公文处理办法》第八章第四十条规定：经初审不符合规定的公文，应当及时退回来文单位并说明理由。批办性公文需要两个以上部门办理的，应当明确主办部门。紧急公文应当明确办理时限。《党政机关公文处理工作条例》第七章第三十条规定：绝密级公文应当由专人管理。

92. 以下说法正确的是？（ ）

A. 对不属于本单位职权范围或者不宜由本单位办理的，应当及时退回交办部门并说明理由。

B. 有明确办理时限要求的公文，完成确有困难的，应当及时向来文单位说明，协商办理时限。

C. 办理公文传阅应当随时掌握公文去向，不得漏传、误传、延误。

D. 紧急公文应当由专人负责催办。

答案 ABCD

解析 《党政机关公文处理工作条例》第六章第二十四条规定：有明确办理时限要求的公文，完成确有困难的，应当及时向来文单位说明，协商办理时限。对不属于本单位职权范围或者不宜由本单位办理的，应当及时退回交办部门并说明理由。办理公文传阅应当随时掌握公文去向，不得漏传、误传、延误。《交通运输部公文处理办法》第八章第四十条规定：紧急公文或者重要公文需要由专人负责催办。

93. 以下说法正确的是？（ ）

A. 涉密公文应当在符合保密要求的场所印制。

B. 公文印制完毕，应当对公文的文字、格式和印刷质量进行检查后分发。

C. 公文印制必须确保质量和时效。

D. 已经发文机关负责人签批的公文，需作实质性修改的，应当报文件起草人复审。

答案 ABC

解析 《党政机关公文处理工作条例》第六章第二十五条规定：公文印制必须确保质量和时效。公文印制完毕，应当对公文的文字、格式和印刷质量进行检查后分发。涉密公文应当在符合保密要求的场所印制。已经发文机关负责人签批的公文，需作实质性修改的，应当报文件原审核人复审。

94. 以下说法正确的是？（ ）

A. 机关负责人兼任其他机关职务的，在履行所兼职务过程中形成的公文，由其兼职机关归档。

B. 两个以上机关联合办理的公文，原件由主办机关归档，相关机关保存复制件。

C. 应当设有专门的收、发文岗位，岗位人员应为本单位在编正式职工，特殊情况可由编外人员担任。

D. 设立党委（党组）的县级以上单位应当建立机要保密室和机要阅文室。

答案 ABD

解析 《党政机关公文处理工作条例》第六章第二十七条规定：两个以上机关联合办理的公文，原件由主办机关归档，相关机关保存复制件；第二十九条规定：设立党委（党组）的县级以上单位应当建立机要保密室和机要阅文室。机关负责人兼任其他机关职务的，在履行所兼职务过程中形成的公文，由其兼职机关归档。《交通运输部海事局公文处理办法》第九章第三十七条规定：应当设有专门的收、发文岗位，岗位人员必须为本单位在编正式职工。

95. 以下说法正确的是？（ ）

A. 公文的印发传达范围需要变更的，应当经发文机关批准。

B. 公文的印发传达范围应当按照发文机关的要求执行。

C. 设立党委（党组）的县级以上单位应当建立机要保密室和机要阅文室。

D. 涉密公文公开发布前告知发文单位，征得发文单位同意即可。

答案 ABC

解析 《党政机关公文处理工作条例》第七章第三十一条规定：公文的印发传达范围应当按照发文机关的要求执行；公文的印发传达范围需要变更的，应当经发文机关批准。涉密公文公开发布前应当履行解密程序。第七章第二十九条规定：设立党委（党组）的县级以上单位应当建立机要保密室和机要阅文室。

96. 以下说法正确的是？（ ）

A. 秘密级公文按照涉密文件管理即可，不需由专人管理。

B. 绝密级公文应当由专人管理。

C. 经批准公开发布的公文，与发文机关正式印发的公文法律效力不一致。

D. 属于主动公开的公文，主办处室应当按照政府信息公开的有关规定，自公文形成之日起 30 个工作日内公开。

答案 AB

解析 《党政机关公文处理工作条例》第七章第三十条规定：绝密级公文应当由专人管理；第三十一条规定：经批准公开发布的公文，同发文机关正式印发的公文具有同等效力。《交通运输部海事局公文处理办法》第九章第四十一条规定：属于主动公开的公文，主办处室应当按照政府信息公开的有关规定，自公文形成之日起 20 个工作日内公开。

97. 以下哪些属于收文办理的主要程序______。（ ）

A. 初审　　B. 登记　　C. 承办　　D. 传阅

答案 ABCD

解析 《党政机关公文处理工作条例》第六章第二十四条规定：收文办理主要程序是签收、登记、初审、承办、传阅、催办、答复。

98. 以下说法正确的是？（ ）

A. 用于电子公文传输的计算机及其相关设备应当指定专人管理和维护，严禁与互联网连接。

B. 电子公文与纸质公文具有同等法定效力。

C. 电子公文不需归档，需在法定存储介质上存储。

答案 AB

解析 《交通运输部海事局公文处理办法》第十章第四十八条规定。

99. 以下说法正确的是？（ ）

A. 两个以上机关联合办理的公文，原件由主办机关归档，相关机关保存复制件。

B. 经初审不符合规定的公文，应当及时退回来文单位并说明理由。

C. 个人不得保存应当归档的公文。

D. 秘密级公文应当由专人管理。

答案 ABC

解析 《党政机关公文处理工作条例》第六章第二十四条规定：经初审不符合规定的公文，应当及时退回来文单位并说明理由；第六章第二十七条规定：两个以上机关联合办理的公文，原件由主办机关归档，相关机关保存复制件；第七章第三十条规定：绝密级公文应当由专人管理。《交通运输部公文处理办法》第八章第四十三条规定：个人不得保存应当归档的公文。

100. 公文版记的组成要素包括______。（ ）

A. 印发机关　　B. 抄送机关　　C. 印发日期　　D. 分隔线

答案 ABCD

解析 《交通运输部海事局公文格式规范》第二章公文格式各要素的划分第（三）版记规定：版记包含版记中的分隔线、抄送机关、印发机关和印发日期等要素。

101. 公文页码编制要求正确的是？（　　）

A. 公文页码位于版心内。

B. 一般用 4 号半角宋体阿拉伯数字。

C. 单页码居右空一字，双页码居左空一字。

D. 公文的附件与正文一起装订时，页码应当连续编排。

答案 BCD

解析 《交通运输部海事局公文格式规范》第二章公文格式各要素的划分第（五）页码规定：公文页码位于版心外。一般用 4 号半角宋体阿拉伯数字，编排在公文版心下边缘之下，数字左右各放一条一字线；一字线上距版心下边缘 7mm。单页码居右空一字，双页码居左空一字。公文的版记页前有空白页的，空白页和版记页均不编排页码。公文的附件与正文一起装订时，页码应当连续编排。

102. 公文抄送机关书写顺序应遵循的原则是______。（　　）

A. 先地方、后中央　　B. 先中央、后地方

C. 先局外、后局内　　D. 先局内、后局外

答案 BC

解析 《交通运输部海事局公文格式规范》第二章公文格式各要素的划分第（三）版记规定：抄送机关书写顺序应遵循“先中央、后地方，先局外、后局内，先企业、后事业”的原则。

103. 公文主送机关书写顺序应遵循的原则是______。（　　）

A. 先地方、后中央　　B. 先中央、后地方

C. 先局外、后局内　　D. 先局内、后局外

答案 AD

解析 《交通运输部海事局公文格式规范》第二章公文格式各要素的划分第（二）主体规定：主送机关书写顺序应遵循“先地方、后中央，先局外、后局内，先企业、后事业”的原则。

104. 公文的保密期限正确的是______。（　　）

A. 机密级不超过 20 年　　B. 绝密级不超过 30 年

C. 秘密级不超过 10 年　　D. 秘密级不超过 5 年

答案 ABC

解析 《交通运输部海事局公文格式规范》第二章公文格式各要素的划分第（一）版头规定：如需标注密级和保密期限，一般用 3 号黑体字，顶格编排在版心左上角第二行；保密期限中的数字用阿拉伯数字标注；密级字体间不空距离标注；密级和保密期限间须用“★”分隔。只有密级无保密期限时，密级字体间应空一字距离标注。国家秘密的保密期限，除另有规定外，绝密级不超过 30 年，机密级不超过 20 年，秘密级不超过 10 年。

105. 公文的主要受理机关可以使用______。（　　）

A. 机关全称　　B. 机关俗称　　C. 机关规范化简称　　D. 同类型机关统称

答案 ACD

解析　《党政机关公文处理工作条例》第九条（八）主送机关规定：公文的主要受理机关，应当使用机关全称、规范化简称或者同类型机关统称。

106. 发文机关署名应当署______。（　　）

A. 机关全称　　B. 机关俗称　　C. 机关规范化简称　　D. 同类型机关统称

答案　AC

解析　《党政机关公文处理工作条例》第九条（四）发文机关标志规定：由发文机关全称或者规范化简称加“文件”二字组成，也可以使用发文机关全称或者规范化简称。

107. 根据紧急程度，电报应当分别标注______。（　　）

A. 特提　　B. 特急　　C. 加急　　D. 平急

答案　ABCD

解析　《党政机关公文处理工作条例》第九条（三）紧急程度规定：公文送达和办理的时限要求。根据紧急程度，紧急公文应当分别标注“特急”“加急”，电报应当分别标注“特提”“特急”“加急”“平急”。

108. 请示的主送对象可以是______。（　　）

A. 需请求其批准的不相隶属机关　　B. 有商洽必要的平行机关

C. 直属的上级领导机关　　D. 上级业务主管部门

答案　CD

解析　《党政机关公文处理工作条例》第九条（十一）请示规定：适用于向上级机关请求指示、批准。

109. 下面说法错误的有？（　　）

A. 联合发文，可有数个发文号。

B. 盖印应端正、清晰，做到上压正文，下压成文日期。

C. 联合行文的成文日期以最后签发机关的签发日期为准。

D. 公文中的附注一般标注于主题词下方。

答案　ABD

解析　《党政机关公文格式》7.3.5.1 加盖印章的公文规定：成文日期一般右空四字编排，印章用红色，不得出现空白印章。单一机关行文时，一般在成文日期之上、以成文日期为准居中编排发文机关署名，印章端正、居中下压发文机关署名和成文日期，使发文机关署名和成文日期居印章中心偏下位置，印章顶端应当上距正文（或附件说明）一行之内。联合行文时，一般将各发文机关署名按照发文机关顺序整齐排列在相应位置，并将印章一一对应、端正、居中下压发文机关署名，最后一个印章端正、居中下压发文机关署名和成文日期，印章之间排列整齐、互不相交或相切，每排印章两端不得超出版心，首排印章顶端应当上距正文（或附件说明）一行之内。7.3.6 附注规定：如有附注，居左空二字加圆括号编排在成文日期下一行。

110. 《党政机关公文处理工作条例》指出，党政机关公文的主要作用是传达贯彻党和国家的方针政策，以及______。（　　）

A. 指导、布置和商洽工作　　B. 请示和答复问题

C. 公布法规和规章　　D. 报告、通报和交流情况

答案　ABCD

解析　《党政机关公文处理工作条例》第一章第三条规定：党政机关公文是党政机关实施领导、履行职能、处理

公务的具有特定效力和规范体式的文书，是传达贯彻党和国家的方针政策，公布法规和规章，指导、布置和商洽工作，请示和答复问题，报告、通报和交流情况等的重要工具。

111. 下列选项中，属于嘉奖令特征的有______。（　　）

A. 内容平实

B. 篇幅较长

C. 感染力较强

D. 感情色彩浓重

答案　BCD

解析　嘉奖令一般篇幅较长，内容比较丰富，行文的感情色彩较浓重，有较强的号召力和感染力。

112. 根据《国家行政机关公文处理办法》的规定，下列说法正确的是？（　　）

A. 陕西省公安厅和西安市人民政府可以联合行文。

B. 陕西省人民政府与山西省人民政府可以联合行文。

C. 陕西省人民政府和中共陕西省委可以联合行文。

D. 省教育厅只有通过省政府办公厅才可以向各市县政府行文。

答案　ABC

解析　《国家行政机关公文处理办法》第 15 条规定：政府各部门依据部门职权可以向下一级政府的相关业务部门行文；重大事件的行文需要抄送上级机关；所以省教育厅可以直接向下级政府相关业务部门行文，无须通过政府办公厅。第 16 条规定：同级政府、同级政府各部门、上级政府部门与下一级政府可以联合行文。

113. 起草公文必须选择正确的文种，其原因是？（　　）

A. 选择正确的文种有利于维护公文的严肃性。

B. 选择正确的文种有助于文件得到及时、妥善的处理。

C. 选择正确的文种能促进公文写作规范化。

D. 选择正确的文种有利于保证公文的有效性。

答案　ABCD

114. 承办公文工作的依据主要是______。（　　）

A. 上级批示和规定

B. 公文承办人的主观意图

C. 一部分群众的要求

D. 法律、法令、党的方针政策

答案　AD

115. 公文文体的基本要求有？（　　）

A. 不虚构不夸张，追求从本质到细节的全面真实。

B. 使用通用性强的符号系统表意。

C. 只表达与解决实际问题有直接应用价值的事与理。

D. 直接表意，不渲染，不用曲笔。

答案　ABCD

116.《党政机关公文格式》（GB/T 9704—2012）在公文的______等方面均做了规定。（　　）

A. 用纸纸型　　B. 幅面尺寸　　C. 装订要求　　D. 排版规则

答案　ABCD

117. 下列公文标题描述错误的是______。（　　）

A.《交通运输部办公厅关于对南水北调东线和中线一期工程水量调度应急预案修订稿的意见》

B.《交通运输部办公厅关于〈工程咨询单位资格认定和管理办法（征求意见稿）〉意见的函》

C.《交通运输部办公厅渤海环境污染问题有关意见的复函》

D.《某省物价局某省财政厅关于某市建制镇城市基础设施配套费征收标准的批复》

答案　ABC

解析　选项A，文种叠用。《交通运输部办公厅关于〈工程咨询单位资格认定和管理办法（征求意见稿）〉意见的函》应改为《交通运输部办公厅关于〈工程咨询单位资格认定和管理办法（征求意见稿）〉的意见》。选项B，介词重复。一般情况下，不要连用两个介词，《交通运输部办公厅关于对南水北调东线和中线一期工程水量调度应急预案修订稿的意见》去掉其中的"对"字。选项C，介词缺失。《交通运输部办公厅渤海环境污染问题有关意见的复函》，应在"渤海"之前加上介词"关于"。

118. ______是对公文用语的特殊要求。（　　）

A. 简明精练　　B. 严谨周密　　C. 幽默夸张　　D. 庄重得体

答案　ABD

119. 使公文严谨，克服歧义的修改方法有______。（　　）

A. 变更不正确语序，补充内容　　B. 多使用形容词

C. 替换歧义词，取消歧义词　　D. 添加限定修饰语

答案　ACD

120. 缮印公文要做到的事项包括______。（　　）

A. 设计美观大方，页面整洁清晰　　B. 文字准确无误，字体大小得当

C. 排列宜疏不宜密　　D. 符合格式要求

答案　ABD

解析　缮印公文要做到：文字准确无误，字体大小得当；设计美观大方，页面整洁清晰；排列疏密相宜；符合格式要求，便于阅读办理。

121. 用通知发布的规章制度，是领导机关根据实际工作需要做出的一些具体规定，使用的文种包括______。（　　）

A. 总结　　B. 条例　　C. 规定　　D. 办法

答案　BCD

122. 公文的主送机关是直接上级机关的，下列文种可使用的有______。（　　）

A. 请示　　B. 报告　　C. 决定　　D. 通报

答案　AB

判断题

第一部分　公文格式

第二部分　公文种类、行文规则

第三部分　公文拟制、公文精简

第四部分　公文管理、公文办理

第一部分
公文格式

1. 涉密公文应当标注份号。（√）

2. 多部门联合向上级机关行文，几个部门的签发人都要标注。（√）

3. 既有紧急程度又有密级的文件，紧急程度应该标注在密级上方。（×）

解析 如需同时标注份号、密级和保密期限、紧急程度，按照份号、密级和保密期限、紧急程度的顺序自上而下分行排列。

4. 公文用纸幅面全部采用国际标准 A4 型。（×）

解析 公文用纸幅面采用国际标准 A4 型。特殊形式的公文用纸幅面，根据实际需要确定。

5. 民族区域自治地方的公文，可以并用汉字和当地通用的少数民族文字。（√）

6. 公文的标题由作者、事由、文种组成。（√）

7. 公文处理工作是指公文起草、办理、管理等一系列相互关联、衔接有序的工作。（×）

解析 公文处理工作是指公文拟制、办理、管理等一系列相互关联、衔接有序的工作。

8. 发文顺序号不加“第”字，不编虚位（即 1 不编为 01），在阿拉伯数字后加“号”字。（√）

9. 上行文的发文字号居左空一字编排，与最后一个签发人姓名处在同一行。（√）

10. 公文处理工作应当坚持实事求是、准确规范、精简高效、安全保密的原则。（√）

11. 纪要标志由“某某纪要”组成，居中排布，上边缘至版心上边缘为 35mm，推荐使用红色仿宋体字。（×）

解析 推荐使用红色小标宋体字。

12. 如需标注份号，一般用 6 位 3 号阿拉伯数字，顶格编排在版心左上角第二行。（×）

解析 份号顶格编排在版心左上角第一行。

13. 如有附件，在正文下空两行左空二字编排“附件”二字，后标全角冒号和附件名称。（×）

解析 在正文下空一行左空二字编排“附件”二字。

14. 公文应当左侧装订，不掉页，两页页码之间误差不超过 4mm，裁切后的成品尺寸允许误差 ±2mm，四角成 90°，无毛茬或缺损。（√）

15. 公文形式主要包括“令”“文件”“函”“电报”“公告、通告”“内部情况通报”“纪要”“签报”等。（√）

16. 公文首页必须显示正文。（√）

17. “函”按照发文主体可分为中共交通运输部党组函、交通运输部函、交通运输部办公厅函。（√）

18. 正文中结构层次序数依次可以用“一、”“（一）”“1”“（1）”标注。（×）

解析 文中结构层次序数依次可以用“一、”“（一）”“1.”“（1）”标注。

19. 如有抄送机关，一般用4号仿宋体字，在印发机关和印发日期之上一行、左右各空一字编排。（√）

20. 交通运输部内部情况通报适用于传达部领导在重要会议上的讲话。内部情况通报不加盖印章。（√）

21. “签发人”三字用3号宋体字，签发人姓名用3号楷体字。（×）

解析 “签发人”三字用3号仿宋体字，签发人姓名用3号楷体字。

22. 联合行文公文首页版式如下图。（√）

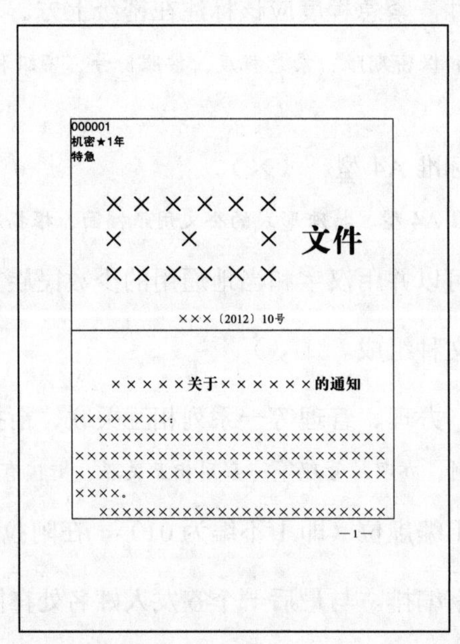

23. 页码一般用3号半角宋体阿拉伯数字，编排在公文版心下边缘之下，数字左右各放一条一字线。（×）

解析 页码一般用4号半角宋体阿拉伯数字。

24. 单页码居右空一字，双页码居左空一字。（√）

25. 信函的发文机关标志下4mm处印一条红色双线（上细下粗），距下页边20mm处印一条红色双线（上粗下细），线长均为170mm，居中排布。（×）

解析 信函的发文机关标志下4mm处印一条红色双线（上粗下细），距下页边20mm处印一条红色双线（上细下粗）。

26. 公文的版式按照《党政机关公文格式》国家标准执行。（√）

27. 公文一般由份号、密级和保密期限、紧急程度、发文机关标志、发文字号、签发人、标题、主送机关、

正文、附件说明、发文机关署名、成文日期、印章、附注、附件、抄送机关、印发机关和印发日期、页码等组成。（√）

28. 单一机关制发的公文加盖签发人签名章时，在正文（或附件说明）下空二行右空四字加盖签发人签名章，签名章左空四字标注签发人职务，以签名章为准上下居中排布。（×）

解析 签名章左空二字标注签发人职务。

29. 联合行文时，应当先编排主办机关签发人职务、签名章，其余机关签发人职务、签名章依次向下编排，与主办机关签发人职务、签名章上下对齐。（√）

30. 公文用纸天头（上白边）为 37mm±1mm，公文用纸订口（左白边）为 28mm±1mm，版心尺寸为 156mm×225mm。（√）

31. 保密期限中的数字用阿拉伯数字标注。（√）

32. 当公文排版后所剩空白处不能容下印章或签发人签名章、成文日期时，可以采取调整行距、字距的措施解决。（√）

33. A4 纸型的表格横排时，页码位置与公文其他页码保持一致，单页码表头在切口一边，双页码表头在订口一边。（×）

解析 单页码表头在订口一边，双页码表头在切口一边。

34. 纪要中标注出席人员名单，一般用 3 号仿宋体字，在正文或附件说明下空一行左空二字编排“出席”二字，后标全角冒号，冒号后用 3 号楷体字标注出席人单位、姓名，回行时与冒号后的首字对齐。（×）

解析 标注出席人员名单，一般用 3 号黑体字，在正文或附件说明下空一行左空二字编排“出席”二字，后标全角冒号，冒号后用 3 号仿宋体字标注出席人单位、姓名，回行时与冒号后的首字对齐。

35. 骑马订或平订的公文，订位为两钉外订眼距版面上下边缘各 70mm 处，允许误差 ±2mm。（×）

解析 允许误差 ±4mm。

36. 如需标注密级和保密期限，一般用 3 号黑体字，顶格编排在版心左上角第二行。（√）

37. 如需同时标注密级、份号和保密期限、紧急程度，按照密级、份号和保密期限、紧急程度的顺序自上而下分行排列。（×）

解析 按照份号、密级和保密期限、紧急程度的顺序自上而下分行排列。

38. 发文机关标志由发文机关全称或者规范化简称加“文件”二字组成，也可以使用发文机关全称或者规范化简称。（√）

39. 联合行文时，如需同时标注联署发文机关名称，一般应当将主办机关名称排列在前；如有“文件”二字，应当置于发文机关名称右侧，以联署发文机关名称为准上下居中排布。（√）

40. 发文顺序号加“第”字，不编虚位（即 1 不编为 01），在阿拉伯数字后加“号”字。（×）

解析 发文顺序号不加“第”字。

41. 上行文的发文字号居左空二字编排，与最后一个签发人姓名处在同一行。（×）

解析 上行文的发文字号居左空一字编排。

42. 如有多个签发人，签发人姓名按照发文机关的排列顺序从左到右、自上而下依次均匀编排。（√）

43. 发文字号之下4mm处居中印一条与版心等宽的红色分隔线。（√）

44. 标题排列应当使用梯形或方形。（×）

解析 标题排列应当使用梯形或菱形。

45. 主送机关编排于标题下空一行位置，居左顶格，回行时仍顶格，最后一个机关名称后标全角冒号。（√）

46. 正文结构层次中一般第一层用黑体字、第二层用宋体字、第三层和第四层用仿宋体字标注。（×）

解析 第二层用楷体字。

47. 附件名称后不加标点符号。（√）

48. 附件名称较长需回行时，应当与上一行附件名称的首字对齐。（√）

49. 成文日期一般右空二字编排，印章用红色，不得出现空白印章。（×）

解析 成文日期一般右空四字编排。

50. 联合行文时，印章之间排列整齐、互不相交或相切，每排印章两端不得超出版心，首排印章顶端应当上距正文（或附件说明）二行之内。（×）

解析 首排印章顶端应当上距正文（或附件说明）一行之内。

51. 不加盖印章的公文，如成文日期长于发文机关署名，应当使成文日期右空二字编排，并相应增加发文机关署名右空字数。（√）

52. 单一机关制发的公文加盖签发人签名章时，在正文（或附件说明）下空二行右空四字加盖签发人签名章，签名章左空二字标注签发人职务，以签名章为准上下居中排布。在签发人签名章下空一行右空四字编排成文日期。（√）

53. 成文日期中的数字用阿拉伯数字将年、月、日标全，年份应标全称，月、日不编虚位（即1不编为01）。（√）

54. 如有附注，居左空二字编排在成文日期下一行。（×）

解析 居左空二字加圆括号编排在成文日期下一行。

55. “附件”二字及附件顺序号用3号仿宋体字顶格编排在版心左上角第一行。（×）

解析 “附件”二字及附件顺序号用3号黑体字顶格编排在版心左上角第一行。

56. 附件标题居中编排在版心第二行。（×）

解析 附件标题居中编排在版心第三行。

57. 如附件与正文不能一起装订，应当在附件左上角第一行顶格编排公文的发文字号并在其后标注“附件”二字及附件顺序号。（√）

58. 版记中的分隔线与版心等宽，首条分隔线和末条分隔线用细线（推荐高度为0.25mm），中间的分隔线用粗线（推荐高度为0.35mm）。（×）

解析 首条分隔线和末条分隔线用粗线（推荐高度为0.35mm），中间的分隔线用细线（推荐高度为0.25mm）。

59. 首条分隔线位于版记中第一个要素之上，末条分隔线与公文最后一面的版心下边缘重合。（√）

60. 既有主送机关又有抄送机关时，应当将主送机关置于抄送机关之下一行，之间不加分隔线。（×）

解析 既有主送机关又有抄送机关时，应当将主送机关置于抄送机关之上一行。

61. 主送机关名称应当使用机关全称、规范化简称或者同类型机关统称。（√）

62. 印发机关和印发日期一般用4号黑体字，编排在末条分隔线之上。（×）

解析 印发机关和印发日期一般用4号仿宋体字。

63. 版记中如有其他要素，应当将其与印发机关和印发日期用一条细分隔线隔开。（√）

64. 公文的版记页前有空白页的，空白页和版记页均不编排页码。（√）

65. 公文的附件与正文一起装订时，页码应当连续编排。（√）

66. 纪要格式可以根据实际制定。（√）

67. 强调公文体式的规范化，是出自版面形式美观大方的考虑。（×）

解析 强调公文体式的规范化，是从增强公文的权威性与有效性，方便公文的处理与管理来考虑的。

68. 公文标明紧急程度，是为了确保一些紧急问题能得到紧急处理，所以应将“平件”标成“急件”，加快文件的处理。（×）

解析 确定与标明文件的紧急程度，是一项严肃的工作，一定要根据公文内容的时限要求而定，该急则急，该缓则缓。不要随意将公文的紧急程度升格，防止滥标急件。

69. 保密期限的标注应根据实际情况确定，一般分为一年以内，一年及一年以上，长期和期限不做标注，凡期限不做标注的可按十年认定。（×）

解析 期限不做标注的应按二十年标认定。

70. 标注机密时限的方法有“秘密★六个月”“五年★机密”“绝密★长期”“★机密”等。（×）

解析 保密期限是对公文密级的时效加以规定的说明。标注方法是在密级与期限中间加“★”，如“秘密★六个月”“机密★五年”“绝密★长期”“机密★”等。

71. 公文的紧急程度指的是公文的空间限度。（×）

解析 紧急程度是对公文送达和办理的时间限度。

72. 公文的发文字号就是公文的发文时间。（×）

解析 发文字号是指由发文机关编排的文件代号。

73. 几个机关联合发文，必须标明所有机关的发文字号，但顺序不分前后。（×）

解析 几个机关联合发文，只标明主办机关发文字号。

74. 签发人是公文构成要素的固定组成部分。（×）

解析 签发人项目只供上行文使用，不属于固定组成部分。

75. 多个机关的联合行文，一般须标明领导机关的发文字号。（×）

解析 多个机关的联合行文，须标明主办机关的发文字号。

76. 除批复以外，一般的下行公文都有两个以上的主送机关。（√）

77. 根据《党政机关公文格式》的规定，公文件的数字、年份均不能回行，这是根据公文的特点而定的。（√）

78. 一般地说，在主送机关之下，落款之前的部分都是正文，但是当加通知转发时，就形成了转发性文件和被转发件，这属于正文的附件。（×）

解析 一般地说，在主送机关之下，落款之前的部分都是正文。但是当通知被转发时，就形成了转发性文件和被转发件。这种转发性文件和被转发件在形式上是正件和附件的关系，实质上它们都是正件。

79. 两个以上机关的联合发文，以第一个签发机关的领导人的签发日期为准。（×）

解析 联合发文时，应以最后一个签发机关的领导人的签发日期为准。

80. 公文的成文时间就是领导人的签字时间。（×）

解析 成文时间是指公文形成的时间，是公文的一项重要内容。它是文件生效及日后查考的重要依据之一。成文时间可以以领导人签发的日期为准；会议讨论通过的公文，一般以讨论通过的日期为准；电报，以发出日期为准。

81. 为了保证印章的真实性，提高印章的防伪性，《党政机关公文格式》规定对只盖一个印章的单一机关的发文在落款处必须署发文机关名称。（×）

解析 为了保证印章的真实性，提高印章的防伪性，《党政机关公文格式》规定对只盖一个印章的单一机关的发文在落款处（即成文时间之上）不署发文机关名称，只标成文时间。

82. 公文的附注就是公文正文的补充说明。（×）

解析 附注一般是对公文的发放范围，使用时需注意的事项加以说明。

83. 抄送机关是指主送机关的下属机关。（×）

解析 抄送机关是指除主送机关外需要执行或知晓公文的其他机关。

84. 印发机关就是发文机关。（×）

解析 印发机关是指公文的印制主管部门，一般应是各机关的办公厅（室）或文秘部门，印发机关应使用全称或规范化简称进行标识。

85. 版记残缺是指一份公文缺少版记部分。（√）

86. 采用命令格式的公文其发文机关名称可以用全称，也可以用简称。（×）

解析 命令格式的公文其发文机关名称应用全称，不能用简称。

87. 会议纪要标识用黑色小标宋体字，字号要按固定的标准。（×）

解析 会议纪要标识用红色小标宋体字，字号由发文机关自定。

88. 公文用纸一般采用国际标准 A4 型，公文用纸订口（左白边）为 28cm。（√）

89. 修订本无实际效力。（×）

解析　修订本和正本一样具有法定效力。

90. 公文的文稿是指公文在起草过程中形成的一次又一次的稿子，包括讨论稿和送审稿两种。（×）

解析　公文的文稿应包括草稿和定稿两种。

91. 公文的正本最突出的特点是盖有发文机关的印章或领导人的亲笔签署，以证实文件的效力。（√）

92. 正本的作用是留存在本机关做档案使用。（×）

解析　正本供向外发出使用，存本留存在本机关。

93. 定稿具有实际效力。（√）

94. 公文的正本不等于定稿。（√）

95. 公文副本就是对正本进行补充说明的文件。（×）

解析　凡是根据公文正本复制、誊抄的其他稿本称为副本，副本又称抄本。

96. 发文字号之下 4mm 处居中印一条与版心等宽的红色分隔线。（√）

第二部分

公文种类、行文规则

1. 请示的内容必须是属于本机关职权范围之内的事。（×）

   解析 请示用于向上级机关请示本机关职权范围无法解决事项。

2. 请示在未获批准之前不能抄送给下级机关。（√）

3. 题目为《某局关于某意见的通知》是否正确。（×）

   解析 题目存在“意见”“通知”，文体不明。

4. 公文都必须有主送机关。（×）

   解析 泛行文不必有主送机关。

5. 当文件需要送多位领导审批时，为了方便，可以用多个件送批。（×）

   解析 文件应按照顺序流转。

6. 通常一件公文只有一个主送机关，防止多头主送。（√）

7. 规范性文件是以强制力推行的用以规范各种行为的文件。（√）

8. 通报用于反映新情况、新问题，行文强调及时快捷。（√）

9. 除批复以外，一般下行文都有两个以上的主送机关。（√）

10. 通知具有多种功能，既能“上传”，又可以下达。（×）

    解析 通知为下行文，不能上行。

11. 为减少发文，在向上级机关呈送的报告中，可附带请示问题。（×）

    解析 报告中不能夹带请示。

12. 由下级机关制发的法规和规章，规范范围内的上级机关可以不受其约束。（×）

    解析 上级机关同样也需遵守下级机关制发的法规和规章。

13. 自主的行政管理法规可以创造新的规则。（√）

    解析 自主的行政管理法规能够创造新的规则。

14. 在答复询问报告中，可以同时汇报本机关的最近工作进程。（×）

解析 不可在答复询问报告中夹杂其他事项。

15. 向上级机关及时汇报工作是下级机关必须遵守的一项工作制度。（√）

16. 为提高办事效率，不必每一份文件都经过领导签发。（×）

解析 每一份文件都必须经过正式发文流程和领导签发。

17. 材料是公文写作的基础，在明确行文目的之后，要进行调查研究。（√）

18. 向一切有审批权的机关请求批准时均应写“请示”。（×）

解析 对比自己级别低或与自己同属于一个级别的机关请示批准，应该用“函”。

19. 某分支海事局向市海航局主送《关于限三日内完善安全措施的指示》。（×）

解析 指示是上级机关对下级所属机关的行文，而不能用于同级之间。县公安局与县财政局是同级机关，相互之间当然不能用“指示”。

20. 为使上行文能得到及时的处理，应在文中多标注几个主送机关。（×）

解析 《党政机关公文处理工作条例》第十五条（一）规定：向上级机关行文，原则上主送一个上级机关，根据需要同时抄送相关上级机关和同级机关，不抄送下级机关。

21. 请示的结尾可写作：以上意见如无不当，请着即批复。（×）

解析 不合作者本意，当与不当都需要批复，但下级机关在向上级的行文中不能使用命令式，“着”为命令词的词头。

22. 在报告中不能夹带请示事项。（√）

解析 报告是陈述性的，可制发于事后，也可以制发于事前，不具备强制复文的性质。如果在报告中夹带请示事项会影响工作。

23. 主送机关必须是受文机关中级别层次高的机关，抄送机关则必须是其中级别层次低的机关。（×）

解析 判定受文机关中主送与抄送机关的标准是工作责任的性质，对公文负主要办理或者答复责任的是主送机关，只需了解公文的内容不需要承担答复责任的是抄送机关。

24. 多个机关联合行文，一般须标明领导机关的发文字号。（×）

解析 标明主办机关字号。

25. 几个机关联合发文，必须标明所有机关的发文字号，单顺序不分前后。　（×）

解析 标明主办机关字号。

26. 批复的主送机关是下级机关。（×）

解析 批复只能给下级机关，不需要主送二字。

27. 不同级别机关不能联合行文，但在人财物方面有一定实权的机关可以与级别高的部门联合行文。（×）

解析 只能是相同级别机关联合行文，实权部门也不能例外。

28. 抄送机关指主送机关的下属机关。（×）

解析 抄送机关不一定为主送机关的下属机关。

29. 决定可以用来规范人们的行为，具有法定的强制力。（√）

解析　决定可以用来规范人们的行为，具有法定的强制力。

30. 对于上级的指示，只需参考执行。（×）

解析　必须按照要求全部执行。

31. 不经签发人同意，任何人不得改动公文定稿的内容。（√）

32. 向一切有审批权的机关请求批准时均应写请示。（×）

解析　向不相隶属单位或同级单位请求批准时用函。

33. 上级机关向受双重领导的下级机关行文时，应同时报告其另一上级机关。（×）

解析　不须报告给另一上级机关，应抄送给另一上级机关。

34. 印发机关就是发文机关。（×）

解析　印发机关是印制部门不是发文机关。

35. 公文的成文时间就是公文的发文时间。（×）

解析　公文的成文时间以最后签发机关领导人签发的日期为准。

36. 定稿具有实际效力。（√）

37. 函适用于不相隶属机关之间商洽工作、询问和答复问题、请求批准和答复审批事项。（√）

38. 报告适用于向上级机关汇报工作、反映情况，回复上级机关的询问。（√）

39. 通报适用于表彰先进、批评错误、传达重要精神和告知重要情况。（√）

40. 纪要适用于记载会议主要情况和议定事项。（√）

41. 发文机关署名指的是署发文机关全称或者规范化简称。（√）

42. 联合行文时，成文日期应署最后签发机关负责人签发的日期。（√）

43. 附注主要用于公文印发传达范围等需要说明的事项。（√）

44. 通常一件公文只有一个主送机关，防止多头主送。（√）

45. 公文的制发必须符合客观实际，反映客观事物的本来面貌，不能报喜不报忧。（√）

46. 领导在会议上的讲话稿可以以正式文件下发。（×）

解析　讲话稿不可以直接作为文件下发，如想下发须经过发文程序。

47. 对不相隶属机关之间商请事项，可以使用“请示”文种。（×）

解析　对不相隶属机关之间商请事项，应使用“函”。

48. 会签前，本机关负责人应在文头稿纸签发栏明确签署意见后，再送会签单位。（√）

49. 转发上级公文，如其标题过长，可以根据主要事由自拟标题。（√）

50. 会议纪要可以不加盖发文机关印章。（√）

51. 公文的成文日期以最后校对日期为准。（×）

解析 公文的行文日期以最后签发机关领导人签发的日期为准。

52. 向上级机关行文和下级机关行文不能抄送同级机关。（×）

解析 向上级、下级行文中存在抄送同级机关的现象。

53. 引用公文时先用圆括号引发文字号，再引标题。（×）

解析 引用公文时用六角括号引发文字号。

54. “请示”应当在附注处注明联系人。（√）

55. 请示、报告、意见属上行文。（×）

解析 意见不只属于上行文。

56. 意见可以作为上行文、平行文、下行文使用。（√）

解析 意见可以作为上行文、平行文、下行文使用。

57. 各级机关的办公厅（室）根据机关负责人授权可以代本级机关行文。（√）

58. 公文处理应当贯彻“党政分开”的原则。（√）

解析 进行公文处理时要党政文件分开处理。

59. 对需进行较多文字修改或需改变文体和本意的文稿，由文稿审核人员修改。（×）

解析 对需进行较多文字修改或需改变文体和本意的文稿，应由发文单位进行修改，文稿审核人员进行审核。

60. 外单位主办的联合发文，签发时不用批语，可直接在签发栏签署姓名和日期。（√）

解析 外单位主办的联合发文，可直接在签发栏签署姓名和日期。

61. 一般情况下，办公厅（室）对公文的拟办意见在后，承办部门拟办意见在前。（×）

解析 办公厅（室）对公文的拟办意见在前，承办部门拟办意见在后。

62. 通知主要是上级机关对下级机关行文时使用，属下行文。（√）

63. 批复常用“特此批复”“此复”作结语，但也可无此类结语，请示事项答复完毕即告结束。（√）

64. 以“便函”的形式发出的公文没有法定效力。（√）

65. 联席会议纪要加盖参会机关印章。（×）

解析 会议纪要不须加盖印章。

66. 办理人大议案应以局发文形式答复人大有关专门委员会。（√）

解析 人大议案应以正式文件发文形式至人大有关专门委员会。

67. “关于某问题的请示”可以作为签报的标题。（√）

68. 所有的公文都必须加盖印章。（×）

解析 会议纪要不需要加盖印章。

69. 对上级机关行文一般不得抄送下级机关，只能抄送给上级或同级机关。（√）

70. 报告不得夹带请示事项。（√）

71. 要求对方机关办理答复的公文要主送一个机关，同时必须抄送其他需要请示的机关。（×）

解析 公文要主送办理答复的一个机关，如涉及其他机关业务，可以抄送，不是必须。

72. 上级业务主管部门，可以直接对下级领导机关发领导性文件。（×）

解析 上级业务主管部门不能直接对下级行文。

73. 机关的重要指挥性公文，要以机关的名义行文。（√）

74. 部海事局与部海事局办公室属于业务指导与被指导关系。（×）

解析 二者属于同一系统，为领导与被领导关系。

75. 平行文只能在同级机关之间使用。（×）

解析 也可用于不相隶属的机关之间。

76. 非同一系统的机关之间的关系是不相隶属关系，其行文不能采用平行文方式。（×）

解析 不相隶属的机关之间公文往来应采用平行文。

77. 交通运输部海事局行文给天津海事局属于多级下行文。（×）

解析 两者为直接上下级关系，属于逐级下行文。

78. 逐级行文按照行文方向分为逐级上行文和逐级下行文。（×）

解析 逐级下行文和逐级上行文是对下行文和上行文的分类，理论上并不存在逐级行文这一概念也不存在这样的分类。

79. 隶属关系就是指上级机关和下级机关之间的工作关系。（×）

解析 隶属关系就是指上级机关和下级机关之间的领导与被领导的关系。

80. 命令是上级机关颁发的具有强制执行性质的指挥性公文。（√）

解析 命令是上级机关颁发的具有强制执行性质的指挥性公文。

81. 命令具有强制性。（√）

82. 命令的强制性是指命令的执行具有强迫的因素，违反命令或者抗拒命令会受到严厉的惩处，即所谓的令行禁止。（×）

解析 令行禁止是指下级工作人员有命令指挥后的行为规范，是指挥性的体现，不是强制性体现。

83. 公布令适用于国家党政机关发布根据法律制定的行政法规和规章。（×）

解析 公布令适用于国家公布法律，国家党政机关发布根据法律制定的行政法规和规章。

84. 命令内容全面，一般一文一事或者一文二事。（×）

解析 命令内容单一，一般一文一事。

85. 命令缘由放在正文中间，简要说明发布此命令的必要性和重要性。（×）

解析 命令缘由放在开头。

86. 议案和决议是同一概念的两种不同表达。（×）

解析 两者概念适用范围均不同，不可如此表达。

87. 议案属于告知性公文。（×）

解析　议案属于建议性公文。

88. 各级机关组织在提请会议审议事项时，都可使用“议案”这一公文。（×）

解析　议案只能是有议案提出权的机构或者人民代表大会及其常务委员会使用。

89. 一个议案可以提出两个或者两个以上事项，以促成议案的审查。（×）

解析　议案的内容必须单一，即一议案一事项。

90. 政协会议期间使用的建议性公文是议案。（×）

解析　人大会议使用的为议案，政协会议一般使用提案。

91. 综合性总结报告是总结一个机关在一定时期内的实践经验。（√）

解析　综合性总结报告适用于向上级机关汇报本单位一定时期内工作情况。

92. 对某些性质重要的个人或事件做出决定，目的是扩大各种影响。（×）

解析　对某些性质重要的个人或事件做出决定，目的是引起注意和警惕，扩大事项正面影响，缩小消极影响。

93. 决议适用于对重要事项或者重大行动作出安排。（×）

解析　决定适用于对重要事项或者重大行动作出安排。

94. 决议是由会议通过，决定不由会议通过。（×）

解析　决议必须由会议通过，决定也可由会议通过。

95. 意见是党政机关对重要事项发表的对工作有强制性的文件。（×）

解析　意见是有指导性的文件，不是强制性文件。

96. 党政机关在行文时可以逐步增加联合行文的数量。（×）

解析　联合行文要确有必要且不宜过多。

97. 联合行文成文日期为发起会签的日期。（×）

解析　联合行文成文日期为最后签发机关负责人签署的日期。

98. 公文的结尾应“言止意不尽”。（×）

解析　公文结尾应是“言止意尽”。

99. 交通运输部议事协调机构经批准可以对外行文。（×）

解析　交通运输部议事协调机构不可以对外行文。

100. 纪要可以印发参会单位执行，可以代替有关行政执法文书。（×）

解析　纪要可以印发参会单位执行，但不可以代替有关行政执法文书。

101. 交通运输部令可用于发布部门规章和依法出台的法律法规。（×）

解析　交通运输部令只可用于发布部门规章。

第三部分
公文拟制、公文精简

1. 党政机关公文含电子公文。（√）

解析 《党政机关公文处理工作条例》第八章第三十八条规定：党政机关公文含电子公文。电子公文处理工作的具体办法另行制定。

2. 电子公文处理工作应由除《党政机关公文处理工作条例》外的具体办法另行规定。（√）

解析 《党政机关公文处理工作条例》第八章第三十八条规定：党政机关公文含电子公文。电子公文处理工作的具体办法另行制定。

3. 外事方面的公文，依照外事主管部门的有关规定处理。（√）

解析 《党政机关公文处理工作条例》第八章第三十九条规定：法规、规章方面的公文，依照有关规定处理。外事方面的公文，依照外事主管部门的有关规定处理。

4. 《党政机关公文处理工作条例》由中共中央办公厅、国务院办公厅负责解释。（√）

解析 《党政机关公文处理工作条例》第八章第四十一条规定：本条例由中共中央办公厅、国务院办公厅负责解释。

5. 《党政机关公文处理工作条例》自 2012 年 7 月 1 日起施行。（√）

解析 《党政机关公文处理工作条例》第八章第四十二条规定：本条例自 2012 年 7 月 1 日起施行。

6. 机关领导人对文稿的最后审批称为核发。（×）

解析 机关领导人对文稿的最后审批称为签发。

7. 凡以机关名义发出的公文，应由办公室主任签发。（×）

解析 审核文稿有分工，以机关名义发文的重要文稿，由机关领导人亲自审核。

8. 凡特别重大的问题或者涉及面特别广的问题，须经会议通过或经机关领导人讨论或依次审阅后，由机关分管领导签发。（×）

解析 《党政机关公文处理工作条例》第五章第二十二条规定：公文应当经本机关负责人审批签发。重要公文和上行文由机关主要负责人签发。党委、政府的办公厅（室）根据党委、政府授权制发的公文，由受权机关主要负责人签发或者按照有关规定签发。签发人签发公文，应当签署意见、姓名和完整日期；圈阅或者签名的，视为同意。联合发文由所有联署机关的负责人会签。

9. 拟写公文文稿使用简称时，应当先使用全称，并加以注明。（√）

解析 拟写公文文稿使用简称时，应当先使用全称，并加以注明。

10. 公文的作者是指撰拟公文的工作人员。（×）

解析 公文的作者是指制发文件的机关。

11. 公文拟制包括公文起草、登记、核发等程序。（×）

解析 《党政机关公文处理工作条例》第五章第十八条规定：公文拟制包括公文的起草、审核、签发等程序。

12. 机关负责人应当主持、指导重要公文起草工作。（√）

解析 《党政机关公文处理工作条例》第五章第十九条（七）规定：机关负责人应当主持、指导重要公文起草工作。

13. 机关制发公文应遵守事无巨细都要发文的原则。（×）

解析 《党政机关公文处理工作条例》第四章第十三条规定：行文应当确有必要，讲求实效，注重针对性和可操作性。

14. 起草行文公文时，行文文字不必要求很精练。（×）

解析 《党政机关公文处理工作条例》第五章第十九条规定：公文起草应当做到内容简洁，主题突出，观点鲜明，结构严谨，表述准确，文字精练。

15. 需要核稿的公文，在签发之后必须加以核稿。（×）

解析 签发是对文稿的又一次全面核查，签发人在批注之前必须对文稿进行全面审核。

16. 以交通运输部办公厅名义发文能够解决的，可以同时以交通运输部名义发文。（×）

解析 《交通运输部公文处理办法》第六章第二十九条规定：以交通运输部办公厅名义发文能够解决的，不以交通运输部名义发文。

17. 通过电话、传真、电子邮件、司局函等方式能够解决的，不正式发文。（√）

解析 《交通运输部公文处理办法》第六章第二十九条规定：通过电话、传真、电子邮件、司局函等方式能够解决的，不正式发文。

18. 通过媒体公开发布的公文，不再下发纸质公文。（√）

解析 《交通运输部公文处理办法》第六章第三十一条规定：严格控制公文的印发范围和印发份数。通过媒体公开发布的公文，不再下发纸质公文。

19. 公文起草应当做到符合国家法律法规和党的路线方针政策，完整准确体现发文机关意图，并同现行有关公文相衔接。（√）

解析 《党政机关公文处理工作条例》第五章第十九条规定：公文起草应当做到符合国家法律法规和党的路线方针政策，完整准确体现发文机关意图，并同现行有关公文相衔接。

20. 公文起草应当做到一切从实际出发，分析问题实事求是，所提政策措施和办法切实可行。（√）

解析 《党政机关公文处理工作条例》第五章第十九条规定：公文起草应当做到一切从实际出发，分析问题实事求是，所提政策措施和办法切实可行。

21. 公文起草应当做到内容简洁，主题突出，观点鲜明，结构严谨，表述准确，文字精练。（√）

22. 公文起草应当做到文种正确，格式规范。（√）

解析 《党政机关公文处理工作条例》第五章第十九条规定：公文起草应当做到文种正确，格式规范。

23. 公文起草应当做到深入调查研究，充分进行论证，广泛听取意见。（√）

解析 《党政机关公文处理工作条例》第五章第十九条规定：公文起草应当做到深入调查研究，充分进行论证，广泛听取意见。

24. 公文涉及其他地区或者部门职权范围内的事项，起草单位必须征求相关地区或者部门意见，力求达成一致。（√）

解析 《党政机关公文处理工作条例》第五章第十九条（六）规定：公文涉及其他地区或者部门职权范围内的事项，起草单位必须征求相关地区或者部门意见，力求达成一致。

25. 公文审核应查看行文理由是否充分，行文依据是否准确。（√）

解析 《党政机关公文处理工作条例》第五章第二十条规定：公文文稿签发前，应当由发文机关办公厅（室）进行审核。审核的重点是：（一）行文理由是否充分，行文依据是否准确。

26. 公文文稿签发前，应当由发文机关起草部门负责人进行审核。（√）

解析 《党政机关公文处理工作条例》第五章第二十条规定：公文文稿签发前，应当由发文机关办公厅（室）进行审核。

27. 公文审核应核查公文内容是否符合党的理论路线方针政策和国家法律法规。（√）

解析 《党政机关公文处理工作条例》第五章第二十条规定：公文文稿签发前，应当由发文机关办公厅（室）进行审核。审核的重点是：（二）内容是否符合党的理论路线方针政策和国家法律法规；是否完整准确体现发文机关意图；是否同现行有关公文相衔接；所提政策措施和办法是否切实可行。

28. 公文审核应核查公文内容是否完整准确体现发文机关意图。（√）

解析 《党政机关公文处理工作条例》第五章第二十条规定：公文文稿签发前，应当由发文机关办公厅（室）进行审核。审核的重点是：（二）内容是否符合党的理论路线方针政策和国家法律法规；是否完整准确体现发文机关意图；是否同现行有关公文相衔接；所提政策措施和办法是否切实可行。

29. 公文审核应核查公文内容是否同现行有关公文相衔接；所提政策措施和办法是否切实可行。（√）

解析 《党政机关公文处理工作条例》第五章第二十条规定：公文文稿签发前，应当由发文机关办公厅（室）进行审核。审核的重点是：（二）内容是否符合党的理论路线方针政策和国家法律法规；是否完整准确体现发文机关意图；是否同现行有关公文相衔接；所提政策措施和办法是否切实可行。

30. 公文审核应核查公文内容涉及有关地区或者部门职权范围内的事项是否经过充分协商并达成一致意见。（√）

解析 《党政机关公文处理工作条例》第五章第二十条规定：公文文稿签发前，应当由发文机关办公厅（室）进行审核。审核的重点是：（三）涉及有关地区或者部门职权范围内的事项是否经过充分协商并达成一致意见。

31. 公文审核应核查公文文种是否正确，格式是否规范。（√）

解析 《党政机关公文处理工作条例》第五章第二十条规定：公文文稿签发前，应当由发文机关办公厅（室）进行审核。审核的重点是：（四）文种是否正确，格式是否规范；人名、地名、时间、数字、段落顺序、引文等是否准确；文字、数字、计量单位和标点符号等用法是否规范。

32. 公文审核应核查人名、地名、时间、数字、段落顺序、引文等是否准确。（√）

解析 《党政机关公文处理工作条例》第五章第二十条规定：公文文稿签发前，应当由发文机关办公厅（室）进行审核。审核的重点是：（四）文种是否正确，格式是否规范；人名、地名、时间、数字、段落顺序、引文等是否准确；文字、数字、计量单位和标点符号等用法是否规范。

33. 公文审核应核查文字、数字、计量单位和标点符号等用法是否规范。（√）

解析 《党政机关公文处理工作条例》第五章第二十条规定：公文文稿签发前，应当由发文机关办公厅（室）进行审核。审核的重点是：（四）文种是否正确，格式是否规范；人名、地名、时间、数字、段落顺序、引文等是否准确；文字、数字、计量单位和标点符号等用法是否规范。

34. 需要发文机关审议的重要公文文稿，审议前由发文机关办公厅（室）进行初核。（√）

解析 《党政机关公文处理工作条例》第五章第二十条规定：需要发文机关审议的重要公文文稿，审议前由发文机关办公厅（室）进行初核。

35. 经审核不宜发文的公文文稿，应当退回起草单位，不需要说明理由。（×）

解析 《党政机关公文处理工作条例》第五章第二十一条规定：经审核不宜发文的公文文稿，应当退回起草单位并说明理由；符合发文条件但内容需作进一步研究和修改的，由起草单位修改后重新报送。

36. 公文应当经部门负责人审批签发。（×）

解析 《党政机关公文处理工作条例》第五章第二十二条规定：公文应当经本机关负责人审批签发。

37. 重要公文和上行文由机关主要负责人签发。（√）

38. 签发人签发公文，不需签署意见、姓名和完整日期。（×）

解析 《党政机关公文处理工作条例》第五章第二十二条规定：重要公文和上行文由机关主要负责人签发。

39. 签发人签发公文，圈阅或者签名的，视为同意。（√）

解析 《党政机关公文处理工作条例》第五章第二十二条规定：签发人签发公文，应当签署意见、姓名和完整日期；圈阅或者签名的，视为同意。

40. 联合发文由所有联署机关的负责人会签。（√）

解析 《党政机关公文处理工作条例》第五章第二十二条规定：联合发文由所有联署机关的负责人会签。

41. 公文内容涉及重大公共利益、公众权益和敏感事项，可能引发社会稳定问题的，应当进行社会稳定风险评估。（√）

解析 《交通运输部公文处理办法》第七章第三十三条（七）规定：公文内容涉及重大公共利益、公众权益和敏感事项，可能引发社会稳定问题的，应当进行社会稳定风险评估。

42. 起草涉密公文时，应当使用符合国家保密规定的计算机、网络及移动存储介质。（√）

解析 《交通运输部公文处理办法》第七章第三十三条（八）规定：起草涉密公文时，应当使用符合国家保密规定的计算机、网络及移动存储介质。

43. 公文会签文稿均以会签单位负责人签字为有效。（√）

解析 《交通运输部公文处理办法》第七章第三十四条（一）规定：会签文稿均以会签单位负责人签字为有效。

44. 交通运输部部内公文会签，由各司局分别送转会签。（×）

解析 《交通运输部公文处理办法》第七章第三十四条（二）规定：部内会签，由主办司局送转会签。有关司局如有不同意见，应当协商一致后报部领导；如经充分协商仍不能取得一致意见，应当如实报部领导协调裁定。

45. 交通运输部部内公文会签，有关司局如有不同意见，如经充分协商仍不能取得一致意见，由主办司局协调裁定。（×）

解析 《交通运输部公文处理办法》第七章第三十四条（二）规定：部内会签，由主办司局送转会签。有关司局如有不同意见，应当协商一致后报部领导；如经充分协商仍不能取得一致意见，应当如实报部领导协调裁定。

46. 交通运输部部外公文会签，由办公厅指定专人承办。（×）

解析 《交通运输部公文处理办法》第七章第三十四条（三）规定：部外会签，由主办司局指定专人承办。部外单位对会签稿有重大修改，应当重新送部领导审签。

47. 交通运输部部外公文会签，部外单位对会签稿有重大修改，应当重新送部领导审签。（√）

解析 《交通运输部公文处理办法》第七章第三十四条（三）规定：部外会签，由主办司局指定专人承办。部外单位对会签稿有重大修改，应当重新送部领导审签。

48. 交通运输部部外单位送交通运输部会签的文稿，由部内主办司局提出意见，然后按部发文程序办理。（√）

解析 《交通运输部公文处理办法》第七章第三十四条（四）规定：部外单位送交通运输部会签的文稿，按职权范围由部内主办司局提出意见，然后按部发文程序办理。

49. 交通运输部上报的公文，如与部外单位意见不能一致，部内主办司局的主要负责人（必要时部领导）应当出面协调。（√）

解析 《交通运输部公文处理办法》第七章第三十四条（五）规定：上报的公文，如与部外单位意见不能一致，部内主办司局的主要负责人（必要时部领导）应当出面协调，仍不能取得一致时，须在文中列明各方理据，提出建设性意见，并经有关单位会签后，报请上级机关协调或裁定。

50. 办理交通运输部外单位来文会签，除主办单位另有时限要求外，部内主办司局应当在5个工作日内予以回复。（×）

解析 《交通运输部公文处理办法》第七章第三十四条（六）规定：会签文必须严格按照规定的时限要求完成。办理部外单位来文会签，除主办单位另有时限要求外，部内主办司局应当在7个工作日内予以回复。如情况特殊不能按期回复，应当主动与主办单位沟通并商定回复时限及方式。

51. 办理交通运输部内会签，除主办司局另有时限要求外，协办司局应当在2个工作日内予以回复，逾期不回复视为同意。（×）

解析 《交通运输部公文处理办法》第七章第三十四条（六）规定：会签文必须严格按照规定的时限要求完成。办理部内会签，除主办司局另有时限要求外，协办司局应当在3个工作日内予以回复，逾期不回复视为同意。如情况特殊不能按期回复，应当主动与主办司局沟通并商定回复时限及方式。

52. 交通运输部公文文稿签发前，应当由主办司局和办公厅分别进行审核。（√）

解析 《交通运输部公文处理办法》第七章第三十五条规定：公文文稿签发前，应当由主办司局和办公厅分别进行审核。

53. 规范性文件应当由法制机构进行合法性审查。（√）

解析 《交通运输部公文处理办法》第七章第三十五条规定：公文文稿签发前，应当由主办司局和办公厅分别进行审核。规范性文件应当由法制机构进行合法性审查。

54. 公文核稿应审核密级确定、公开属性标注是否符合规定，紧急程度是否恰当，主送、抄送机关以及文件印数是否合理。（√）

解析 《交通运输部公文处理办法》第七章第三十五条（四）规定：社会稳定风险评估、合法性审查是否符合程序，密级确定、公开属性标注是否符合规定，紧急程度是否恰当，主送、抄送机关以及文件印数是否合理。

55. 需要交通运输部党组会议审议或者交通运输部部务会议审议的重要公文文稿，审议前由主办司局

进行初核。（×）

解析 《交通运输部公文处理办法》第七章第三十五条（六）规定：需要交通运输部党组会议审议或者交通运输部部务会议审议的重要公文文稿，审议前由办公厅进行初核。

56. 交通运输部发文程序：主办司局拟稿——司局办公室（综合处，下同）核稿——司局领导核签——办公厅审核——部领导审阅签发——公文登记、复核、印制、核发。（√）

解析 《交通运输部公文处理办法》第七章第三十八条发文程序规定：

交通运输部发文：主办司局拟稿——司局办公室（综合处，下同）核稿——司局领导核签——办公厅审核——部领导审阅签发——公文登记、复核、印制、核发。

57. 交通运输部办公厅发文程序：主办司局拟稿——司局办公室核稿——司局领导核签——办公厅审核签发（重要公文由部领导审阅签发）——公文登记、复核、印制、核发。（√）

解析 《交通运输部公文处理办法》第七章第三十八条发文程序规定：

交通运输部办公厅发文：主办司局拟稿——司局办公室核稿——司局领导核签——办公厅审核签发（重要公文由部领导审阅签发）——公文登记、复核、印制、核发。

58. 纪要发文程序：会议主办部门拟稿——办公厅审核——主持会议的领导签发——公文登记、复核、印制、核发。（√）

解析 《交通运输部公文处理办法》第七章第三十八条发文程序规定：

纪要：会议主办部门拟稿——办公厅审核——主持会议的领导签发——公文登记、复核、印制、核发。

59. 《交通运输部公文处理办法》自2014年4月1日起施行。（√）

解析 《交通运输部公文处理办法》第十章第五十八条规定：本办法自2014年4月1日起施行。

60. 《交通运输部公文处理办法》由交通运输部办公厅负责解释。（√）

解析 《交通运输部公文处理办法》第十章第五十七条规定：本办法由交通运输部办公厅负责解释。

61. 交通运输部公文不含电子公文。（×）

解析 《交通运输部公文处理办法》第十章第五十四条规定：交通运输部公文含电子公文。电子公文处理工作的具体办法另行制定。

62. 《交通运输部公文处理办法》适用于交通运输部机关和具有行政职能的部属单位。（√）

解析 《交通运输部公文处理办法》第十章第五十六条规定：本办法适用于交通运输部机关和具有行政职能的部属单位。

63. 交通运输部法规、规章方面的公文，依照《交通运输部公文处理办法》规定处理。（×）

解析 《交通运输部公文处理办法》第十章第五十五条规定：法规、规章方面的公文，依照有关规定处理。

64. 交通运输部外事方面的公文，依照《交通运输部公文处理办法》规定处理。（×）

解析 《交通运输部公文处理办法》第十章第五十五条规定：外事方面的公文，依照外事主管部门的有关规定处理。

65. 交通运输部密码电报的使用和管理，依照《交通运输部公文处理办法》规定处理。（×）

解析 《交通运输部公文处理办法》第十章第五十五条规定：密码电报的使用和管理，按照有关规定执行。

66. 交通运输部电子公文处理工作，依照《交通运输部公文处理办法》规定处理。（×）

解析 《交通运输部公文处理办法》第十章第五十四条规定：交通运输部公文含电子公文。电子公文处理工作的具体办法另行制定。

67. 核稿人员对一篇名为《关于……的函》进行核对后，认为该标题正确无误。（×）

解析 缺少发文机关名称。

68. 直属海事局可以“函件”形式向部海事局报送参加会议、培训、调研人员名单及其他相关材料，答复征求意见等。（√）

解析 《交通运输部海事局公文处理办法》第六章第二十三条（三）规定：直属海事局可以“函件”形式向部海事局报送参加会议、培训、调研人员名单及其他相关材料，答复征求意见等。

69. 核稿人员对一篇名为《某单位授予某同志某称号的通报》进行核对后，认为该标题正确无误。（×）

解析 缺介词，“授予”之前加“关于”。

70. 核稿人员对一篇名为《某单位关于印发……方案的通知》进行核对后，认为该标题正确无误。（√）

71. 核稿人员对一篇名为《某单位关于请求解决某专项经费的请示》进行核对后，认为该标题正确无误。（×）

解析 用词不当，“请示”已含“请求”意思，删去“请求”。

72. 核稿人员对一篇名为《某单位关于上报某情况的报告》的公文进行核对后，认为该标题正确无误。（×）

解析 用词不当，“报告”已有前者上报意思，删去“上报”。

73. 核稿人员对一篇名为《某省……暂行办法》的公文进行核对后，认为该标题正确无误。（×）

解析 漏发文形式及文种，若是一个印发部门的文件。应在“某省”之前加“印发”，“办法”之后加“通知”。然后将办法作为附件下发。

74. 公文辨误：会上，并对下一步安全稳定工作进行了详细布署。（×）

解析 “布署”应为“部署”。

75. 公文辨误：打造“旅游小镇”，积极改善民生，围绕“互联网＋旅游”作文章。（×）

解析 “作文章”应为“做文章”。

76. 公文辨误：精准扶贫也要弘扬工匠精神，下足绣花工夫。（×）

解析 “绣花工夫”应为“绣花功夫”。

77. 公文辨误：关于订阅2021年上半年报刊杂志的通知。（×）

解析 “报刊杂志”可改为“报刊”或“报纸杂志”。

78. 公文辨误：《人民日报海外版》2017年1月2日《天台山叠石成奇景》文中：近年来，这门艺术在国内开始受到人们的亲睐。（×）

解析 “亲睐”应为“青睐”。

79. 公文辨误：南京师范大学郦波教授作客仙林文化大讲堂，解读儒释道哲学精华，讲述国学文化魅力，吸引了400多名仙林大学城的师生居民聆听。（×）

解析 “作客”应为“做客”。

80. 公文辨误：会议要求保障春运安全是今年的重中之重，各有关单位要提高警惕，严正以待，做好

春运各项准备工作。（×）

解析 “严正以待”应为“严阵以待”。

81. 公文辨误：加强节日安全教育，大力普及安全知识，切实做到防患于未然。（√）

82. 公文辨误：根据《某省物价局、某省财政厅关于某市建制镇城市基础设施配套费征收标准的批复》（某规〔2020〕59 号）文件要求，特制定本管理办法。（×）

解析 书名号内标示停顿时用空格。

83. 公文辨误：根据某发 [2019]3 号文件精神。（×）

解析 标示公文发文字号中的发文年份时，应使用六角括号。

84. 制订海事规范性文件，应会签法规部门和相关处室。（×）

解析 《交通运输部海事局公文处理办法》第七章第二十八条规定，公文文稿会签注意事项：（二）相关事宜需要局机关处室会签的，由主办处室送转会签。制订海事规范性文件，应会签法规部门和相关处室；制订内部管理规章制度，应会签公文主管部门和相关处室。

85. 制订内部管理规章制度，应会签公文主管部门和相关处室。（√）

解析 《交通运输部海事局公文处理办法》第七章第二十八条规定，公文文稿会签注意事项：（二）相关事宜需要局机关处室会签的，由主办处室送转会签。制订海事规范性文件，应会签法规部门和相关处室；制订内部管理规章制度，应会签公文主管部门和相关处室。

86. 交通运输部其他司局或者部外单位会签部海事局的文稿，按职权范围由主办处室牵头提出意见，经局领导审核后完成会签。（√）

解析 《交通运输部海事局公文处理办法》第七章第二十八条规定，公文文稿会签注意事项：（四）交通运输部其他司局或者部外单位会签部海事局的文稿，按职权范围由主办处室牵头提出意见，经局领导审核后完成会签。

87. 海事局办理交通运输部外会签应当在 5 个工作日内予以回复。（×）

解析 《交通运输部海事局公文处理办法》第七章第二十八条规定：公文文稿会签注意事项：（五）会签文必须严格按照规定的时限要求完成。除主办部门另有时限要求外，办理部外会签应当在 7 个工作日内予以回复。

88. 海事局发文办理部内司局间会签应当在 2 个工作日内予以回复。（√）

解析 《交通运输部海事局公文处理办法》第七章第二十八条规定，公文文稿会签注意事项：（五）会签文必须严格按照规定的时限要求完成。办理部内司局间会签应当在 2 个工作日内予以回复。

89. 海事局发文办理局内会签应当在 1 个工作日内予以回复。（√）

解析 《交通运输部海事局公文处理办法》第七章第二十八条规定，公文文稿会签注意事项：（五）会签文必须严格按照规定的时限要求完成。办理部内司局间会签应当在 2 个工作日内予以回复；办理局内会签应当在 1 个工作日内予以回复。

90. 代表交通运输部拟文、部签报及其他重要公文须由部海事局主要领导签发。（√）

解析 《交通运输部海事局公文处理办法》第七章第三十一条规定：公文应当经发文机关负责人审批签发。代表部拟文、部签报及其他重要公文须由部海事局主要领导签发。

91. 涉密公文须由本单位定密法定责任人或者指定责任人签发。（√）

解析 《交通运输部海事局公文处理办法》第七章第三十一条规定：涉密公文须由本单位定密法定责任人或者指定责任人签发。

92. 文稿一经签发即为定稿，签发后的定稿一般不得改动，特殊情况需作内容实质性修改的，须报原签发人批准。（√）

解析 《交通运输部海事局公文处理办法》第七章第三十一条规定：文稿一经签发即为定稿，签发后的定稿一般不得改动，特殊情况需作内容实质性修改的，须报原签发人批准。

93. 文件、公告、通告、内部情况通报的发文程序为：主办处室拟稿——主办处室负责人审核——相关处室会签（如需）——公文主管部门审核——局领导审阅签发——登记、复核、印制、核发。（√）

解析 《交通运输部海事局公文处理办法》第七章第三十二条规定，发文程序：文件、公告、通告、内部情况通报：主办处室拟稿——主办处室负责人审核——相关处室会签（如需）——公文主管部门审核——局领导审阅签发——登记、复核、印制、核发。

94. 函件、纪要、签报的发文程序为：主办处室拟稿——主办处室负责人审核——相关处室会签（如需）——局领导审阅签发——登记、复核、印制、核发。（√）

解析 《交通运输部海事局公文处理办法》第七章第三十二条规定，发文程序：函件、纪要、签报：主办处室拟稿——主办处室负责人审核——相关处室会签（如需）——局领导审阅签发——登记、复核、印制、核发。

95. 上报交通运输部签报，审议前由公文主管部门进行初核。（√）

解析 《交通运输部海事局公文处理办法》第七章第三十二条规定：上报交通运输部签报，以及需要部海事局党政联席会议或者局长办公会议审议的重要公文文稿，审议前由公文主管部门进行初核。纪要应当在会议结束后1个工作日内完成拟制。

96. 部海事局党政联席会议审议的重要公文文稿，审议前由公文主管部门进行初核。（√）

解析 《交通运输部海事局公文处理办法》第七章第三十二条规定：上报交通运输部签报，以及需要部海事局党政联席会议或者局长办公会议审议的重要公文文稿，审议前由公文主管部门进行初核。纪要应当在会议结束后1个工作日内完成拟制。

97. 部海事局局长办公会议审议的重要公文文稿，审议前由公文主管部门进行初核。（√）

解析 《交通运输部海事局公文处理办法》第七章第三十二条规定：上报交通运输部签报，以及需要部海事局党政联席会议或者局长办公会议审议的重要公文文稿，审议前由公文主管部门进行初核。纪要应当在会议结束后1个工作日内完成拟制。

98. 会议纪要应当在会议结束后1个工作日内完成拟制。（√）

解析 《交通运输部海事局公文处理办法》第七章第三十二条规定：纪要应当在会议结束后1个工作日内完成拟制。

99. 部海事局领导的讲话，用“内部情况通报”印发。（√）

解析 《交通运输部海事局公文处理办法》第六章第二十三条规定：部海事局领导的讲话，用“内部情况通报”印发。

100. 通过“函件”等形式能够解决的，不以“文件”形式发文。（√）

解析 《交通运输部海事局公文处理办法》第六章第二十三条规定：通过“函件”等形式能够解决的，不以“文件”形式发文。

101. 倡导清新简练的文风，不讲空话、套话、虚话。（√）

解析 《交通运输部海事局公文处理办法》第六章第二十四条规定：倡导清新简练的文风，不讲空话、套话、虚话。起草公文要突出思想性、针对性和可操作性，做到条理清楚、文字精练，意尽文止。

102. 起草公文要突出思想性、针对性和可操作性，做到条理清楚、文字精练，意尽文止。（√）

解析 《交通运输部海事局公文处理办法》第六章第二十四条规定：倡导清新简练的文风，不讲空话、套话、虚话。起草公文要突出思想性、针对性和可操作性，做到条理清楚、文字精练，意尽文止。

103. 推进政府信息公开和信息化建设，可以向社会公开的事项应当通过部海事局门户网站等媒体公布。（√）

解析 《交通运输部海事局公文处理办法》第六章第二十五条规定：推进政府信息公开和信息化建设，可以向社会公开的事项应当通过部海事局门户网站等媒体公布。

104. 《交通运输部海事局公文处理办法》由交通运输部海事局办公室负责解释。（√）

解析 《交通运输部海事局公文处理办法》第十一章第五十二条规定：本办法由交通运输部海事局办公室负责解释。

第四部分
公文管理、公文办理

1. 公文办理包括公文拟制、收文办理、发文办理和整理归档。（×）

解析 《党政机关公文处理工作条例》第六章第二十三条规定：公文办理包括收文办理、发文办理和整理归档。

2. 对收到的公文应当逐件清点，核对无误后签字或者盖章，并注明签收时间。（√）

解析 《党政机关公文处理工作条例》第六章第二十四条规定：对收到的公文应当逐件清点，核对无误后签字或者盖章，并注明签收时间。

3. 对公文的主要信息和办理情况应当详细记载。（√）

解析 《党政机关公文处理工作条例》第六章第二十四条规定：对公文的主要信息和办理情况应当详细记载。

4. 对收到的公文不需再次进行初审。（×）

解析 《党政机关公文处理工作条例》第六章第二十四条规定：对收到的公文应当进行初审。

5. 经初审不符合规定的公文，应当及时退回来文单位并说明理由。（√）

解析 《党政机关公文处理工作条例》第六章第二十四条规定：经初审不符合规定的公文，应当及时退回来文单位并说明理由。

6. 阅知性公文应当直接进行传阅，保证传阅效率。（×）

解析 《党政机关公文处理工作条例》第六章第二十四条规定：阅知性公文应当根据公文内容、要求和工作需要确定范围后分送。

7. 机关撤销时，需要归档的公文经整理后按照有关规定移交原机关上级部门。（×）

解析 《党政机关公文处理工作条例》第七章第三十六条规定：机关撤销时，需要归档的公文经整理后按照有关规定移交档案管理部门。

8. 批办性公文需要两个以上部门办理的，应当明确主办部门。（√）

解析 《党政机关公文处理工作条例》第六章第二十四条规定：批办性公文需要两个以上部门办理的，应当明确主办部门。

9. 公文印制完毕，直接分发即可。（×）

解析 《党政机关公文处理工作条例》第六章第二十五条规定：公文印制完毕，应当对公文的文字、格式和印刷质量进行检查后分发。

10. 批办性公文需要两个以上部门办理的，未明确主办部门，则无主办部门。（×）

解析 《交通运输部海事局公文处理办法》第八章第三十四条规定：需多个处室办理的，应当明确主办处室。如无明确，一般以第一个处室为主办处室。

11. 两个以上机关联合办理的公文，由其中任意一方完成归档即可。（×）

解析 《党政机关公文处理工作条例》第六章第二十七条规定：两个以上机关联合办理的公文，原件由主办机关归档，相关机关保存复制件。

12. 紧急公文应当明确办理时限。（√）

解析 《党政机关公文处理工作条例》第六章第二十四条规定：紧急公文应当明确办理时限。

13. 有明确办理时限要求的公文，完成确有困难的，应当及时向来文单位说明，协商办理时限。（√）

解析 《党政机关公文处理工作条例》第六章第二十四条规定：有明确办理时限要求的公文，完成确有困难的，应当及时向来文单位说明，协商办理时限。

14. 对不属于本单位职权范围或者不宜由本单位办理的，直接存档即可。（×）

解析 《党政机关公文处理工作条例》第六章第二十四条规定：对不属于本单位职权范围或者不宜由本单位办理的，应当及时退回交办部门并说明理由。

15. 机关撤销时，需要归档的公文经整理后按照有关规定移交档案管理部门。（√）

解析 《党政机关公文处理工作条例》第七章第三十六条规定：机关撤销时，需要归档的公文经整理后按照有关规定移交档案管理部门。

16. 办理公文传阅应当随时掌握公文去向，不得漏传、误传、延误。（√）

解析 《党政机关公文处理工作条例》第六章第二十四条规定：办理公文传阅应当随时掌握公文去向，不得漏传、误传、延误。

17. 要及时了解掌握公文的办理进展情况，督促承办部门按期办结。（√）

18. 紧急公文或者重要公文应当由专人负责催办。（√）

解析 《党政机关公文处理工作条例》第六章第二十四条规定：紧急公文或者重要公文应当由专人负责催办。

19. 经批准公开发布的公文，与发文机关正式印发的公文法律效力不一致。（×）

解析 《党政机关公文处理工作条例》第七章第三十一条规定：经批准公开发布的公文，同发文机关正式印发的公文具有同等效力。

20. 公文的办理结果应当及时答复来文单位，并根据需要告知相关单位。（√）

解析 《党政机关公文处理工作条例》第六章第二十四条规定：公文的办理结果应当及时答复来文单位，并根据需要告知相关单位。

21. 已经发文机关负责人签批的公文，印发前应当对公文的审批手续、内容、文种、格式等进行复核。（√）

解析 《党政机关公文处理工作条例》第六章第二十五条规定：已经发文机关负责人签批的公文，印发前应当对公文的审批手续、内容、文种、格式等进行复核。

22. 已经发文机关负责人签批的公文，需作实质性修改的，应当报原签批人复审。（√）

解析 《党政机关公文处理工作条例》第六章第二十五条规定：已经发文机关负责人签批的公文，需作实质性修改的，应当报原签批人复审。

23. 属于主动公开的公文，按照政府信息公开的有关规定执行，对发布日期无具体要求。（×）

解析　《交通运输部海事局公文处理办法》第九章第四十一条规定：属于主动公开的公文，主办处室应当按照政府信息公开的有关规定，自公文形成之日起20个工作日内公开。

24. 对复核后的公文，应当确定发文字号、分送范围和印制份数并详细记载。（√）

解析　《党政机关公文处理工作条例》第六章第二十五条规定：对复核后的公文，应当确定发文字号、分送范围和印制份数并详细记载。

25. 公文印制必须确保质量和时效。（√）

解析《党政机关公文处理工作条例》第六章第二十五条规定：公文印制必须确保质量和时效。

26. 涉密公文应当在单位文印室印制，无其他要求。（×）

解析　《党政机关公文处理工作条例》第六章第二十五条规定：涉密公文应当在符合保密要求的场所印制。

27. 公文印制完毕，应当对公文的文字、格式和印刷质量进行检查后分发。（√）

解析　《党政机关公文处理工作条例》第六章第二十五条规定：公文印制完毕，应当对公文的文字、格式和印刷质量进行检查后分发。

28. 涉密公文传递方式与其他公文一致。（×）

解析　《党政机关公文处理工作条例》第六章第二十六条规定：涉密公文应当通过机要交通、邮政机要通信、城市机要文件交换站或者收发件机关机要收发人员进行传递，通过密码电报或者符合国家保密规定的计算机信息系统进行传输。

29. 需要归档的公文及有关材料，应当根据有关档案法律法规以及机关档案管理规定，及时收集齐全、整理归档。（√）

解析　《党政机关公文处理工作条例》第六章第二十七条规定：需要归档的公文及有关材料，应当根据有关档案法律法规以及机关档案管理规定，及时收集齐全、整理归档。

30. 批办性公文需要两个以上部门办理的，如无明确主办部门，一般以第一个处室为主办处室。（√）

解析　《党政机关公文处理工作条例》第六章第二十四条规定：批办性公文需要两个以上部门办理的，应当明确主办部门。《交通运输部海事公文处理办法》第三十四条规定：需多个处室办理的，应当明确主办处室。如无明确，一般以第一个处室为主办处室。

31. 两个以上机关联合办理的公文，原件由主办机关归档，相关机关保存复制件。（√）

解析　《党政机关公文处理工作条例》第六章第二十七条规定：两个以上机关联合办理的公文，原件由主办机关归档，相关机关保存复制件。

32. 复制、汇编的涉密公文视同原件管理。（√）

解析　《党政机关公文处理工作条例》第七章第三十二条规定：复制、汇编的公文视同原件管理。

33. 两个以上机关联合办理的公文，原件归档由办理相关机关完成。（×）

解析　《党政机关公文处理工作条例》第六章第二十七条规定：两个以上机关联合办理的公文，原件由主办机关归档，相关机关保存复制件。

34. 机关负责人兼任其他机关职务的，在履行所兼职务过程中形成的公文，由其兼职机关归档。（√）

解析　《党政机关公文处理工作条例》第六章第二十七条规定：机关负责人兼任其他机关职务的，在履行所兼职务过程中形成的公文，由其兼职机关归档。

35. 公文的密级需要变更或者解除的，由收文单位机关或者其上级机关决定。（×）

解析 《党政机关公文处理工作条例》第七章第三十条规定：公文的密级需要变更或者解除的，由原确定密级的机关或者其上级机关决定。

36. 机关负责人兼任其他机关职务的，在履行所兼职务过程中形成的公文，由机关负责人决定在哪个单位归档。（×）

解析 《党政机关公文处理工作条例》第六章第二十七条规定：机关负责人兼任其他机关职务的，在履行所兼职务过程中形成的公文，由其兼职机关归档。

37. 个人不得保存应当归档的公文。（√）

解析 《交通运输部公文处理办法》第八章第四十三条规定：个人不得保存应当归档的公文。

38. 应当设有专门的收、发文岗位，岗位人员必须为本单位在编正式职工。（√）

解析 《交通运输部海事局公文处理办法》第九章第三十七条规定：应当设有专门的收、发文岗位，岗位人员必须为本单位在编正式职工。

39. 应当设有专门的收、发文岗位，岗位人员应为本单位在编正式职工，特殊情况可由其他人员担任。（×）

解析 《交通运输部海事局公文处理办法》第九章第三十七条规定：应当设有专门的收、发文岗位，岗位人员必须为本单位在编正式职工。

40. 设立党委（党组）的厅级以上单位应当建立机要保密室和机要阅文室，厅级以下单位可视情况设定。（×）

解析 《党政机关公文处理工作条例》第七章第二十九条规定：设立党委（党组）的县级以上单位应当建立机要保密室和机要阅文室。

41. 绝密级公文确需复制、汇编，应当经发文机关或者其上级机关批准。（√）

解析 《党政机关公文处理工作条例》第七章第三十二条规定：绝密级公文一般不得复制、汇编，确有工作需要的，应当经发文机关或者其上级机关批准。

42. 公文的印发传达范围应当按照发文机关的要求执行。（√）

解析 《党政机关公文处理工作条例》第七章第三十一条规定：公文的印发传达范围应当按照发文机关的要求执行。

43. 公文的印发传达范围需要变更的，应当由收文单位决定。（×）

解析 《党政机关公文处理工作条例》第七章第三十一条规定：公文的印发传达范围应当按照发文机关的要求执行。

44. 公文的印发传达范围需要变更的，应当经发文机关批准。（√）

解析 《党政机关公文处理工作条例》第七章第三十一条规定：公文的印发传达范围应当按照发文机关的要求执行；需要变更的，应当经发文机关批准。

45. 涉密公文的传送应当遵守“密来密往”的原则。（√）

解析 《交通运输部海事局公文处理办法》第九章第四十一条规定：涉密公文的传送应当遵守“密来密往”的原则。

46. 涉密公文公开发布前应当履行解密程序。（√）

解析 《党政机关公文处理工作条例》第七章第三十一条规定：涉密公文公开发布前应当履行解密程序。

47. 涉密公文公开发布后应告知发文单位。（×）

解析 《党政机关公文处理工作条例》第七章第三十一条规定：涉密公文公开发布前应当履行解密程序。

48. 涉密公文公开发布时间、形式和渠道，由发文机关确定。（√）

解析 《党政机关公文处理工作条例》第七章第三十一条规定：涉密公文公开发布前应当履行解密程序。公开发布的时间、形式和渠道，由发文机关确定。

49. 设立党委（党组）的科级以上单位应当建立机要保密室和机要阅文室。（×）

解析 《党政机关公文处理工作条例》第七章第二十九条规定：设立党委（党组）的县级以上单位应当建立机要保密室和机要阅文室。

50. 经批准公开发布的公文，同发文机关正式印发的公文具有同等效力。（√）

解析 《党政机关公文处理工作条例》第七章第三十一条规定：经批准公开发布的公文，同发文机关正式印发的公文具有同等效力。

51. 电子公文传输指电子公文的生成、发送、接收过程。（√）

解析 《交通运输部海事局公文处理办法》第十章第四十九条规定：电子公文传输指电子公文的生成、发送、接收过程。

52. 属于主动公开的公文，主办处室应当按照政府信息公开的有关规定，自公文形成之日起30个工作日内公开。（×）

解析 《交通运输部海事局公文处理办法》第九章第四十一条规定：属于主动公开的公文，主办处室应当按照政府信息公开的有关规定，自公文形成之日起20个工作日内公开。

53. 属于主动公开的公文，主办处室应当按照政府信息公开的有关规定，自公文形成之日起20日内公开。（×）

解析 《交通运输部海事局公文处理办法》第九章第四十一条规定：属于主动公开的公文，主办处室应当按照政府信息公开的有关规定，自公文形成之日起20个工作日内公开。

54. 公文被废止的，视为自废止之日起失效。（√）

解析 《党政机关公文处理工作条例》第七章第三十三条规定：公文被撤销的，视为自始无效；公文被废止的，视为自废止之日起失效。

55. 属于主动公开的公文，公文主管处室应当按照政府信息公开的有关规定，自公文形成之日起20个工作日内公开。（×）

解析 《交通运输部海事局公文处理办法》第九章第四十一条规定：属于主动公开的公文，主办处室应当按照政府信息公开的有关规定，自公文形成之日起20个工作日内公开。

56. 绝密级公文应当由专人管理。（√）

解析 《党政机关公文处理工作条例》第七章第三十条规定：绝密级公文应当由专人管理。

57. 绝密级公文按照涉密文件管理即可，不需由专人管理。（×）

解析 《党政机关公文处理工作条例》第七章第三十条规定：绝密级公文应当由专人管理。

58. 秘密级公文按照涉密文件管理即可，不需由专人管理。（√）

解析 《党政机关公文处理工作条例》第七章第三十条规定：绝密级公文应当由专人管理。

59. 公文确定密级前，应当按照拟定的密级先行采取保密措施。（√）

解析 《党政机关公文处理工作条例》第七章第三十条规定：公文确定密级前，应当按照拟定的密级先行采取保密措施。

60. 公文确定密级前，保管措施与普通公文无差别。（×）

解析 《党政机关公文处理工作条例》第七章第三十条规定：公文确定密级前，应当按照拟定的密级先行采取保密措施。

61. 涉密文件汇编本的密级按照编入公文的第一份文件密级标注。（×）

解析 《党政机关公文处理工作条例》第七章第三十二条规定：汇编本的密级按照编入公文的最高密级标注。

62. 涉密文件汇编本的密级按照编入公文的最高密级标注。（√）

解析 《党政机关公文处理工作条例》第七章第三十二条规定：汇编本的密级按照编入公文的最高密级标注。

63. 公文的密级需要变更或者解除的，由原确定密级的机关或者其上级机关决定。（√）

解析 《党政机关公文处理工作条例》第七章第三十条规定：公文的密级需要变更或者解除的，由原确定密级的机关或者其上级机关决定。

64. 机关负责人兼任其他机关职务的，任职期间形成的公文应集中归档，可在兼职机关，也可在主任职单位存档。（×）

解析 《党政机关公文处理工作条例》第六章第二十七条规定：机关负责人兼任其他机关职务的，在履行所兼职务过程中形成的公文，由其兼职机关归档。

65. 公文的印发传达范围应当按照发文机关的要求执行。（√）

解析 《党政机关公文处理工作条例》第七章第三十一条规定：公文的印发传达范围应当按照发文机关的要求执行；需要变更的，应当经发文机关批准。

66. 涉密公文应当按照发文机关的要求和有关规定进行清退或者销毁。（√）

解析 《党政机关公文处理工作条例》第七章第三十四条规定：涉密公文应当按照发文机关的要求和有关规定进行清退或者销毁。

67. 不具备归档和保存价值的公文，不可以销毁。（×）

解析 《党政机关公文处理工作条例》第七章第三十五条规定：不具备归档和保存价值的公文，经批准后可以销毁。

68. 机关合并时，全部公文应留原地保存。（×）

解析 《党政机关公文处理工作条例》第七章第三十六条规定：机关合并时，机关合并时，全部公文应当随之合并管理。

69. 设立党委（党组）的县级以上单位应当建立机要保密室和机要阅文室。（√）

解析 《党政机关公文处理工作条例》第七章第二十九条规定：设立党委（党组）的县级以上单位应当建立机要保密室和机要阅文室。

70. 公文主管部门应当加强对公文处理工作，定期通报公文处理情况。（√）

解析 《交通运输部海事局公文处理办法》第九章第三十九条规定：公文主管部门应当加强对公文处理工作，定期通报公文处理情况。

71. 阅知性公文应当根据公文内容、要求和工作需要确定范围后分送。（√）

解析 《党政机关公文处理工作条例》第六章第二十四条规定：阅知性公文应当根据公文内容、要求和工作需要确定范围后分送。

72. 用于电子公文传输的计算机及其相关设备应当指定专人管理和维护，严禁与内网办公系统连接。（×）

解析 《交通运输部海事局公文处理办法》第十章第四十九条规定：用于电子公文传输的计算机及其相关设备应当指定专人管理和维护，严禁与互联网连接。

73. 绝密级公文一般不得复制、汇编。（√）

解析 《党政机关公文处理工作条例》第七章第三十二条规定：绝密级公文一般不得复制、汇编，确有工作需要的，应当经发文机关或者其上级机关批准。

74. 两个以上机关联合办理的公文，归档由主办机关完成。（×）

解析 《党政机关公文处理工作条例》第六章第二十七条规定：两个以上机关联合办理的公文，原件由主办机关归档，相关机关保存复制件。

75. 公文被撤销的，视为自始无效。（√）

解析 《党政机关公文处理工作条例》第七章第三十三条规定：公文被撤销的，视为自始无效；公文被废止的，视为自废止之日起失效。

76. 经发文机关或者其上级机关同意复制、汇编的涉密文件，其复印件密级相应下降。（×）

解析 《党政机关公文处理工作条例》第七章第三十二条规定：复制、汇编的公文视同原件管理。

77. 涉密文件复制件应当加盖复制机关戳记。（√）

解析 《党政机关公文处理工作条例》第七章第三十二条规定：复制件应当加盖复制机关戳记。

78. 已经发文机关负责人签批的公文，需作实质性修改的，应当报文件起草人复审。（×）

解析 《党政机关公文处理工作条例》第六章第二十五条规定：已经发文机关负责人签批的公文，需作实质性修改的，应当报原签批人复审。

79. 涉密文件翻印件应当注明翻印的机关名称、日期。（√）

解析 《党政机关公文处理工作条例》第七章第三十二条规定：翻印件应当注明翻印的机关名称、日期。

80. 电子公文与纸质公文法定效力不一致，若有冲突，以纸质公文为准。（×）

解析 《交通运输部海事局公文处理办法》第十章第四十八条规定：电子公文与纸质公文具有同等法定效力。

81. 公文被撤销的，视为自撤销之日起失效。（×）

解析 《党政机关公文处理工作条例》第七章第三十三条规定：公文被撤销的，视为自始无效；公文被废止的，视为自废止之日起失效。

82. 公文被废止的，视为自始无效。（×）

解析 《党政机关公文处理工作条例》第七章第三十三条规定：公文被撤销的，视为自始无效；公文被废止的，视为自废止之日起失效。

83. 不具备归档和保存价值的公文，经批准后可以销毁。（√）

解析 《党政机关公文处理工作条例》第七章第三十五条规定：不具备归档和保存价值的公文，经批准后可以销毁。

84. 销毁涉密公文必须严格按照有关规定履行审批登记手续，确保不丢失、不漏销。（√）

解析 《党政机关公文处理工作条例》第七章第三十五条规定：销毁涉密公文必须严格按照有关规定履行审批登记手续，确保不丢失、不漏销。

85. 机关合并时，全部公文应当随之合并管理。（√）

解析 《党政机关公文处理工作条例》第七章第三十六条规定：机关合并时，机关合并时，全部公文应当随之合并管理。

86. 所有公文均应由专人负责催办。（×）

解析 《党政机关公文处理工作条例》第六章第二十四条规定：紧急公文或者重要公文应当由专人负责催办。

87. 涉密公文公开发布时间、形式和渠道，由收文机关上级单位确定。（×）

解析 《党政机关公文处理工作条例》第七章第三十一条规定：涉密公文公开发布前应当履行解密程序。公开发布的时间、形式和渠道，由发文机关确定。

88. 电子公文与纸质公文具有同等法定效力。（√）

解析 《交通运输部海事局公文处理办法》第十章第四十八条规定：电子公文与纸质公文具有同等法定效力。

89. 机关撤销时，需要归档的公文经整理后按照有关规定移交机要管理部门。（×）

解析 《党政机关公文处理工作条例》第七章第三十六条规定：机关撤销时，需要归档的公文经整理后按照有关规定移交档案管理部门。

90. 批办性公文需多个处室办理的，应当明确主办处室。如无明确，一般以公文管理部门为主办处室。（×）

解析 《交通运输部海事局公文处理办法》第八章第三十四条规定：批办性公文需多个处室办理的，应当明确主办处室。如无明确，一般以第一个处室为主办处室。

91. 工作人员离岗离职时，所在机关应当督促其将暂存、借用的公文按照有关规定移交、清退。（√）

解析 《党政机关公文处理工作条例》第七章第三十六条规定：工作人员离岗离职时，所在机关应当督促其将暂存、借用的公文按照有关规定移交、清退。

92. 根据工作需要，公文主管部门应当不定期组织开展重要公文实施效果情况的后评估工作。（√）

解析 《交通运输部海事局公文处理办法》第九章第四十六条规定：根据工作需要，公文主管部门应当不定期组织开展重要公文实施效果情况的后评估工作。

93. 电子公文指通过电子办公系统形成的具有规范格式的公文的电子数据。（√）

解析 《交通运输部海事局公文处理办法》第十章第四十八条规定：电子公文指通过电子办公系统形成的具有规范格式的公文的电子数据。

94. 电子公文的处理与纸质公文处理要求不一致。（×）

解析 《交通运输部海事局公文处理办法》第十章第四十八条规定：电子公文的处理应符合本办法前述有关规定。

95. 对不属于本单位职权范围或者不宜由本单位办理的，应当及时退回交办部门并说明理由。（√）

解析 《党政机关公文处理工作条例》第六章第二十四条规定：对不属于本单位职权范围或者不宜由本单位办理的，应当及时退回交办部门并说明理由。

96. 电子公文应当存放于指定的服务器，指定专人严格管理，未经公文主管部门同意，不得修改和删除。（√）

解析 《交通运输部海事局公文处理办法》第十章第四十八条规定：电子公文应当存放于指定的服务器，指定专人严格管理，未经公文主管部门同意，不得修改和删除。

97. 电子公文不需归档，需在法定存储介质上存储。（×）

解析 《交通运输部海事局公文处理办法》第十章第四十八条规定：电子公文的处理应符合本办法前述有关规定。

98. 经初审不符合规定的公文，应当及时向来文单位备案。（×）

解析 《党政机关公文处理工作条例》第六章第二十四条规定：经初审不符合规定的公文，应当及时退回来文单位并说明理由。

99. 为提高办事效率，不必每一份文件都经过领导签发。（×）

100. 公文应忠实地反映情况的问题，不作任何夸大、缩小和虚构。（√）

101. 公文文体是以议论文为原则的应用文体。（×）

102. 任何机关都能使用命令这一文种撰写公文。（×）

103. “此件可见报”之类的说明事项，属于公文的附注。（√）

104. 题目为《关于贯彻〈民族区域自治法〉推进民族地区交通运输健康发展的意见》是否正确。（×）

解析 缺少发文机关名称。

105. 交通运输部发文主送机关列为“部内各司局、部属各单位”是否正确。（×）

解析 主送机关按照先外后内的原则，应改为“部属各单位、部内各司局”。

106. 以下格式是否正确。（×）

《交通运输服务乡村振兴战略推进“四好农村路”建设和脱贫攻坚领导小组第2次全体会议纪要》

附件：1.《交通扶贫领域腐败和作风治理2018年工作要点》

2.《交通运输部2018年定点扶贫工作要点》

3.《交通运输部2018年对口支援工作要点》

4.《坚决贯彻习近平总书记重要指示全面深入推进“四好农村路”建设工作计划和领导小组会议计划》

解析 附件说明中的4份材料，均不用加书名号。

107. 纪要、内部情况通报、令、公告、通告可以没有主送机关。（√）

108. 上行文（请示、报告）应当标明签发人姓名，不标注职务，签发人应为机关的主要负责人。（√）

109. 一件公文只有一个发文字号，联合行文时，应使用主办机关发文字号。（√）

改错题

第 1 题

某海事局关于系统改造工程竣工验收的报告

某海事局科技信息处：

我局系统改造工程已获交通运输部批准立项建设（附件一），并获得部海事局初步设计批复（附件二）。该项目主要包括机房设备增配、软硬件设施升级、辅助设施设备升级改造等建设内容。该项目于 2020 年 6 月开工建设，2020 年 11 月交工验收，并相继完成工程决算审计和工程档案验收，具备竣工验收条件。现申请竣工验收。

妥否？请批示。

附件 1. 关于系统改造工程可行性研究报告的批复；

附件 2. 关于系统改造工程初步设计的批复。

中华人民共和国某海事局

二零二一年三月七日

附件 1

（略……）

1. 文种：应当使用“请示”。

解析 请示，适用于向上级机关请求指示、批准。报告，适用于向上级机关汇报工作、反映情况，回复上级机关的询问。本公文行文目的是请求上级对系统改造工程进行竣工验收，因此应当使用的文种是“请示”。

2. 主送单位：应当为“某海事局”。

3. 正文：应当为“附件 1”“附件 2”。

4. 正文：应当使用“妥否，请批示。”

解析 请示的结尾一般有较固定的结语，以示对上级机关的尊重。通常结语另起一段，习惯用语有“妥否，请批示”“当否，请批示”“妥否，请示”“妥否，请批复”等。

5. 附件说明：“附件”二字后应当标全角冒号。如有多个附件，使用阿拉伯数字标注附件序号。

6. 附件说明：附件说明中附件名称后不需要加标点符号。

解析 附件说明，指公文附件的顺序号和名称。其标注方法为：“附件”二字后标全角冒号和附件名称，附件名称较长回行时，与上一行附件名称首字对齐，附件说明中附件名称后不需要加标点符号。

7. 成文日期：应当为“2021 年 3 月 7 日”。

解析 成文日期用阿拉伯数字将年、月、日标全，年份应标全称，月、日不编虚位（即 1 不编为 01）。

8. 附注：上行文未标注附注。

解析 附注，指公文印发传达范围等需要说明的事项。附注可分为以下三类：一是上行文必须标注的“联系人和电话”；二是部分下行文标注的发行范围，如“此件发至县团级”；三是公开属性，如“此件公开发布”等。

某海事局关于《游艇产业规划（征求意见稿）》反馈意见的复函

某省交通运输厅游艇管理处：

贵厅《关于征求〈游艇产业规划（征求意见稿）〉意见的函》（×交××便函〔2021〕026 号）收悉。经研究，现提出如下修改意见。

一、建议该条例从促进我省游艇产业发展角度出发，对游艇产业链做出规定。已有明确规定的，不易重复。

二、建议将第六条修改为“游艇产业各相关职能部门应按照本级人民政府确定的机制实施游艇产业的服务工作。”。

三、建议将第十五条修改为“游艇应停靠在游艇俱乐部码头或地方人民政府指定的水域。”

四、建议将第十六条航行水域范围由“33 ~ 37 海里”修改为“35-40 海里”。

中华人民共和国某海事局

2021 年 8 月 5 日

（联系人：李四；联系电话：12345678）

抄送：中华人民共和国某海事局。

答案

1. 公文标题：应当为“某海事局关于《游艇产业规划（征求意见稿）》的反馈意见”。

解析 征询性意见，是指同级或不相隶属机关来函征求意见，应对方要求就有关重要问题提出看法、主张。以前答复时多用“复函”来承担，现在常用“意见”，也就是说在这一功能下“意见”和“函”可以通用，这时作为平行文的“意见”具有被动行文的特征。用“意见”答复时，公文标题直接用“意见”作为文种，不使用“关于……反馈意见的复函”，否则造成“意见”“函”两个文种重叠的错误情况。

2. 主送机关：应当为“某省交通运输厅”。

3. 发文字号：应当为“× 交 ×× 便函〔2021〕26 号”。

解析 发文顺序号不加“第”字，不编虚位（即 1 不编为 01），在阿拉伯数字后加“号”字。

4. 错别字：“做出”应当改为“作出”。

解析 “作出”表示主观愿望，具有抽象性，其主语多为组织，所表述语义多是他人提出要求。如“作出规定”“作出选择”“作出让步”“作出战略部署”“作出指示”“作出决策”“作出判断”等。“做出”表示具体事务，具有客观性，其主语多为具体的人，所表述语义一般不对他人提出要求。如“做出回答”“做出贡献”“做出成绩”“做出高难动作”等。

5. 错别字：“不易”应当改为“不宜”。

解析 “不宜”，指不应该，不适宜、不适合。“不易”，指不容易，不更改、不变换。

6. 标点符号：正文第三段最后应删除句号，应当为“游艇产业各相关职能部门应按照本级人民政府确定的机制实施游艇产业的服务工作。”

解析 当引文完整且独立使用，或虽不独立使用但带有问号或叹号时，引号内句末点号应保留。当引文位于非停顿处或者引号内已使用句末点号时，引号外不用点号。

7. 标点符号：正文第五段最后应当为“35 ～ 40 海里”。

解析 连接号标示数值范围（由阿拉伯数字或汉字数字构成）的起止时，一般用一字线，有时也可用浪纹线。

8. 抄送机关：应当左空一字，编排在最后一行。

第 3 题

关于公布 2021 年安全诚信公司、船舶、船长评选结果的公告

局属各单位：

根据《航运公司安全诚信管理办法》、《安全诚信公司评选工作程序》、《安全诚信船舶、安全诚信船长评选规定》，经评选，决定授予 ××× 等 8 家公司为安全诚信公司；给予 ××× 等 15 家安全诚信公司年度签注，保持安全诚信公司资格；撤销 ××× 等 3 家公司的安全诚信公司资格；授予 ××× 等 41 艘船舶为安全诚信船舶；授予 ××× 等 120 名船长为安全诚信船长。详细名单见附件。特此通告。

附件：1. 新评安全诚信公司名单；

2. 给予年度签注安全诚信公司名单；

3. 撤销安全诚信公司名单；

4. 新评安全诚信船舶、安全诚信船长名单。

中华人民共和国某海事局

2021 年 11 月 26 日

分送：辖区各航运公司

某海事局办公室　　2021 年 11 月 26 日印发

附件 1

（略……）

答案

1. 标题：缺少发文机关名称。

解析 标题由发文机关名称、事由和文种组成。

2. 主送机关：公告没有主送机关。

解析 公告属于对外公开的知照性公文，与其他公文相比，格式、要素、项目略有不同，如不标注密级、无紧急程度、无主送机关和抄送机关，可以有分送范围。

3. 标点符号：应当为“《航运公司安全诚信管理办法》《安全诚信公司评选工作程序》《安全诚信船舶、安全诚信船长评选规定》”。

解析 标有引号的并列成分之间、标有书名号的并列成分之间通常不用顿号。若有其他成分插在并列的引号之间或并列的书名号之间（如引语或书名号之后还有括注），宜用顿号。

4. 正文结束语：该文种为公告，应当使用“特此公告”。

5. 附件说明：如有附件，应当在正文下空一行左空二字编排“附件”二字。

6. 附件说明：附件名称后不加标点符号。

7. 附件：附件应当另面编排，并在版记之前，与公文一起装订。

8. 分送：最后一个分送单位后应当标注句号。

某海事局关于转发全国安全生产委员会办公室关于开展“安全生产月”系列宣教活动的通知的通知

局属各单位：

全国安全生产委员会办公室将于今年5月，在全国范围内开展以安全生产典型案例展示交流、企业安全生产特色工作法征集、新媒体创作、安全志愿者行动、安全生产大讲堂主题宣讲为主要内容的“安全生产月”活动，进一步营造“关注安全、关爱生命”的舆论氛围。现将《全国安全生产委员会办公室关于开展“安全生产月”系列宣教活动的通知（安办[2021]144号）》转发给你们，请结合实际，积极做好相关宣教活动。

附件：全国安全生产委员会办公室关于开展“安全生产月”系列宣教活动的通知

中华人民共和国某海事局

二零二一年八月九日

（此件主动公开）

某海事局办公室	2021年8月9日

答案

1. 标题：应当为《某海事局转发全国安全生产委员会办公室关于开展“安全生产月”系列宣教活动的通知》。

解析 拟写批转性通知标题时，应注意以下四点：一是当被转发公文中标题的事由部分已有“关于”和“的”时，现标题的事由部分应省略“关于”或“的”；二是当被转发公文是通知时，为避免“通知套通知”，现标题中的文种词可以省略；三是当被转发公文为多层转发时，现标题可直接引述第一个发文机关的文件标题，删去中间层次；四是如果一个通知中转发几个相关公文，正确的写法是将几个公文的标题合并，而不是将被转发的文件标题一一列出。

2. 主送机关：首行不需要空2格。

解析 主送机关编排于标题下空一行位置，居左顶格，回行时仍顶格，最后一个机关名称后标全角冒号。

3. 发文字号：应当为“安办〔2021〕144号”。

解析 发文字号年份应当标全称，用六角括号“〔 〕”括入。

4. 标点符号：应当为《全国安全生产委员会办公室关于开展“安全生产月”系列宣教活动的通知》（安办〔2021〕144号）

解析 如果括注是书名、篇名等的一部分，应放在书名号之内，反之则应放在书名号之外。

5. 附件说明：附件名称较长回行时，应当与上一行附件名称首字对齐。

6. 成文日期：应当为“2021年8月9日”。

解析 成文日期中的数字用阿拉伯数字将年、月、日标全，年份应当标全称，月、日不编虚位（即1不编为01）。

7. 附注：附注应当居左空二字加圆括号，编排在成文日期下一行。

8. 印发日期：印发日期后应当加“印发”二字。

某海事局关于开展靠港船舶使用岸电情况调研的通知

某省生态环境厅、某省交通运输厅、某省自然资源规划厅：

为进一步推动我省靠港船舶使用岸电，根据《关于全面深入推进绿色交通发展的意见》、《关于进一步加强生态文明建设的决定》等要求，我局计划对我省辖区船舶使用岸电推广情况开展专项调研。

一、调研目的

掌握当前我省辖区船舶使用岸电现状、存在问题以及对下一步推广应用岸电的意见和建议，为推广应用岸电政策提供科学依据。

二、调研方式及要求

（1）本次调研采用书面调研和现场调研相结合的方式开展。请各单位按照调研提纲（附件）进行书面总结，于2021年8月3日前发送我局。

（2）为进一步加强工作交流，我局拟建立微信工作群。请各单位指定1名联络人员，扫描二维码进群入群。

附件：调研提纲

（此页无正文）

中华人民共和国某海事局

2021 年 7 月 23 日

（联系人：邹永利；联系电话：123456789）

附件

（略……）

抄送：省环保厅、省交通运输厅

某海事局办公室　　　　　　2021年7月23日印发

答案

1. 文种：应当使用“函”。

解析 “函”适用于平行机关之间或者不相隶属的机关和单位之间联系公务、办理事项。

2. 标点符号：应当为“《关于全面深入推进绿色交通发展的意见》《关于进一步加强生态文明建设的决定》”。

3. 正文结构层次字体：第一层用 3 号黑体字，应当为“一、调研目的”。

4. 结构层次序数标注：第二层用“（一）”或“1.”。

解析 正文中结构层次序数一般依次标注。如果正文只有一个或两个层次时，可以按顺序跳用。例如，只有一个层次时，可在“一、”或者“1.”中选用；只有两个层次时，可用“一、（一）”或者“一、1.”表示。

5. 附注：应当居左空二字加圆括号，编排在成文日期下一行。

6. 附件：“附件”二字及附件顺序号用 3 号黑体字定格编排在版心左上角第一行。

7. 抄送机关：一般用 4 号仿宋体字。

8. 抄送机关：最后一个抄送机关后应当标注句号。

第 6 题

某海事局关于废止部分文件的决定

局属各单位：

为进一步贯彻落实国务院关于放管服改革的布署要求，优化营商环境，经 2021 年第 3 次局长办公会审议通过，决定废止 2000-2020 年印发的 12 份文件。现将废止文件目录予以公布（附件）。

附件：废止文件目录。

中华人民共和国某海事局

2021 年 08 月 16 日

附件

废止文件目录

（略……）

抄送：省交通运输厅

某海事局办公室　　　　　　　　　　2021 年 8 月 16 日

答案

1. 标点符号：“放管服”应当用引号标示。

解析 引号用于标示语段中具有特殊含义而需要特别指出的成分，如别称、简称、反语等。“放管服”是简政放权、放管结合、优化服务的简称，因此应用引号标示。

2. 错别字：“布署”应改为“部署”。

解析 “部署”指安排、布置。没有“布署”这个词语。

3. 标点符号：应当为“2000—2020 年”。

解析 连接号标示相关项目（如时间、地域等）的起止时，一般用一字线，不用短横线。

4. 附件说明：附件名称后不加标点符号。

5. 成文日期：应当为“2021 年 8 月 16 日”。

解析 成文日期用阿拉伯数字将年、月、日标全，年份应标全称，月、日不编虚位（即 1 不编为 01）。

6. 附件：“附件”二字应当使用 3 号黑体字。

7. 抄送机关：最后一个抄送机关后应当标注句号。

8. 印发日期：印发日期后应当加“印发”二字。

第 7 题

某海事局关于《建设工程总体方案》（征求意见稿）反馈意见的函

某省工业与信息化厅通信处：

你厅《关于征求《建设工程总体方案（征求意见稿）》意见的函》（×工信函〔2021〕882）收悉。经研究，现将我局意见反馈如下：

一、建议明确二级数据中心整和汇聚外部数据的接入标准，在“数据安全性”一章中补充保障方式与手段。

二、建议增加数据统计分析报表导出、分类统计等功能。

三、建议在统一通信平台中增加卫星电话呼叫功能。

中华人民共和国某海事局

2021 年 7 月 23 日

（联系人：张三；联系电话：0898—12345678）

1. 标点符号：应当为“《建设工程总体方案（征求意见稿）》”。

解析 如果括注是书名、篇名等的一部分，应放在书名号之内，反之则放在书名号之外。

2. 标题：应当为“某海事局关于《建设工程总体方案（征求意见稿）》的反馈意见”。

解析 征询性意见，是指同级或不相隶属机关来函征求意见，应对方要求就有关重要问题提出看法、主张。以前答复时多用“复函”来承担，现在常用“意见”，也就是说在这一功能下“意见”和“函”可以通用，这时作为平行文的“意见”具有被动行文的特征。用“意见”答复时，公文标题直接用“意见”作为文种，不使用“关于……反馈意见的复函”，否则造成“意见”“函”两个文种重叠的错误情况。

3. 主送机关：应当为“某省工业与信息化厅”。

4. 标点符号：应当为“《关于征求〈建设工程总体方案（征求意见稿）〉意见的函》”。

解析 当书名号中还需要书名号时，里面一层用单书名号，外面一层用双书名号。

5. 发文字号：应当为“× 工信函〔2021〕882 号”。

解析 发文顺序号不加“第”字，不编虚位（即 1 不编为 01），在阿拉伯数字后加“号”字。

6. 错别字：“整和”应改为“整合”。

解析 “整合”指通过整顿、协调重新组合。无“整和”的说法。

7. 附注：居左空二字加圆括号编排在成文日期下一行。

8. 标点符号：应当为“0898-12345678”。

解析 连接号短横线用于连接号码，包括门牌号码、电话号码以及用阿拉伯数字表示年月日等。

某海事局关于商请共同维护水上交通安全秩序的通知

某海警局、某海关、某边防检查站：

为进一步规范水上交通安全秩序，我局发布了《重点水域水上交通管制通告》（以下简称《通告》）（附件）。请贵单位组织相关人员对《通告》进行学习，并督促贵单位公务船舶落实《通告》要求，共同维护重点水域的水上交通安全秩序。

中华人民共和国某海事局

2021 年 10 月 25 日

（联系人：李四；联系电话：041—12345678）

附件：重点水域水上交通管制通告。

附件：

（略……）

答案

1. 标题：应当使用 2 号方正小标宋字体。

2. 文种：应当使用“函”。

   解析 “函”适用于平行机关之间或者不相隶属的机关和单位之间联系公务、办理事项。

3. 附件说明：应当编排在正文下空一行左空二字。

4. 附件说明：附件名称后不需要加标点符号。

5. 附注：居左空二字加圆括号编排在成文日期下一行。

6. 标点符号：应当为“041-12345678”。

   解析 连接号短横线用于连接号码，包括门牌号码，电话号码，以及用阿拉伯数字表示年月日等。

7. 附件：“附件”二字应当使用 3 号黑体字。

8. 附件：“附件”二字后不加冒号。

某海事局关于邀请观摩危险品船舶燃油泄漏和消防应急演练的通知

省安全生产委员会各成员单位：

根据《某省安委办关于进一步加强危险品船舶管理的通知》(×安发〔2021〕012 号）《某省安委办关于印发“安全生产月”活动方案的通知》（× 安发〔2021〕35 号），我局计划于 6 月 15 日 9 时在某码头举办“危险品船舶燃油泄漏和消防应急演练”，诚邀各单位负责人观摩演练。请各单位于 6 月 10 日 12 时前将《演练观摩名单》（附件）传真至 041—12345678。

附件：演练观摩名单。

中华人民共和国某海事局

2021 年 6 月 8 日

（联系人：王五；联系方式：12345678999）

附件

演练观摩名单

单位名称	参加观摩人员姓名	联系方式

答案

1. 标题：回行没有确保词义完整。

解析 标题回行要求，一是要确保词义完整，不能把固定称谓或词语拆分排列成两行。二是要排列对称、长短适宜、间距恰当。

2. 文种：应当使用“函”。

3. 发文字号：应当为“安发〔2021〕12号”。

解析 发文顺序号不加“第”字，不编虚位（即1不编为01），在阿拉伯数字后加“号”字。

4. 标点符号：应当为“《某省安委办关于进一步加强危险品船舶管理的通知》（× 安发〔2021〕12号）、《某省安委办关于印发“安全生产月”活动方案的通知》（* 安发〔2021〕35号）”。

解析 标有引号的并列成分之间、标有书名号的并列成分之间通常不用顿号。若有其他成分插在并列的引号之间或并列的书名号之间（如引语或书名号之后还有括注），宜用顿号。

5. 标点符号：应当为“041-12345678”。

解析 连接号短横线用于连接号码，包括门牌号码，电话号码，以及用阿拉伯数字表示年月日等。

6. 附件说明：附件名称后不加标点符号。

7. 附注：居左空二字加圆括号编排在成文日期下一行。

8. 附件：“附件”二字应当使用3号黑体字。

第 10 题

某海事局关于印发《水上交通安全生产专项整治三年行动任务销号管理规定》的通知

局属各单位：

按照国务院和上级主管部门关于近期安全生产工作的部署要求，根据《某省安委办关于印发安全生产专项整治三年行动任务销号管理规定的通知》（× 安办发〔2020〕29），局制订了《水上交通安全生产专项整治三年行动任务销号管理规定》，现印发给你们，请遵照执行。

附件：水上交通安全生产专项整治三年行动任务销号管理规定

中华人民共和国某海事局

2021 年 09 月 27 日

（此件主动公开）

附件

水上交通安全生产专项整治三年行动任务销号管理规定

（略……）

抄报：某省人民政府办公厅。

某海事局办公室　　　　　　　　　　　2021 年 9 月 28 日

答案

1. 错别字：应当使用“制定”。

解析 “制订”指创制拟订，侧重于拟制的过程，表示正在进行的拟制。“制定”指经过一定程序定出法律、规程、计划等，侧重于拟制的结果，表示已经进行过的拟制或将要进行的拟制。

2. 发文字号：应当为“×安办发〔2020〕29 号”。

解析 发文顺序号不加“第”字，不编虚位（即 1 不编为 01），在阿拉伯数字后加“号”字。

3. 附件说明：不需要“附件说明”。

解析 发布性通知，其发布的主体，如准则、条例、规定、规则、办法、细则、规划、方案等，因在通知正文中已写明，不需在“附件说明”处列出，其后也无须再标注“附件”二字。

4. 成文日期：应当为“2021 年 9 月 27 日”。

解析 成文日期用阿拉伯数字将年、月、日标全，年份应标全称，月、日不编虚位（即 1 不编为 01）。

5. 附注：居左空二字加圆括号编排在成文日期下一行。

6. 抄送机关：不应为了表示尊敬，将“抄送”改为“抄报”。

7. 抄送机关：一般用 4 号仿宋体字。

8. 印发日期：印发日期后应当加“印发”二字。

附录一　交通运输部公文处理办法

附录二　交通运输部海事局公文处理办法

附录一

交通运输部公文处理办法

第一章　总　　则

第一条　为了规范交通运输部公文处理工作，进一步精简公文、转变文风，推进公文处理工作科学化、制度化、规范化，根据《党政机关公文处理工作条例》，结合交通运输工作实际，制定本办法。

第二条　交通运输部公文是交通运输部实施领导、履行职能、处理公务的具有特定效力和规范体式的文书，是传达贯彻党和国家方针政策，公布交通运输部门规章，指导、布置和商洽工作，请示和答复问题，报告、通报和交流情况等的重要工具。

第三条　公文处理工作指公文拟制、办理、管理等一系列相互关联、衔接有序的工作。

第四条　公文处理工作应当坚持实事求是、准确规范、精简高效、安全保密的原则。

第五条　各级交通运输部门应当高度重视公文处理工作，加强组织领导，强化队伍建设，设立文秘部门或由专人负责公文处理工作。交通运输部门工作人员应当认真学习掌握公文处理工作有关规定，对公文处理业务知识和工作流程做到应知应会。

第六条　交通运输部办公厅主管交通运输部的公文处理工作，并对各省、自治区、直辖市、新疆生产建设兵团、计划单列市人民政府的交通运输部门（以下简称下级交通运输部门）和部属单位的公文处理工作进行业务指导和督促检查。

第二章　公 文 种 类

第七条　公文种类主要有：

（一）决议。适用于会议讨论通过的重大决策事项。

（二）决定。适用于对重要事项作出决策和部署、奖惩有关单位和人员、变更或者撤销下级机关不适当的决定事项。

（三）命令（令）。适用于公布交通运输部门规章、宣布施行重大强制性措施、嘉奖有关单位和人员。

（四）公报。适用于公布重要决定或者重大事项。

（五）公告。适用于向国内外宣布重要事项或者法定事项。

（六）通告。适用于在一定范围内公布应当遵守或者周知的事项。

（七）意见。适用于对重要问题提出见解和处理办法。

（八）通知。适用于发布、传达要求下级机关执行和有关单位周知或者执行的事项，批转、转发公文。

（九）通报。适用于表彰先进、批评错误、传达重要精神和告知重要情况。

（十）报告。适用于向上级机关汇报工作、反映情况，回复上级机关的询问。

（十一）请示。适用于向上级机关请求指示、批准。

（十二）批复。适用于答复下级机关请示事项。

（十三）函。适用于不相隶属机关之间商洽工作、询问和答复问题、请求批准和答复审批事项。

（十四）纪要。适用于记载会议主要情况和议定事项。

第三章 公文格式

第八条 公文一般由份号、密级和保密期限、紧急程度、发文机关标志、发文字号、签发人、标题、主送机关、正文、附件说明、发文机关署名、成文日期、印章、附注、附件、抄送机关、印发机关和印发日期、页码等组成。

（一）份号。公文印制份数的顺序号。涉密公文应当标注份号。

（二）密级和保密期限。公文的秘密等级和保密的期限。涉密公文应当根据涉密程度分别标注“绝密”“机密”“秘密”和保密期限。

（三）紧急程度。公文送达和办理的时限要求。根据紧急程度，紧急公文应当分别标注“特急”“加急”，电报应当分别标注“特提”“特急”“加急”“平急”。

（四）发文机关标志。由发文机关全称或者规范化简称加“文件”二字组成，也可以使用发文机关全称或者规范化简称。联合行文时，发文机关标志可以并用联合发文机关名称，主办机关排列在前，也可以单独用主办机关名称。

（五）发文字号。由发文机关代字、年份、发文顺序号组成。联合行文时，使用主办机关的发文字号。

（六）签发人。上行文应当标注签发人姓名。

（七）标题。由发文机关名称、事由和文种组成。

（八）主送机关。公文的主要受理机关，应当使用机关全称、规范化简称或者同类型机关统称。

（九）正文。公文的主体，用来表述公文的内容。

（十）附件说明。公文附件的顺序号和名称。

（十一）发文机关署名。署发文机关全称或者规范化简称。

（十二）成文日期。署会议通过或者发文机关负责人签发的日期。联合行文时，署最后签发机关负责人签发的日期。

（十三）印章。公文中有发文机关署名的，应当加盖发文机关印章，并与署名机关相符。有特定发文机关标志的普发性公文和电报可以不加盖印章。

（十四）附注。信息公开选项及公文印发传达范围等需要说明的事项。上行文应当在附注加括号标注联系人姓名和电话。

（十五）附件。公文正文的说明、补充或者参考资料。

（十六）抄送机关。除主送机关外需要执行或者知晓公文内容的其他机关；应当使用机关全称、规范化简称或者同类型机关统称。

（十七）印发机关和印发日期。公文的送印机关和送印日期。

（十八）页码。公文页数顺序号。

第九条 公文的版式按照《党政机关公文格式》（GB/T 9704—2012）国家标准执行。

第十条 公文中使用的汉字、数字、外文字符、计量单位和标点符号等，按照国家有关标准和规定执行。

第十一条 公文用纸一般采用国际标准A4型。特殊形式的公文用纸幅面，根据实际需要确定。

第四章 行文规则

第十二条 行文应当确有必要，注重效用，注重针对性和可操作性。

第十三条 行文关系根据隶属关系和职权范围确定。一般不得越级行文，特殊情况需要越级行文的，应当同时抄送被越过的机关。

第十四条 向上级机关行文，应当遵循以下规则：

（一）原则上主送一个上级机关，根据需要同时抄送相关上级机关和同级机关，不抄送下级机关。

（二）下级交通运输部门向交通运输部请示、报告重大事项，应当经本级党委、政府同意或者授权；属于职权范围内的事项应当直接报送交通运输部。

（三）下级机关的请示事项，如需以本机关名义向上级机关请示，应当提出倾向性意见后上报，不得原文转报上级机关。

（四）请示应当一文一事。不得在报告等非请示性公文中夹带请示事项。

（五）除上级机关负责人直接交办事项外，不得以本机关名义向上级机关负责人报送公文，不得以本机关负责人名义向上级机关报送公文。

（六）部管理的国家局原则上不直接向国务院请示和报告工作，在工作中有需要向国务院请示或报告的事项，应当由交通运输部向国务院报送公文；遇有紧急情况，需直接向国务院请示或报告工作时，应当同时报送交通运输部。

（七）受双重领导的机关向一个上级机关行文，必要时抄送另一个上级机关。

第十五条 向下级机关行文，应当遵循以下规则：

（一）主送受理机关，根据需要抄送相关机关。重要行文应当同时抄送发文机关的直接上级机关。

（二）交通运输部在职权范围内，可以向下级交通运输部门和部属单位行文。除以函的形式商洽工作、询问和答复问题、审批事项外，一般不向下一级政府正式行文。

（三）交通运输部办公厅根据交通运输部授权，可以向下级交通运输部门和部属单位行文。需经交通运输部审批的具体事项，经交通运输部同意后可由交通运输部办公厅行文，文中须注明已经交通运输部同意。

（四）涉及多个内设机构职权范围内的事务，内设机构之间未协商一致的，不得向下行文；擅自行文的，上级机关应当责令纠正或者撤销。

（五）上级机关向受双重领导的下级机关行文，必要时抄送该下级机关的另一个上级机关。

第十六条 交通运输部与同级党政机关或同级其他机关必要时可以联合行文。属于党务、政务各自职权范围内的工作，不得联合行文。联合行文应当明确主办部门。

交通运输部不单独与部管理的国家局联合行文。

交通运输部依据职权可以与中央和国家机关各部门相互行文。

第十七条 交通运输部机关司局除办公厅外不得对外正式行文。即，部机关司局不得向部机关以外的其他机关（包括交通运输系统）发布政策性、规范性文件，不得代替部审批下达应当由部审批下达的事项。部机关司局在业务范围内与相关单位商洽工作、询问和答复问题等，可以司局函的形式处理。严禁使用司局函进行工作部署、审核批准、奖惩人员和检查评估等。除有关人员任免、奖惩、调动等事项外，部机关司局原则上不互相行文。部议事协调机构和临时机构一般不对外行文。

第五章　公 文 形 式

第十八条　公文形式主要包括“令”“文件”“函”“电报”“公告、通告”“内部情况通报”“纪要”“签报”等。

第十九条　交通运输部令适用于依照有关法律和国务院行政法规、决定、命令，在职权范围内发布交通运输部门规章；宣布施行重大强制性措施；嘉奖有关单位和人员。以部令公布的规章须经部务会议审议通过。部令署部长签名章。

第二十条　“文件”按照发文主体可分为中共交通运输部党组文件、交通运输部文件和交通运输部办公厅文件。

中共交通运输部党组文件适用于向党中央请示、报告工作，传达贯彻党中央的方针政策，转发中共中央文件，作出重大工作部署，公布重要人事任免，以及其他需发中共交通运输部党组文件的事项。

交通运输部文件适用于向国务院请示、报告工作，转发或者批转重要文件，发布具有规范性的重要政策和管理制度，部署全局性工作，公布重要的机构变动、职能和人员调整、奖惩事项，下达和调整长远规划、中长期计划，发布年度工作要点，以及其他需发交通运输部文件的事项。

交通运输部办公厅文件适用于转发有关部门文件，经交通运输部授权发布有关政策和管理制度，布置工作、传达事项、通报情况，公布议事协调机构和临时机构变动、职能和人员调整事项，发布年度业务工作要点，以及其他需发交通运输部办公厅文件的事项。

第二十一条　“函”按照发文主体可分为中共交通运输部党组函、交通运输部函、交通运输部办公厅函。

中共交通运输部党组函适用于就具体事项与同级单位党委（党组）商洽工作、征询和答复意见，批复下级单位党委（党组）的请示，以及其他需以中共交通运输部党组名义行文的事项。

交通运输部函适用于就具体事项与中央和国家机关各部门、各省区市人民政府等商洽工作、征询和答复意见，批复下级单位的请示，下达或调整重要年度计划、单项任务计划，布置具体工作，以及其他需以交通运输部名义行文的事项。

交通运输部办公厅函适用于就具体事项与中央和国家机关各部门、各省区市人民政府办公厅等商洽工作、征询和答复意见，向有关单位布置具体工作，以及其他需以交通运输部办公厅名义行文的事项。

第二十二条　交通运输部公告适用于依照有关法律、法规、规章向国内外公布交通运输规范性文件和其他重要事项。交通运输部通告适用于在一定范围内公布应当遵守或者周知的事务性事项。公告、通告应当公开发布，无主送、抄送机关。

第二十三条　交通运输部内部情况通报适用于传达部领导在重要会议上的讲话。内部情况通报不加盖印章。

第二十四条 “电报”适用于处理紧急公务。按照发文主体可分为中共交通运输部党组发电、交通运输部发电和交通运输部办公厅发电。电报使用“中央和国家机关发电”格式，加盖“发电专用章”。

第二十五条 “纪要”适用于记载和传达交通运输部内部会议的主要情况和议定事项，主要有：中共交通运输部党组会议纪要、交通运输部部务会议纪要、交通运输部专题会议纪要。纪要不加盖印章。

第二十六条 “签报”适用于部机关司局向部领导书面汇报工作、请示事项、反映情况、回复询问、就有关问题提出见解和处理办法，是具有特定格式的内部上行文。签报由主办司局负责人签署姓名，不加盖印章。签报一般只报送一位部领导，不得同时分送多位部领导，不抄送其他司局。

第六章 公文精简

第二十七条 公文精简是指通过采取积极有效的措施严格控制公文的数量、规格、篇幅和印发范围，做到公文数量适度、规格适用、篇幅适当、印发范围适宜。

第二十八条 严格控制公文数量：

（一）凡国家法律法规、党内法规、交通运输部门规章已作明确规定的，不再印发公文。现行文件规定仍然适用的，不再印发公文。

（二）对中共中央、国务院文件，要结合实际贯彻落实，不得直接转发。未经党中央、国务院批准，不得向地方党委和政府发布指令性公文或者在公文中提出指令性要求，不得要求地方党委和政府报文。

（三）属于交通运输部党组职权范围内的工作，以党组名义报送党中央；属于交通运输部职权范围内的工作，以部名义报国务院，不得多头报文。

第二十九条 严格控制公文规格：

（一）由部门或部门联合发文能够解决的，不再上报中共中央、国务院（含中共中央办公厅、国务院办公厅）转发或印发。

（二）以交通运输部办公厅名义发文能够解决的，不以交通运输部名义发文。

（三）通过电话、传真、电子邮件、司局函等方式能够解决的，不正式发文。

（四）部领导的讲话，不宜向社会公布的，用“交通运输部内部情况通报”印发；可以向社会公布的，通过交通运输部政府网站等媒体公布。

第三十条 严格控制公文篇幅。倡导清新简练的文风，不讲空话、套话、虚话。起草公文要突出思想性、针对性和可操作性，做到条理清楚、文字精练，意尽文止。

第三十一条 严格控制公文的印发范围和印发份数。推进政府信息公开和信息化建设，创新行政许可事项办理方式，可以向社会公开的事项应当通过交通运输部政府网站公布或网上办理。通过媒体公开发布的公文，不再下发纸质公文。已标注公开发布的公文，不再翻印。

第七章 公文拟制

第三十二条 公文拟制包括公文的起草、审核、签发等程序。

第三十三条 公文起草应当做到：

（一）符合国家法律法规和党的路线方针政策，完整准确体现发文机关意图，并同现行有关公文相衔接。

（二）一切从实际出发，分析问题实事求是，所提政策措施和办法切实可行。

（三）内容简洁，主题突出，观点鲜明，结构严谨，表述准确，文字精练。

（四）文种正确，格式规范。根据有关规定，确定公文密级、公开属性和紧急程度。

（五）深入调查研究，充分进行论证，广泛听取意见。

（六）公文涉及其他单位职权范围内的事项，主办单位必须征求相关单位意见，力求达成一致。涉及部外单位职能的，办理部外会签。涉及部内司局的，主办司局应当主动与有关司局协商，取得一致意见并办理部内会签。

（七）公文内容涉及重大公共利益、公众权益和敏感事项，可能引发社会稳定问题的，应当进行社会稳定风险评估。

（八）起草涉密公文时，应当使用符合国家保密规定的计算机、网络及移动存储介质。

（九）机关负责人应当主持、指导重要公文起草工作。

第三十四条 公文文稿会签注意事项：

（一）会签文稿均以会签单位负责人签字为有效。

（二）部内会签，由主办司局送转会签。有关司局如有不同意见，应当协商一致后报部领导；如经充分协商仍不能取得一致意见，应当如实报部领导协调裁定。

（三）部外会签（包括会印），由主办司局指定专人承办。部外单位对会签稿有重大修改，应当重新送部领导审签。

（四）部外单位送交通运输部会签的文稿，按职权范围由部内主办司局提出意见，然后按部发文程序办理。

（五）上报的公文，如与部外单位意见不能一致，部内主办司局的主要负责人（必要时部领导）应当出面协调，仍不能取得一致时，须在文中列明各方理据，提出建设性意见，并经有关单位会签后，报请上级机关协调或裁定。

（六）会签文必须严格按照规定的时限要求完成。

办理部外单位来文会签，除主办单位另有时限要求外，部内主办司局应当在7个工作日内予以回复。如情况特殊不能按期回复，应当主动与主办单位沟通并商定回复时限及方式。

办理部内会签，除主办司局另有时限要求外，协办司局应当在3个工作日内予以回复，逾期不回复视为同意。如情况特殊不能按期回复，应当主动与主办司局沟通并商定回复时限及方式。

第三十五条 公文文稿签发前，应当由主办司局和办公厅分别进行审核。规范性文件应当由法制机构进行合法性审查。审核的重点是：

（一）行文理由是否充分，行文依据是否准确。

（二）内容是否符合国家法律法规和党的路线方针政策；是否完整准确体现发文机关意图；是否同现行有关公文相衔接；所提政策措施和办法是否切实可行。

（三）涉及部内其他司局或者部外有关地区、部门职权范围内的事项是否协商会签并达成一致意见。

（四）社会稳定风险评估、合法性审查是否符合程序，密级确定、公开属性标注是否符合规定，紧急程度是否恰当，主送、抄送机关以及文件印数是否合理。

（五）文种是否正确，格式是否规范；人名、地名、时间、数字、段落顺序、引文等是否准确；文字、数字、计量单位和标点符号等用法是否规范。

（六）其他内容是否符合公文起草的有关要求。

需要交通运输部党组会议审议或者交通运输部部务会议审议的重要公文文稿，审议前由办公厅进行初核。

第三十六条 经审核不宜发文的公文文稿，应当退回起草单位并说明理由；符合发文条件但内容需作进一步研究和修改的，由起草单位修改后重新报送。

第三十七条 公文应当经发文机关负责人审批签发。重要公文和上行文由机关主要负责人签发。办公厅根据授权制发的公文，由办公厅主要负责人签发或者按照有关规定签发。签发人签发公文，应当签署意见、姓名和完整日期；圈阅或者签名的，视为同意。联合发文由所有联署机关的负责人会签。

第三十八条 发文程序：

交通运输部发文：主办司局拟稿——司局办公室（综合处，下同）核稿——司局领导核签——办公厅审核——部领导审阅签发——公文登记、复核、印制、核发。

交通运输部办公厅发文：主办司局拟稿——司局办公室核稿——司局领导核签——办公厅审核签发（重要公文由部领导审阅签发）——公文登记、复核、印制、核发。

纪要：会议主办部门拟稿——办公厅审核——主持会议的领导签发——公文登记、复核、印制、核发。

第八章 公文办理

第三十九条 公文办理包括收文办理、发文办理和整理归档。

第四十条 收文办理主要程序是：

（一）签收。交通运输部及办公厅的收文，由办公厅负责签收。部机关司局的收文，由其办公室负责签收。对收到的公文应当逐件清点，核对无误后签字或者盖章，并注明签收时间。

（二）登记。对公文的主要信息和办理情况应当详细记载。包括：来文机关、文号、标题、来文日期、收文编号等。

（三）初审。对收到的公文应当进行初审。初审的重点是：是否应当由本机关办理，是否符合行文规则，文种、格式是否符合要求，涉及其他地区或者部门职权范围内的事项是否已经协商、会签，是否符合公文起草的其他要求。经初审不符合规定的公文，应当及时退回来文单位并说明理由。

（四）承办。对符合本办法规定的公文，办公厅应当及时提出拟办意见送负责人批示或者交有关部门办理。阅知性公文应当根据公文内容、要求和工作需要确定范围后分送。批办性公文应当提出拟办意见报本机关负责人批示或者转有关部门办理；需要两个以上部门办理的，应当明确主办部门。紧急公文应当明确办理时限。

承办部门对交办的公文应当及时办理，有明确办理时限要求的应当在规定时限内办理完毕。确有困难的，应当及时向来文单位说明，协商办理时限。对不属于本单位职权范围或者不宜由本单位办理的，应当及时退回交办部门并说明理由。

（五）传阅。根据领导批示和工作需要将公文及时送传阅对象阅知或者批示。办理公文传阅应当随时掌握公文去向，不得横传、漏传、误传、延误。

（六）催办。送负责人批示或者交有关部门办理的公文，办公厅要负责催办，做到紧急公文跟踪催办，重要公文重点催办，一般公文定期催办。及时了解掌握公文的办理进展情况，督促承办部门按期办结。紧急公文或者重要公文应当由专人负责催办。

（七）答复。公文的办理结果应当及时答复来文单位，并根据需要告知相关单位。

第四十一条 发文办理主要程序是：

（一）登记。已经发文机关负责人签批的公文，应当由办公厅确定发文字号、分送范围和印制份数并详细记载。

（二）缮校。交通运输部发文由文印部门负责前二校，承办人负责三校；其他公文均由承办人负责校对。

（三）复核。印发前应当对公文的审批和会签手续、内容、文种、格式等进行复核；需作实质性修改的，应当报原签批人复审。交通运输部上报的公文，付印前由文秘部门复核清样。

（四）印制。公文印制必须确保质量和时效。涉密公文应当在符合保密要求的场所印制。

（五）核发。公文印制完毕，应当对公文的文字、格式和印刷质量进行检查后分发。

第四十二条 涉密公文应当通过机要交通、邮政机要通信、中央国家机关机要文件交换站或者收发件机关机要收发人员进行传递，通过密码电报或者符合国家保密规定的计算机信息系统进行传输。

第四十三条 需要归档的公文及有关材料，应当根据有关档案法律法规以及交通运输部档案管理规定，及时收集齐全、整理归档。个人不得保存应当归档的公文。两个以上机关联合办理的公文，原件由主办机关归档，相关机关保存复制件。机关负责人兼任其他机关职务的，在履行所兼职务过程中形成的公文，由其兼职机关归档。

第九章 公文管理

第四十四条 各级交通运输部门应当建立健全公文管理制度，确保管理严格规范，充分发挥公文效用。

第四十五条 交通运输部公文由文秘部门或者专人统一管理。设立党委（党组）的处级以上单位应当建立机要保密室和机要阅文室，并按照有关保密规定配备工作人员和必要的安全保密设施设备。

第四十六条 公文确定密级前，应当按照拟定的密级先行采取保密措施。确定密级后，应当按照所定密级严格管理。绝密级公文应当由专人管理。

公文的密级需要变更或者解除的，由原确定密级的机关或者其上级机关决定。

第四十七条 公文的印发传达范围应当按照发文机关的要求执行；需要变更的，应当经发文机关批准。

涉密公文公开发布前应当履行解密程序。公开发布的时间、形式和渠道，由发文机关确定。

经批准公开发布的公文，同发文机关正式印发的公文具有同等效力。属于主动公开的公文，应当按照政府信息公开的有关规定，自公文形成之日起20个工作日内公开。

第四十八条 复制、汇编机密级、秘密级公文，应当符合有关规定并经本机关负责人批准。绝密级公文一般不得复制、汇编，确有工作需要的，应当经发文机关或者其上级机关批准。复制、汇编的公文视同原件管理。

复制件应当加盖复制机关戳记。翻印件应当注明翻印的机关名称、日期。汇编本的密级按照编入公文的最高密级标注。

第四十九条 公文的撤销和废止，由发文机关、上级机关或者权力机关根据职权范围和有关法律法规决定。公文被撤销的，视为自始无效；公文被废止的，视为自废止之日起失效。

第五十条 涉密公文应当按照发文机关的要求和有关规定进行清退或者销毁。

第五十一条 不具备归档和保存价值的公文，经批准后可以销毁。销毁涉密公文必须严格按照有关规定履行审批登记手续，确保不丢失、不漏销。个人不得私自销毁、留存涉密公文。

第五十二条 机关合并时，全部公文应当随之合并管理；机关撤销时，需要归档的公文经整理后按照有关规定移交档案管理部门。

工作人员离岗离职时，所在机关应当督促其将暂存、借用的公文按照有关规定移交、清退。

第五十三条 新设立的机构应当向交通运输部办公厅提出发文立户申请。经审查符合条件的，列为发文单位，机构合并或撤销时，相应进行调整。

第十章 附 则

第五十四条 交通运输部公文含电子公文。电子公文处理工作的具体办法另行制定。

第五十五条 法规、规章方面的公文，依照有关规定处理。外事方面的公文，依照外事主管部门的有关规定处理。密码电报的使用和管理，按照有关规定执行。

第五十六条 本办法适用于交通运输部机关和具有行政职能的部属单位。驻部单位及部属其他单位的公文处理工作，可以参照本办法执行。下级交通运输部门和国家铁路局、中国民用航空局、国家邮政局报交通运输部的公文参照执行。

第五十七条 本办法由交通运输部办公厅负责解释。

第五十八条 本办法自2014年4月1日起施行。2001年4月13日交通部发布的《交通部公文处理办法》和2007年11月29日交通部办公厅发布的《交通部公文精简办法》停止执行。

附录二

交通运输部海事局公文处理办法

第一章 总 则

第一条 为规范海事公文处理工作，进一步精简公文、转变文风，推进公文处理工作科学化、制度化、规范化，提高公文质量和公文处理工作效率，根据《党政机关公文处理工作条例》和《交通运输部公文处理办法》，结合海事工作实际，制定本办法。

第二条 本办法适用于交通运输部海事局（以下简称部海事局）公文处理工作。各直属海事局应当按照本办法的精神和要求，结合工作实际出台相应实施细则。

第三条 部海事局公文是部海事局实施领导、履行职能、处理公务的具有特定效力和规范体式的文书，是传达贯彻党和国家方针政策，公布规范性文件，指导、布置和商洽工作，请示和答复问题，报告、通报和交流情况等的重要工具。

第四条 公文处理工作指公文拟制、办理、管理等一系列相互关联、衔接有序的工作。

第五条 公文处理应当坚持实事求是、准确规范、精简高效、安全保密的原则。

第六条 各直属海事局应当高度重视公文处理工作，加强组织领导，强化队伍建设，由行政综合部门专人负责公文处理工作。直属海事系统工作人员应当认真学习公文处理工作有关规定，对公文处理业务知识和工作流程做到应知应会。

第七条 部海事局行政综合部门是部海事局的公文主管部门，并对各直属海事局的公文处理工作进行业务指导和督促检查。

第二章 公文种类

第八条 公文种类主要有：

（一）决议。适用于会议讨论通过的重大决策事项。

（二）决定。适用于对重要事项作出决策和部署、奖惩有关单位和人员、变更或者撤销下级机关不适当的决定事项。

（三）公报。适用于公布重要决定或者重大事项。

（四）公告。适用于向国内外宣布重要事项或者法定事项。

（五）通告。适用于在一定范围内公布应当遵守或者周知的事项。

（六）意见。适用于对重要问题提出见解和处理办法。

（七）通知。适用于发布、传达要求下级机关执行和有关单位周知或者执行的事项，批转、转发公文。

（八）通报。适用于表彰先进、批评错误、传达重要精神和告知重要情况。

（九）报告。适用于向上级机关汇报工作、反映情况，回复上级机关的询问。

（十）请示。适用于向上级机关请求指示、批准。

（十一）批复。适用于答复下级机关请示事项。

（十二）函。适用于不相隶属机关之间商洽工作、询问和答复问题、请求批准和答复审批事项。

（十三）纪要。适用于记载会议主要情况和议定事项。

第三章 公文格式

第九条 公文一般由份号、密级和保密期限、紧急程度、发文机关标志、发文字号、签发人、标题、主送机关、正文、附件说明、发文机关署名、成文日期、印章、附注、附件、抄送机关、印发机关和印发日期、页码等组成。

（一）份号。公文印制份数的顺序号。涉密公文应当标注份号。

（二）密级和保密期限。公文的秘密等级和保密的期限。涉密公文应当根据涉密程度分别标注“绝密”“机密”“秘密”和保密期限。

（三）紧急程度。公文送达和办理的时限要求。根据紧急程度，紧急公文应当分别标注“特急”“加急”。

（四）发文机关标志。由发文机关全称或者规范化简称加“文件”二字组成，也可以使用发文机关全称或者规范化简称。联合行文时，发文机关标志可以并用联合发文机关名称，也可以单独用主办机关名称。

（五）发文字号。由发文机关代字、年份、发文顺序号组成。联合行文时，使用主办机关的发文字号。

（六）签发人。上行文应当标注签发人姓名。

（七）标题。由发文机关名称、事由和文种组成。

（八）主送机关。公文的主要受理机关，应当使用机关全称、规范化简称或者同类型机关统称。

（九）正文。公文的主体，用来表述公文的内容。

（十）附件说明。公文附件的顺序号和名称。

（十一）发文机关署名。署发文机关全称或者规范化简称。

（十二）成文日期。署会议通过或者发文机关负责人签发的日期。联合行文时，署最后签发机关负责人签发的日期。

（十三）印章。公文中有发文机关署名的，应当加盖发文机关印章，并与署名机关相符。有特定发文机关标志的普发性公文可以不加盖印章。

（十四）附注。公文印发传达范围等需要说明的事项，上行文应当在附注处注明联系人及联系电话。

（十五）附件。公文正文的说明、补充或者参考资料。

（十六）抄送机关。除主送机关外需要执行或者知晓公文内容的其他机关，应当使用机关全称、规范化简称或者同类型机关统称。

（十七）印发机关和印发日期。公文的送印机关和送印日期。

（十八）页码。公文页数顺序号。

第十条 公文的版式按照《党政机关公文格式》（GB/T 9704—2012）国家标准执行。

第十一条 公文使用的汉字、数字、外文字符、计量单位和标点符号等，按照有关国家标准和规定执行。

第十二条 公文用纸幅面一般采用国际标准A4型。特殊形式的公文用纸幅面，根据实际需要确定。

第四章 行文规则

第十三条 行文应当确有必要，讲求实效，注重针对性和可操作性。

第十四条 行文关系根据隶属关系和职权范围确定。一般不得越级行文，特殊情况需要越级行文的，应当同时抄送被越过的机关。

第十五条 除以函件的形式商洽工作、询问和答复问题、审批事项外，部海事局一般不向地方人民政府正式行文。

直属海事局在职权范围内向地方人民政府及其职能部门的重要行文，应当同时抄送部海事局。

第十六条 向上级机关行文，应当遵循以下规则：

（一）原则上主送一个上级机关，根据需要同时抄送相关上级机关和同级机关，不抄送下级机关。

（二）代表交通运输部办复全国人大代表议案建议和全国政协委员提案，或者回复有关部门意见，按照交通运输部有关规定执行。

（三）直属海事局向部海事局报送请示、综合性报告等文件，由其主要领导签发。

（四）直属海事局的请示事项，如需以部海事局名义向交通运输部请示，部海事局应当提出倾向性意见后上报，不得原文转报交通运输部。

（五）“请示”应当一文一事，不得在报告等非请示性文件中夹带请示事项。

（六）公文只主送单位，不主送个人（签报除外）。

第十七条 向下级机关行文，应当遵循以下规则：

（一）主送受理机关，根据需要抄送相关机关。重要行文应当同时抄送发文机关的直接上级机关。

（二）涉及多个处室职权范围内的事务，处室之间未协商一致的，不得向下行文。

（三）部海事局向直属海事局的重要行文，可同时抄送交通运输部有关司局；向受双重领导的下级机关行文，必要时应当抄送其另一上级机关。

第十八条 根据工作需要，部海事局可以与同级党政机关或者同级其他机关联合行文；联合行文应当明确主办单位。

第十九条 部海事局机关各处室不得以处室名义对外正式行文。议事协调机构和临时机构一般不对外行文。

第五章 公文形式

第二十条 公文形式指公文要素按照一定规则编排后的某一类格式公文的统称。

部海事局公文形式主要包括：“文件”“函件”“公告、通告”“内部情况通报报”“纪要”“签报”等。

（一）“文件”的发文机关标志为发文机关名称加“文件”二字。按照不同的发文主体可分为中华人民共和国海事局文件、交通运输部海事局文件、中共交通运输部海事局党组文件、中共交通运输部海事局纪律检查组文件、中共交通运输部海事局直属机关委员会文件、中国海员工会交通运输部海事局委员会文件、交通运输部海事局机关工会文件、共青团交通运输部海事局委员会文件等。“文件”适用于向上级请示、报告工作，转发重要文件，通报有关情况，发布具有规范性的重要政策和管理制度，部署全局性工作，公布重要的机构变动、职能和人员调整、奖惩事项，发布规划、计划及年度工作要点，发布重要工作方案，以及其他需发文件的事项。行政执法业务类规范性文件（报送交通运输部及部内司局文件除外）使用中华人民共和国海事局文件，其他事项使用交通运输部海事局文件。

（二）“函件”的发文机关标志为发文机关名称。按照不同的发文主体可分为中华人民共和国海事局函件、交通运输部海事局函件等。“函件”适用于就具体事项与部内外相关司局等单位之间商洽工作、征询和答复意见，发布会议、培训、调研通知，布置具体工作，批复下级的请示，下级向上级报送相关材料、答复征求意见，以及其他需以函件行文的事项。涉及行政执法业务类规范性文件的事项发函件（报送交通运输部及部内司局函件除外）使用中华人民共和国海事局函件，其他事项发函件使用交通运输部海事局函件。

（三）“公告”适用于依照有关法律、法规、规章向国内外公布海事规范性文件和其他重要事项。“通告”适用于在一定范围内公布应当遵守或者周知的事务性事项。公告、通告应当公开发布，无主送机关和抄送机关，但须注明分送机关。

（四）“内部情况通报”适用于传达领导在重要会议上的讲话等通报内容。内部情况通报不加盖印章。

（五）“纪要”适用于记载和传达部海事局内部会议的主要情况和议定事项，主要有：海事局党组会议纪要、海事局党政联席会议纪要、海事局局长办公会议纪要、海事局专题会议纪要、水上安全形势月度分析会议纪要、月度工作例会纪要等。纪要不加盖印章。

（六）“签报”适用于部海事局机关内部向领导书面汇报工作、请示事项、反映情况、回复询问、就有关问题提出见解和处理办法。

签报分为部签报（报部领导用）和局签报（报局领导用）两种。部签报由主办处室拟制，经公文主管部门审核和分管局领导审签，由局主要领导签发后报送部领导。局签报由主办处室拟制，经公文主管部门编号后报送局领导。

签报不加盖印章，一般不得超过3000字篇幅。签报一般只报送一位领导，不得同时分送多位领导，不抄送其他单位。签报内容涉及其他司局或者局内有关处室的，主办处室应当主动协商并会签。如不能取得一致，在签报内容中应如实反映不同意见，在会签后报局领导协调裁定。

第六章　公 文 精 简

第二十一条　公文精简指通过采取积极有效的措施严格控制公文的数量、规格、篇幅和印发范围，做到公文数量适度、规格适用、篇幅适当、印发范围适宜。

第二十二条　严格控制公文数量：

（一）通过电话、电子邮件等方式能够解决的，不正式行文。

（二）凡国家法律法规、党内法规、交通运输部门规章已作明确规定的，不再印发公文。

（三）现行文件规定仍然适用的，不再印发公文。

（四）对交通运输部文件，要结合实际贯彻落实，不得直接转发。

（五）属于部海事局党组职权范围内的工作，以党组名义报送交通运输部党组；属于部海事局职权范围内的工作，以部海事局名义报交通运输部，不得多头报文。

第二十三条 严格控制公文规格：

（一）部海事局领导的讲话，用“内部情况通报”印发。

（二）通过“函件”等形式能够解决的，不以“文件”形式发文。

（三）直属海事局可以“函件”形式向部海事局报送参加会议、培训、调研人员名单及其他相关材料，答复征求意见等。

第二十四条 严格控制公文篇幅。倡导清新简练的文风，不讲空话、套话、虚话。起草公文要突出思想性、针对性和可操作性，做到条理清楚、文字精练，意尽文止。

第二十五条 严格控制公文的印发范围和印发份数。推进政府信息公开和信息化建设，可以向社会公开的事项应当通过部海事局门户网站等媒体公布。

第七章 公文拟制

第二十六条 公文拟制包括公文的起草、审核、签发等程序。

第二十七条 公文起草应当做到：

（一）符合国家法律法规和党的路线方针政策，完整准确体现发文机关意图，并同现行有关公文相衔接。

（二）一切从实际出发，分析问题实事求是，所提政策措施和办法切实可行。

（三）内容简洁，主题突出，观点鲜明，结构严谨，表述准确，文字精练。

（四）文种正确，格式规范。根据有关规定，确定公文密级、公开属性和紧急程度。

（五）深入调查研究，充分进行论证，广泛听取意见。

（六）公文涉及局内有关处室职权范围内的事项，主办处室必须征求相关处室意见，力求达成一致。涉及局外单位职能的，办理局外会签。

（七）公文内容涉及重大公共利益、公众权益和敏感事项，可能引发社会稳定问题的，应当进行社会稳定风险评估。

（八）起草涉密公文时，应当使用符合国家保密规定的计算机、网络及移动存储介质。

（九）机关负责人应当主持、指导重要公文起草工作。

第二十八条 公文文稿会签注意事项：

（一）局内会签文稿均以会签处室负责人签名为有效。

（二）相关事宜需要局机关处室会签的，由主办处室送转会签。制订海事规范性文件，应会签法规部门和相关处室；制订内部管理规章制度，应会签公文主管部门和相关处室。会签处室如有不同意见，应当协商一致后报局领导；如经充分协商仍不能取得一致意见，应当如实报局领导协调裁定。

（三）相关问题需要交通运输部其他司局或者部外单位会签的（包括会印），由主办处室指定专人承办。会签单位对会签稿有重大修改的，应当重新送局领导审签。

（四）交通运输部其他司局或者部外单位会签部海事局的文稿，按职权范围由主办处室牵头提出意见，经局领导审核后完成会签。

（五）会签文必须严格按照规定的时限要求完成。

除主办部门另有时限要求外，办理部外会签应当在5个工作日内予以回复；办理部内司局间会签应当在2个工作日内予以回复；办理局内会签应当在1个工作日内予以回复。逾期不回复视为同意。如情况特殊不能按期回复，应当主动与主办部门沟通并商定回复时限及方式。

第二十九条 公文文稿签发前，应当由主办处室和公文主管部门分别进行审核或者登记。规范性文件应当由法规部门进行合法性审查。审核的重点是：

（一）行文理由是否充分，行文依据是否准确。

（二）内容是否符合国家法律法规和党的路线方针政策；是否完整准确体现发文机关意图；是否同现行有关公文相衔接；所提政策措施和办法是否切实可行。

（三）涉及局内其他处室或者局外有关单位职权范围内的事项是否协商会签并达成一致意见。

（四）社会稳定风险评估、合法性审查是否符合程序，密级确定、公开属性标注是否符合规定，紧急程度是否恰当，主送、抄送机关及文件印数是否合理。

（五）文种是否正确，格式是否规范；人名、地名、时间、数字、段落顺序、引文等是否准确；文字、数字、计量单位和标点符号等用法是否规范。

（六）其他内容是否符合公文起草的有关要求。

第三十条 经审核不宜发文的公文文稿，应当退回主办处室并说明理由；符合发文条件但内容需作进一步研究和修改的，由主办处室修改后重新报送。

第三十一条 公文签发：

（一）公文应当经发文机关负责人审批签发。代表部拟文、部签报及其他重要公文须由部海事局主要领导签发。涉密公文须由本单位定密法定责任人或者指定责任人签发。

（二）签发人签发公文，应当签署意见、姓名和完整日期；圈阅或者签名的，视为同意。联合发文由所有联署机关的负责人会签。

（三）文稿一经签发即为定稿，签发后的定稿一般不得改动，特殊情况需作内容实质性修改的，须报原签发人批准。

第三十二条 发文程序：

文件、公告、通告、内部情况通报：主办处室拟稿——主办处室负责人审核——相关处室会签（如需）——公文主管部门审核——局领导审阅签发——登记、复核、印制、核发。

函件、纪要、签报：主办处室拟稿——主办处室负责人审核——相关处室会签（如需）——局领导审阅签发——登记、复核、印制、核发。

上报交通运输部签报，以及需要部海事局党政联席会议或者局长办公会议审议的重要公文文稿，审议前由公文主管部门进行初核。纪要应当在会议结束后1个工作日内完成拟制。

第八章　公文办理

第三十三条　公文办理包括收文办理、发文办理和整理归档。

第三十四条　收文办理主要程序是：

（一）签收。公文主管部门负责本单位收文工作，对收到的公文清点、核对，并注明签收时间。

（二）登记。对公文的主要信息和办理情况应当详细记载。

（三）初审。对收到的公文应当进行初审。初审的重点是：是否应当由本机关办理，是否符合行文规则，文种、格式是否符合要求，涉及其他部门职权范围内的事项是否已经协商、会签，是否符合公文起草的其他要求。经初审不符合规定的公文，应当及时退回来文单位并说明理由。

（四）承办。

1. 阅知性公文应当根据公文内容、要求和工作需要确定范围后分送。批办性公文应当提出拟办意见报局领导批示或者转有关处室办理。

2. 上级文件和直属海事局的重要文件一般由公文主管部门送局领导阅批后，送承办处室办理；其他一般来文，由公文主管部门按处室职责分工分送相关处室，由相关处室提出处理建议，并向分管局领导报告办理结果。

3. 需多个处室办理的，应当明确主办处室。如无明确，一般以第一个处室为主办处室。紧急公文应当明确办理时限。

4. 承办处室收到交办的公文后应当及时办理，不得延误、推诿。紧急公文应当按照时限要求办理，确有困难的，应当及时予以说明。

5. 公文办理中遇有涉及部其他司局或者局其他处室职责的事项，主办处室应当主动与之协商；如有分歧，主办处室主要负责人应当出面协调，如仍不能取得一致，应当如实反映不同意见，报请局领导协调裁定。

（五）传阅。根据领导批示和工作需要将公文及时送传阅对象阅知或者批示。办理公文传阅应当实时掌握公文去向，不得漏传、误传、延误。

（六）催办。公文主管部门应当及时了解掌握公文的办理进展情况，督促承办处室按期办结。紧急公文或者重要公文应当由专人负责催办。

（七）答复。公文的办理结果应当根据来文性质及时答复来文单位，并根据需要告知相关单位。

第三十五条　发文办理主要程序是：

（一）登记。已经发文机关负责人签批的公文，应当确定发文字号、分送范围和印制份数并详细记载。

（二）复核。印发前应当对公文的审批和会签手续、内容、文种、格式等进行复核；需作实质性修改的，应当报原签批人复审。

（三）印制。公文印制必须确保质量和时效。涉密公文应当在符合保密要求的场所印制。部海事局文件应当由主办处室按照有关规定送交通运输部文印室印制。

（四）核发。公文印制完毕，应当对公文的文字、格式和印刷质量进行检查后分发。

第三十六条 需要归档的公文及有关材料，主办处室应当根据有关档案法律法规及交通运输部档案管理规定，在规定时限内收集齐全并交予档案管理部门整理归档。两个以上机关联合办理的公文，原件由主办机关归档，相关机关保存复制件。机关负责人兼任其他机关职务的，在履行所兼职务过程中形成的公文，由其兼职机关归档。

第九章 公 文 管 理

第三十七条 各直属海事局应当建立健全公文管理制度，确保管理严格规范，充分发挥公文效用。

（一）应当设有专门的收、发文岗位，岗位人员必须为本单位在编正式职工。

（二）应当设有机要保密室，按照相关规定配备公文管理人员所需的设备。

第三十八条 除涉密公文及敏感信息外，部海事局公文均须通过办公自动化系统办理。

第三十九条 公文主管部门应当加强对公文处理工作的督查，定期通报公文处理情况。

第四十条 公文确定密级前，应当按照拟定的密级先行采取保密措施。确定密级后，应当按照所定密级严格管理。绝密级公文应当由专人管理。

公文的密级需要变更或者解除的，由原确定密级的机关或者其上级机关决定。

第四十一条 公文的印发传达范围应当按照发文机关的要求执行；需要变更的，应当经发文机关批准。

按照国家保密法规规定，涉密公文的传送应当遵守“密来密往”的原则。涉密公文公开发布前应当履行解密程序。公开发布的时间、形式和渠道，由发文机关确定。经批准公开发布的公文，同发文机关正式印发的公文具有同等效力。属于主动公开的公文，主办处室应当按照政府信息公开的有关规定，自公文形成之日起20个工作日内公开。

第四十二条 复制、汇编机密级、秘密级公文，应当符合有关规定并经本机关负责人批准。绝密级公文一般不得复制、汇编，确有工作需要的，应当经发文机关或者其上级机关批准。复制、汇编的公文视同原件管理。复制件应当加盖复制机关戳记。翻印件应当注明翻印的机关名称、日期。汇编本的密级按照编入公文的最高密级标注。汇编确有工作需要的，应当经发文机关或者其上级机关批准。

第四十三条 公文的撤销和废止，由发文机关、上级机关或者权力机关根据职权范围和有关法律法规决定。公文被撤销的，视为自始无效；公文被废止的，视为自废止之日起失效。

第四十四条 不具备归档和保存价值的公文，经批准后可以销毁。销毁涉密公文必须严格按照有关规定履行审批登记手续，确保不丢失、不漏销。个人不得私自销毁、留存涉密公文。

第四十五条 机构或者其职能调整时，所涉及公文应当随之调整管理；机构撤销时，需要归档的公文经整理后按照有关规定移交档案管理部门。

工作人员离岗离职时，所在处室应当督促其将暂存、借用的公文按照有关规定移交、清退。

第四十六条 根据工作需要，公文主管部门应当不定期组织开展重要公文实施效果情况的后评估工作。

第十章 公文传输

第四十七条 部海事局文件一般以印制纸质文件形式寄送，函件一般以传真形式送达。

主送或者抄送海事系统各单位的公文（涉密公文及敏感信息除外），应当同时在海事系统内网公布，海事系统各单位应当及时查阅。

其他公文传输方式根据公文信息化建设要求另行规定。

第四十八条 电子公文指通过电子办公系统形成的具有规范格式的公文的电子数据。电子公文与纸质公文具有同等法定效力。电子公文的处理应当符合本办法前述的有关规定。电子公文应当存放于指定的服务器，指定专人严格管理，未经公文主管部门同意，不得修改和删除。电子公文的归档按照国家档案部门的有关规定执行。

第四十九条 电子公文传输指电子公文的生成、发送、接收过程。用于电子公文传输的计算机及其相关设备应当指定专人管理和维护，严禁与互联连接。

第十一章 附 则

第五十条 涉密公文的收发、流转及传输，按照有关规定执行。

第五十一条 印章（包含实体印章和电子印章）的使用和管理，按照有关规定执行。

第五十二条 本办法由交通运输部海事局办公室负责解释。

第五十三条 本办法自发文之日起执行，交通部海事局 2001 年 8 月 25 日印发的《交通部海事局公文处理办法》同时废止。其他相关通知内容与本办法不一致的，以本办法为准。